# VOLTAIRE

# Lettres Philosophiques

First published in 1943 by Basil Blackwell & Co. Ltd.
Revised edition published in 1946

This edition published 1992 by
Bristol Classical Press
an imprint of
Gerald Duckworth & Co. Ltd.
The Old Piano Factory
48 Hoxton Square, London N1 6PB

A CIP catalogue record for this book is available
from the British Library

ISBN 1-85399-285-2

Printed in Great Britain by
Cromwell Press, Melksham

# PREFACE TO FIRST EDITION

THE present edition of Voltaire's *Lettres Philosophiques* is intended to provide an authentic text, based on the original edition, together with a short introduction and brief explanatory notes, full enough, it is hoped, to facilitate the understanding of the text without overloading it. The work could not have been done in the time without help from the critical edition of the late G. Lanson, which, in addition to establishing a definitive text, is unsurpassed in its treatment of sources. The edition of Henri Labroue (Delagrave, Paris, 3rd edition, 1924) has also given valuable help.

The information provided in the Notes has been gathered from a great variety of sources: Voltaire's *Correspondance* (Moland edition, vols. 33, 34, 35), the *Encyclopædia Britannica*, Chambers's *Encyclopædia*, the *Dictionary of National Biography*, the *Cambridge History of English Literature*, etc. Not all the borrowings have been acknowledged, though many, and it is hoped the most important have been.

To the General Editor, Professor Ewert, I am much indebted for generous help at all times; in particular, he has made himself responsible for the presentation of the text and the preparation of the Variants.

F. A. T.

# PREFACE TO SECOND EDITION

IN preparing a revised edition of the *Lettres Philosophiques* I have profited from some of the criticisms conveyed to me privately by Dr. R. W. Hughes, late of New College, Oxford, and by the review published by Dr. D. F. Bond in the November, 1943, issue of *Modern Philology* (Vol. XLI, No. 2). To both of these scholars I take this opportunity of expressing my thanks. Part of the introduction has been rewritten, a new section has been added on Voltaire's predecessors, and some notes have been recast, all within the limits set by expense and paper shortage.

F. A. T.

*April* 1946.

# TABLE OF CONTENTS

# INTRODUCTION

## I. Voltaire's Residence in England

For most men of judgment a Providence which veils the future is a kindly force. Voltaire, whose early life was a series of sur-prises, sometimes unpleasant, must have often chafed at the limitations of human vision. For, had he been able to see just a short distance into the future, he would not have gone to dine with the Duc de Sulli at his Paris house one day in December 1725; he would not have been lured into the street by a message from one of his enemies, the Chevalier de Rohan-Chabot; he would not have been set upon by the hired minions of the latter and publicly humiliated, while his host sat idly by; under the operation of *haute* (or was it *basse?*) *justice*, he, the parvenu victim of outrage, would not have been sent to the Bastille (for the second time) while his noble aggressor went free; he would not have left that prison, after a fortnight's detention, with a sense of injustice; he might never have spent his time of exile from Paris in England, and the *Lettres Philosophiques* would either never have appeared, or have been much different in temper.

The fiasco of the cudgelling had made him the laughing-stock of Paris. Add to this his inability to track down his enemy, challenge him and turn the tables, and we see Voltaire deprived of the only satisfaction which would have rehabilitated him in public opinion, let alone in his own wounded vanity. A change of scene was necessary. Nor did accident or caprice really dictate the choice of his retreat.

The Treaty of Utrecht had inaugurated an era of good rela-tions between England and France, and there is ground for sup-posing that Voltaire had met one of the English plenipoten-tiaries, Prior, during the peace negotiations in Paris. He had also established contact later with the English ambassador, Lord Stair, to whom he read extracts from his epic poem *Henri le Grand*, the later *Henriade*. Then in 1719 he presented George I with a copy of his play *Œdipe*, accompanied by a poem which began: «Toi que la France admire autant que l'Angleterre...» And George I, with true regal aplomb, had accepted the hyper-bolical compliment at its face value and rewarded the poet with a gift of a gold repeater. But the Englishman who made most impression on him, at least in the early stages of their acquaintance, was Bolingbroke, who, on the death of Queen Anne, had fled for safety to France, where he was much at home, and had married, as his second wife, the Marquise de Villette. A man of Bolingbroke's outstanding personality and intelligence would have attracted Voltaire, whatever his nationality. Not only had he played a decisive part in affairs of state, he had aspirations towards philosophy and a real interest in literature. It was the latter gift, no doubt, which permitted him to speak with discerning praise of Œdipe—a sure passport to Voltaire's friendship. The first time they met is not on record, but by the end of 1722 their relations were good enough for Voltaire to be invited to *La Source*, Bolingbroke's modest country house near Orléans. To one like Voltaire, who at this period of his life seemed hardly ever in his own home but to be always flitting from château to château, now with the Maréchal de Villars, now with the Duc de Richelieu, now with the Duc de Sully, or with Mme de Bernières, a visit to *La Source* might have seemed just one other item in the common round. Yet it was more in the nature of a revelation of a new world. Witness the letter to Thieriot of January 2, 1723 : « Il faut que je vous fasse part de l'enchantement où je suis du voyage que j'ai fait à *la Source* chez Milord Bolingbroke et chez Mme de Villette. J'ai trouvé dans cet illustre Anglais toute l'érudition de son pays, et toute la politesse du nôtre. Je n'ai jamais entendu parler notre langue avec plus d'énergie et de justesse...» Such affability and erudition in the English peer, destined soon to return to England, remained for long a precious memory to Voltaire. So when the moment of his great humiliation came, some three years later, the harassed and embittered poet had already made contact with distinguished Englishmen, and had in mind a picture of England as a land of hope and freedom. As he said to Thieriot on August 12, 1726 : « Je suis encore très incertain si je me retirerai à Londres . . . C'est un pays où l'on pense librement et noblement, sans être retenu par aucune crainte servile. Si je suivais mon inclination, ce serait là que je me fixerais, dans l'idée seulement d'apprendre à penser.»

While still in La Bastille, Voltaire had acquainted the authorities with his desire to go to England, and the paternal French government not only approved of his design, but before the month was out, M. de Morville, the Minister for Foreign Affairs, induced the English Ambassador in Paris, Horace Walpole, to write letters of recommendation to influential Englishmen on Voltaire's behalf. Two of these letters, one to Bubb Dodington and the other to the Duke of Newcastle, say that Voltaire's purpose in going to England was to print by subscription an edition of *La Henriade*, which, by its nature, could not be printed in France.

On May 3, 1726, he left Paris with a police escort, being banished to a distance of fifty leagues from the capital. He did not travel in the public coach but borrowed the carriage of Madame de Bernières and arrived in Calais two days later. There he paused for several days and wrote to different people about his plans. The chief letter was a dignified reminder to the Lieutenant of Police in Paris that as he was not banished from France, but only exiled fifty leagues from Paris, he intended to choose his own time for leaving the country. How long he stayed in Calais no one knows. But he himself tells Thieriot in his letter of August 12 that Thieriot's letter of May 11 from Paris missed him. So he must have left Calais by May 17 or 18 (n.s.). Again no one knows when he landed in England. If he embarked at Calais on the 18th and Churton Collins' surmise [1] is correct, namely, that he disembarked near Greenwich on May 30 (o.s.), he must have spent three weeks in the English Channel, a first experience of a treacherous sea which he could never forget or desire to keep from his friends. As he did not record the journey it is safe to infer that it was uneventful and that June 10 (n.s.) was not the real date of his arrival.[2] So when he landed, where he landed, and what he did on landing are still mysteries. He may not have gone to London[3] at all, but have remained quietly in some country retreat, working out a plan of campaign and possibly doing some intensive study of English. The fact that he wrote his first English letter to Thieriot by October 26, is proof that he must have applied himself with diligence as well as aptitude to its study.

Now occurs one of the most surprising incidents of his English experience. After residing at most two and a half months in England, he made a secret and mysterious dash to Paris, hoping, but in vain, as he confesses in his letter of August 12 to Thieriot, to meet the Chevalier de Rohan and to get his revenge. Such a visit, made in defiance of the ban of exile and perhaps for financial reasons, was dangerous ; he left as quickly as he came,

[1] *Voltaire, Montesquieu and Rousseau in England*, p. 7.
[2] He says in A M*** (Lanson's edition of the *Lettres Philosophiques*, p. 258): ‹Lorsque je débarquai auprès de Londres, c'était dans le milieu du printemps.›
[3] The information supplied in A M*** is not entirely convincing.

and returned to England, having accomplished nothing. The next letter we have of him was written on October 15, from Wandsworth—« la retraite ignorée où j'ai vécu depuis deux mois ». If he is speaking with some regard for accuracy, he must have been at Wandsworth by mid-August. There, misfortune continued to dog his steps : bad health, the death of a sister to whom he was tenderly attached, uncertainty for the future, serious financial embarrassment due to the bankruptcy of a Jew whom he called Medina, and to whom he had brought a letter of credit. The list of his misfortunes can best be read in his own words to Thieriot : 'I came again into England in the latter end of July very much dissatisfied with my secret voiage into France both unsuccessful and expensive. I had about me onely some bills of exchange upon a Jew called Medina for the sum of about eight or nine thousand French livres rekoning all. At my coming to London, I found my damned Jew was broken ; I was without a penny, sick to death of a violent ague, a stranger, alone, help-less in the midst of a city wherein I was known to no body ; my Lord and my Lady Bolingbroke were in the country ; I could not make bold to see our ambassador in so wretched a condition. I had never undergone such distress ; but I am born to run through all the misfortunes of life. In these circumstances my star, that among all its direful influences pours allways on me some kind refreshment, sent to me an English gentleman un-known to me, who forced me to receive some money that I wanted. An other London citizen that I have seen but once in Paris carried me to his country house, wherein I lead an obscure and charming life since that time, without going to London, and quite given over to the pleasures of indolence and friendshipp. The true and generous affection of this man who sooths the bitterness of my life brings me to love you more and more... I have often seen my lord and my lady Bolingbroke. I have found their affections still the same, even increased in proportion to my unhappiness ; they offered me all, their money, their house ; but I refused all, because they are lords, and I have accepted all from Mr. Faulknear, because he is a single gentle-man.'

The good Samaritan in question was Everard Falkener, a sub-stantial city merchant and brother-in-law of Sir Peter Delme, a former Lord Mayor of London, through whom, no doubt, Voltaire was able to find out something of business conditions and the ramifications of English trade. Some years later Falkener became English Ambassador in Constantinople. In his comfortable bachelor household at Wandsworth, conveniently remote from the bustle of London, Voltaire found the rest and quiet which his excitable, overstrung temperament needed. Always appreciative of kindness as he was quick to resent hostility, he never forgot this his first experience of English hospitality and never mentions the name of Falkener except with affection and admiration. His dedication of *Zaïre* to « M. Falkener, marchand anglais », was not only a fitting honour to a deserving friend, but a noteworthy and bold departure from tradition, no French work of art having been dedicated to a simple merchant before.

The length of time he spent with Falkener is uncertain and unimportant. He was writing in other letters of his intention to come to London for the winter, and previous critics have assumed that he stayed, while in London, with Lord and Lady Bolingbroke in Pall Mall. He certainly used their home for receiving letters, and it would have been strange, in view of their previous relationship, if Bolingbroke's interest had stopped there. But reluctance on Voltaire's part to be too dependent on such a forceful and public, even notorious, personality as Bolingbroke is understandable. More important than the definite address is the fact that for the next two years [1] he was domiciled in England, and he did not avail himself of official permission to return to Paris for three months in 1727. The question arising from that fact is : How did he spend his time, what did he learn and tell of England, and what influence had England on his mind and work?

In one respect at least Voltaire was a model visitor. From the first he realized that an indispensable condition of any understanding of England was a mastery of the English tongue. That he learned to write English quite early is evident from his letters, the first in English being dated October 26, 1726,[2] after five months' residence in the country. An interesting document [3] from the Voltaire Library at Leningrad is the English notebook in which he took extracts from his readings or made notes of conversations or anecdotes which caught his fancy. It was compiled quite obviously when Voltaire was learning and practising his English. Sometimes the spelling is erratic ; some extracts are not wholly grammatical. There is one extract from Milton, but

---

[1] The exact time of his residence in England is still uncertain.
[2] Letter 29 in Foulet's *Correspondance de Voltaire*, 1726-29.
[3] Published by Norman L. Torrey in *Modern Philology*, XXVI (1928-29).

none from Shakespeare, a number of quotations from Pope, Dryden, the *Spectator*, Gordon and Trenchard's *Independent Whig* (low-church and anti-clerical), Swift's *Miscellanies*, Dryden's *Essay of Dramatic Poesy*, and the English deists like Tindal (*Rights of the Christian Church Asserted*). Some of the extracts had clearly struck him for their special sense, as, for example, Dryden's

> The priest continues what the nurse began
> And thus the child imposes on the man.

Epigram and grace of style account for other extracts, while bawdiness is the only discernible merit of a few.

It was in Voltaire's nature to do nothing by halves. Another instance of his perseverance in English is furnished by W. R. Chetwood,[1] the prompter at Drury Lane : 'This noted author [Voltaire], about twenty years past, resided in London. His acquaintance with the Laureat [Colley Cibber] brought him frequently to the Theatre, where (he confessed) he improved in the English orthography more in a week than he should otherwise have done by laboured study in a month. I furnished him every evening with the Play of the Night which he took with him into the Orchestre (his accustomed seat). In four or five months he not only conversed in elegant English, but wrote it with exact propriety.' Whether the first part of Chetwood's compliment is true is somewhat doubtful ; Voltaire himself was more modest about his speaking powers.[2] It is probable that he never spoke English with a good accent or mastered some of the more difficult sounds, because he had not begun young enough. But as regards his ability to read and write, there can be no doubt that his progress was rapid and complete. He was not disposed to follow the bad tradition of French ambassadors to England [3] whose ignorance of English imposed such limitations on their range of understanding and effectiveness. He praises, and in this may be seen his own ideal if not his performance, « un particulier qui aurait assez de loisir et d'opiniâtreté pour apprendre à parler la langue anglaise, qui converserait librement avec les wigs et les toris, qui dînerait avec un évêque et qui souperait avec un quaker, irait le samedi à la synagogue

---

[1] *A General History of the Stage*, by W. R. Chetwood, London, 1749.
[2] In his preface to *An Essay upon the Civil Wars in France* (December 1727), he says that after eighteen months' residence he cannot pronounce English at all and hardly understands it in conversation.
[3] *Lettre A M\*\*\**.

et le dimanche à Saint-Paul, entendrait un sermon le matin et assisterait l'après-dîner à la comédie, qui passerait de la cour à la bourse, et par-dessus tout cela ne se rebuterait point de la froideur, de l'air dédaigneux et de glace que les dames anglaises mettent dans les commencements du commerce, et dont quelques-unes ne se défont jamais.»

Now a programme of this kind, even if imperfectly realized, might be taken as a model for intelligent travellers still. Although a great deal, in fact the greater part of his every-day life escapes us, it is really possible to think of him prodigiously active, insatiably curious, consciously striving to touch English life from many sides. If his first introductions through Bolingbroke were in the Tory camp, then and for many years afterwards condemned to the sterile wilderness of opposition, he realized the necessity of knowing the other side. As a letter of Horace Walpole tells us, he had been invited to the home of Sir Robert Walpole, the Prime Minister. Bubb Dodington, the well-known Whig politician and a generous friend of men of letters, had entertained him at Eastbury in Dorset together with the poets Thomson and Young. He was at least on calling terms with Chesterfield, a moderate Whig, till the latter went to the Hague as Ambassador, and the same applies to Hervey, husband of the beautiful Mary Lepell. And even if we know no bishop with whom he dined, he has left on record his contacts with Andrew Pitt, the Quaker, who invited him to a frugal meal and took him to the Quaker Meeting House from which he learned much of Quaker belief and practice. The Quakers interested him because they were a unique product of English religious toleration ; their like did not exist in France. Jews, on the other hand, did. He knew their habits, did not like them and, unless the records to the contrary have disappeared, did not bother to attend their synagogues (unlike César de Saussure, who took the trouble to attend a Jewish service with a circumcision at the end). Nor was his interest in sermons compelling ; it is waste of time to think of him going from church to church to acquaint himself with the London preachers. On the other hand, his interest in the theatre was real and lasting, as the quoted extract from Chetwood proves. Few foreigners, and certainly none of his predecessors, can have taken more trouble to see first and to judge from real knowledge, the English stage. As for the Court, he was as good as his word, being presented to George I just a few months before the king died. This did not deter him from also paying his respects at the

rival court of the Prince of Wales—an act of impartiality and
foresight which stood him in good stead at the publication of
*La Henriade*. Being well seen at Court, none the less, was only an
incident in his ambition. The antithesis of Court and Stock
Exchange was more than a mere figure of speech. He describes
the latter with understanding and enthusiasm, from inside knowledge, as well he might, when he had men like Falkener and Sir
Peter Delme to guide him. Lastly, he was right, despite dis-
couragement, to study English women, to neglect whom, at any
period, would be to misunderstand men and things. Although
what he says about them is unfavourable, other foreign observers
are more appreciative of their beauty, and attribute the same
apparent coldness to modesty rather than disdain. In this respect
few, if any, had the same experience as La Motraye. The English-
woman to whom *he* was introduced expected to be kissed.
Perhaps he and Voltaire moved in different circles. In any case
it may be of interest to record how Voltaire added one tribute
to the many others received by Mary Lepell, the young and
beautiful wife of Lord Hervey.

> Hervey, would you know the passion
> You have kindled in my breast ?
> Trifling is the inclination
> That by words can be expressed.
> In my silence see the lover,
> True love is (best) by silence known ;
> In my eyes you'll best discover
> All the power of your own ! [1]

There is no great feeling in this jingle. He appears to have borne
English women some sort of grudge, as if they had been too
coldly unresponsive to his oft-proved charms. Not being a
misogynist, he must have felt disappointment on this point, and
been jealous of the rapturous enthusiasms of Prévost, even mildly
envious of the facile successes of La Motraye. But it would be
a mistake to think of him as relegated only to male society. He
had dined at the table of Lady Walpole, wife of the Prime
Minister ; he knew the Duchess of Queensberry, Gay's patroness.
And Sichel,[2] describing a scene at Dawley in July 1727, says :
'Lady Sundon (she was then only Mrs. Clayton, Lady of the Bed-
chamber to Queen Caroline) caresses him as well as Lady Bolingbroke.' Mrs. Clayton had apparently been of service to him at

[1] Quoted by Churton Collins, *op. cit.*, p. 38.
[2] *Bolingbroke and His Times*, II, p. 217.

the Court, for the first letter written to England after his return
to France is addressed to Mrs. Clayton who 'has vouchsafed to
protect me and receive me with kindness while I was at London'.
What other evidence there is of other contacts with women is
too slight to warrant much of definite assertion. But we may dis-
miss as idle and malicious gossip the story told by Owen Ruffhead on page 213 of his Life of Alexander Pope. To old Mrs.
Pope, who was worried about Voltaire's poor appetite, 'Voltaire
gave so indelicate and brutal an account of the occasion of his
disorder, contracted in Italy, that the poor lady was obliged
immediately to rise from the table.' Such a story will not hold
water. For one thing, it appeared some forty years after the event.
It contains at least one palpably false statement, as Voltaire had
never been in Italy. Lastly, only an ignorant boor could be guilty
of the grossness described. How different the attitude of César
de Saussure![1] This worthy Swiss, after a visit to Flatfield (sic),
the seat of the Earl of Salisbury, lost his heart to a Miss Black of
Hertfordshire. The young lady returned his affection, but her
romance was shattered by an unkind brother, who forced her
into an unhappy marriage with a sailor.

In contrast with some of the foreign visitors, mostly Swiss
and French, who preceded or coincided with Voltaire in England, Voltaire's movements were not extensive. This does not
mean that he was too lazy to travel, as no one had a greater fund
of energy in need. He seems deliberately to have made up his
mind not to travel for travel's sake. The joys of sight-seeing
meant little to him. He does not take a friend and travel, for
example, to the West Country, as did the Abbé Prévost, who left
brief notes on the antiquities and topography of that region;
nor, like Sorbière, more than half a century before, make a visit
to Oxford, where his medium of conversation with the professors was Latin, a language which the English pronounced in
a way peculiar to themselves and which baffled Sorbière completely. Voltaire, although better equipped to understand, did
not think Oxford (or Cambridge either) worth a visit. He had
more absorbing interests. The farthest journey he made was to
Eastbury in Dorset, where he was attracted, not by the beauty
of the scenery, but by the hospitality of Bubb Dodington. The
next farthest was to Blenheim. There again he was not so much
interested in the royal magnificence of the Palace, whose archi-

[1] Lettres et Voyages de Monsʳ. César de Saussure en Allemagne, en Hollande et
en Angleterre, 1725-29. Ed. by B. van Muyden, Lausanne, 1903 (Ch. xii).

tecture he criticized, as in the old Duchess with whom he talked history. He obviously preferred London or the Home Counties where most of his friends and certainly his interests were. He met Swift, so he says, at the home of Lord Peterborough, that versatile but erratic peer, a combination of Admiral and General who had had his moment of glory in the capture of Barcelona, but who by then lived in eclipse at Parsons Green near Fulham. This must have been in 1727, when Swift spent the summer and autumn visiting Pope, Bolingbroke and other English friends. To see Pope he need go only to Twickenham.[1] If Bolingbroke was not in London, he could be found at Dawley near Uxbridge. There, when he was not stirring up trouble for Walpole in *The Craftsman*, he played perforce the farmer, the political game from his rightful seat in the Lords being denied him. Then Andrew Pitt, the Quaker, was living in retirement at Hampstead. Falkener, with whom he lived on and off when not in London, was at Wandsworth. Congreve, who offended him by wishing to be treated rather as a gentleman than as a dramatist, had a house in Surrey Street near the Strand. As for the amiable hedonist Gay, who showed Voltaire the *Beggar's Opera* before it was played, he came with the Duke and Duchess of Queensberry to their London house in Burlington Gardens whenever they exchanged the country for the town. So Voltaire found it convenient to be in London too, quite often. In his correspondence he mentions two addresses: at the sign of the White Peruke in Maiden Lane near Covent Garden (conveniently near the theatre), and in Billiter Square, nearer the City and close to the Royal Exchange. From these vantage points he was able not only to transact his own purely literary business with his literary agents, but to get insight through the City magnates into the multifarious activities of the business world. There, too, he met representative people, who, then as now, tended to congregate in London. From chance remarks in his correspondence and the *Dictionnaire Philosophique*, we learn how eager his curiosity was and how wide he liked to cast his net. There, one day in 1726, he met a young naval officer called Byng.[2] When, thirty years later, after his defeat at Port Mahon by Admiral la Galissonière, Admiral Byng was court-martialled, Voltaire remembered their meeting; his quick compassion was roused, he

[1] He was not a frequent visitor, in all probability, if what he says about speaking English is true. Pope spoke no French.
[2] Letter of August 4, 1766, to M. Targe.

intervened with the English government, induced his friend Richelieu to do the same, hoping thereby to save the admiral from the worst, but the generous gesture failed. Byng was shot on his own quarter-deck « pour encourager les autres ».

It would be in London, for example, that he met the famous surgeon Cheselden [1] who gave him information about hermaphrodite anatomy. It was in London too that, mingling the sacred with the profane, the *utile dulci*, he held converse with the celebrated philosopher-divine, Dr. Samuel Clarke,[2] whose Arian unorthodoxy gave him added interest in Voltaire's eyes, but whom he came to regard as « le meilleur sophiste qui ait jamais existé » ; there, too, very probably, he met the famous philosopher Berkeley, then Dean of Derry, whose philosophy he could never stomach at all. And there were many others, such as Mrs. Conduit, Newton's niece ; Dr. Mead, Newton's physician, who told him intimate facts about Newton's mode of life ; Henry Pemberton, who wrote in 1728 *A View of Sir Isaac Newton's Philosophy* which Voltaire consulted with profit ; Sir Hans Sloane, President of the Royal Society, to whom Voltaire presented a copy of his English essays. The great Newton he did not meet, but he attended the funeral in Westminster Abbey (March 1727), at which he was moved to reflect on the supreme honours paid in England to intellectual worth. But one astonishing thing about his residence in London is that we have no record of his having attended debates in Parliament. For one so obviously interested in constitutional progress, it is hard to find an explanation. Montesquieu, on the other hand, who came to England in 1730, was most assiduous in this respect.

Much divergence of opinion has been manifested concerning his relations with Bolingbroke. The traditional view, expressed by Churton Collins and accepted by critics like Foulet, was that Bolingbroke meant a great deal to Voltaire, both socially and intellectually. Voltaire's own words, at least till late in life or until Bolingbroke's death, support this view. Sichel, however, Bolingbroke's principal biographer, declares that Voltaire was 'no gentleman', and played the part of a spy on Bolingbroke, who distrusted him and 'kept him at a civil distance'. Dr. Norman Torrey [3] of Yale adduces reasons in support of this

---

[1] «Le plus grand chirurgien de Londres » (*Siècle de Louis XIV*, ch. 33).

[2] *Éléments de la philosophie de Newton*, ch. I, and *Courte Réponse aux Longs Discours d'un Docteur Allemand* (Moland edition, vol. 23).

[3] In *Publications of the Modern Language Association of America*, XLII (1927).

view. In his opinion 'there are strong reasons to suspect that
Bolingbroke did not like Voltaire personally'. It is of course
possible that Bolingbroke was more attracted by the genius than
by the character of Voltaire, and that one can tolerate a guest
for a short time even if he is not persona grata; his letter to
Mme de Ferriol on *Œdipe* in 1719, and that to Pope on *La Ligue*
and *Mariamne* in 1724, appreciate the quality of these works
exclusively. But the fact remains that Bolingbroke thought he
had occasion for dissatisfaction over the dedication of *La Henriade*. Is it possible that Voltaire, from over-politeness, went
beyond his better judgment in holding out hopes of dedicating
his poem to Bolingbroke?[1] The acerbity of Bolingbroke's
reference to the question in his letter to Mme de Ferriol shows
that the subject was a thorny one : « Ce que vous me mandez
de Voltaire et de ses projets est dans son caractère, et tout à fait
probable ; ce qu'il me mande est tout à fait contraire. Je lui
répondrai dans quelque temps d'ici, et je lui laisserai toute sa vie
la satisfaction de croire qu'il me prend pour dupe avec un peu
de verbiage...» Words like these betoken pique rather than
permanent distrust and hostility. One reason against over-
stressing them is the fact that Bolingbroke refers in this very
exchange of letters to « l'amitié que j'ai pour lui ». All the same
the indictment is pushed farther by Dr. Torrey. He thinks that
Voltaire is lying when he refers to Bolingbroke's generous offers
of hospitality and money after the bankruptcy of the Jew Medina;
that if he saw Bolingbroke and Pope occasionally during his first
winter in England, he appears to have seen them little or not at
all after the incident of the Occasional Letter in the spring of
1727 ; the following winter spending three months with Lord
Peterborough, visiting Walpole, Dodington and many men of
letters ; writing to Swift in March 1728 'that he had not seen
Pope all winter' and to Bolingbroke's *secrétary* to enquire after
Lady Bolingbroke's health, July-August 1728.[2] A disturbing
fact about these relationships is that while we have for the period
in question a letter from Voltaire to Pope, three to Swift (one,
after the Occasional Letter storm, recommending Swift to
French friends when he planned a visit to France), all the replies
*to* Voltaire have disappeared. Yet it is inconceivable that no
replies were sent. And there is no letter to or from Bolingbroke.
Was therefore *all* the enthusiasm on Voltaire's side? Bolingbroke

[1] See Baldensperger, *Revue de Littérature comparée*, IX, pp. 57-8.
[2] Foulet, *op. cit.*, letter 56.

was often in France after Voltaire's return, but they did not meet again.

The question of the authorship of the *Occasional Letters* is more serious. It was the third letter, written under this title at the end of February 1727, which caused a sensation in government circles because of its eloquent and scathing exposure of Walpole. As can be understood, there was much speculation about the author's identity, not least in government circles. According to Ruffhead, whose life of Pope appeared in 1769, Voltaire happened to be at Twickenham visiting Pope after the first letter of the Occasional Writer had appeared. He asked Pope who had written it, and Pope, to test him, said : 'Mr. Voltaire, you are a man of honour ; I may safely, I know, trust an important secret to your breast. I myself wrote it.' And the next day the whole Court knew that Pope was the Occasional Writer. 'This infamy of the man gave Mr. Pope and his friends much occasion of mirth and much light on the manner how he ought to be treated.' Sichel [1] attacks Voltaire in his own more lyrical style. Scene, Dawley at dinner : 'Voltaire drinks too. Lady Sundon caresses him as well as Lady Bolingbroke. Tomorrow sees him in the Minister's closet with whispered tales of patriot plans o'erheard, retailed, rewarded in secret, as Swift and Bolingbroke are well assured.' The meaning is plain : Voltaire, whose association with Bolingbroke's circle was known, was there as a government spy. What are the proofs? According to Foulet,[2] there are really none. Writing to Swift on the matter, Bolingbroke, who was undoubtedly the Occasional Writer, uses these enigmatic words : 'In the epistle, a part of which you showed me, mention is made of the author of three occasional letters, a person entirely unknown. I would have you insinuate there, that the only reason Walpole can have had to ascribe them to a particular person is the authority of one of his spies, who wriggles himself into the company of those who neither love, esteem nor fear the Min[ister], that he may report, not what he hears, since no man speaks with any freedom before him, but what he guesses...' To this Swift made an equally guarded reply : 'I am well assured that the only reason of ascribing those papers to a particular person, is built upon the information of a certain pragmatical spy of quality, well known to act in that capacity by those into whose company he insinuates himself;

[1] *Bolingbroke and His Times*, II, p. 217.
[2] Appendice VI of his *Correspondance de Voltaire*, 1726–29.

a sort of persons who, although without much love, esteem or dread of people in present power, yet have too much common prudence to speak their thoughts with freedom before such an intruder, who, therefore, imposes grossly upon his masters, if he makes them pay for anything but his own conjectures.' [1]

If in reference to spying it is common form to mention no names, but to designate persons by oblique description only, it may be possible for competent judges to recognize Voltaire in the above. To those still in doubt, however, who have difficulty in admitting that a man who had been on friendly terms with Bolingbroke would descend so low or could be described as wriggling his way into Bolingbroke's company; or who cannot see how aptly Swift's 'pragmatical spy of quality' fits the case; or who fail to understand what possible motive could compel Voltaire to such conduct, two further points may be made: (1) The word 'intruder' designates an outsider, one who was not a natural member of the dissident group of disappointed politicians and writers grouped around Bolingbroke. That may well point to Voltaire. (2) Voltaire was well enough informed of the identity of the Occasional Writer to write to Thieriot (May 27, 1727): 'Farewell, do not talk of the occasional writer. Do not say it is not of my Lord Bolingbroke; do not say it is a wretched performance. You cannot be judge neither of the man nor of this writing.'

To Churton Collins this was the last straw, and the irrefutable proof that Voltaire had been meddling. 'Falsehood and hypocrisy are of the very essence of his composition.' Foulet, however, is able to give a perfectly innocent and plausible explanation of the words. Still one disquieting consideration remains : it would be impossible to father this iniquity on a man whose conduct had been invariably beyond reproach. Men of more normal upbringing and character, like Montesquieu, come and go without gossip and rumour attaching to them, with reputations intact. On the other side of the question one may ask, would Bolingbroke have subscribed in 1728 for twenty copies of the *Henriade* (an act of magnanimous aloofness, according to Dr. Torrey) and would Swift have used his good offices to get Irish subscriptions, if they had really thought Voltaire a traitor? So the question is open. More evidence and better witnesses are needed before the matter can be decided.

[1] Foulet, *op. cit.*, p. 264.

We may here turn aside from the purely social activity of Voltaire, where evidence of stress and strain cannot be overlooked, to his literary work in England, where he achieved notable and deserved success. The fruits of his mastery of written English, won by intensive study of English literature, were triumphantly gathered in 1727 when two essays of his appeared in English. One was *An Essay upon the Civil Wars in France*, in which he used the material which was later to be embodied in *La Henriade*; and the second an essay upon *Epic Poetry from Homer to Milton*.[1] The style of these two short works is marvellously clear and sure. According to Professor Churton Collins, their English would have reflected no discredit on Dryden or Swift, and 'his achievement may be fairly pronounced to be without parallel in linguistic triumphs'. In March of the next year the long debated and eagerly awaited *Henriade* appeared in a magnificent quarto edition, with an imposing list of subscribers, headed by the King and Queen, Walpole, Cabinet Ministers, and members of the nobility like Chesterfield, Bolingbroke and Peterborough. This edition by subscription was at once followed by three octavo editions, all of which were quickly exhausted. Whatever opinions be now held about the intrinsic merits of this epic poem, no one can overlook the eloquence of certain passages, or, what was a factor in its great success in England, the glowing tribute to England's greatness with which the poem begins. The money he made as a result, estimated by Professor Churton Collins at £2,000, was doubly welcome, not only as evidence of a great public success, but because it restored his fortunes after the bankruptcy of the Jew Medina, to whom he had brought a letter of credit from France. Such a success as this was an encouragement to Voltaire to continue his work, if it be admitted that encouragement was needed. From now on, although the claims of friendship and courtesy were not neglected, he must obviously have spent the greater part of his time in literary work. For example, he now began to study the facts for his *Histoire de Charles XII*, which appeared in 1731 after his return to France. Under the influence of Shakespeare he wrote in English a draft of the first act of his later tragedy of *Brutus*, and began to think of the dramatic possibilities of another Shakespearean subject, which was to be published in 1734 as *La Mort de César*. Last, but not least, he

[1] Printed by Samuel Jallasson, London, 1727. A copy may be seen in the Bodleian Library (Toynbee 2704).

began collecting his impressions of England in letters supposed to have been written to his friend Thieriot, but which, at least in the form in which they were published,[1] in all probability Thieriot never received at all. However that may be, these letters were a survey of contemporary English religious, political and social life; they introduced the French nation to significant features of the writings of Bacon, Locke, and Newton; they attempted to assess the value of the English literary and scientific contribution to civilization. In addition, they embodied a philosophy of life, a positive teaching, and a propaganda which were less concerned with telling the truth about England than with presenting to the France of the *ancien régime* by comparison a provocative picture of her own stagnation and incompetence.

Some idea of the trouble Voltaire took to collect facts about England can be obtained from Lanson's critical edition of the *Lettres Philosophiques*, in which his sources are examined in detail. Although Lanson cannot pronounce with certainty on many points, there is strong presumptive evidence that Voltaire consulted on the general history of England his own compatriot, Rapin de Thoyras' *Histoire d'Angleterre*, begun in 1724; Chamberlayne's *Angliae Notitia* or the *Present State of England* in de Neuville's French translation; Henry Misson's *Mémoires et Observations faites par un Voyageur en Angleterre* (La Haye, 1698); A. de la Motraye, *Voyages en Europe, Asie et Afrique* (La Haye, 1727); B. L. de Muralt, *Lettres sur les Anglais et les Français* (1725 and 1728); Addison's *Spectator*; Bolingbroke's and Pulteney's *Craftsman*. On the Quakers, he consulted Robert Barclay's *Theologiae vere Christianae Apologia* (1675); Sewel's *History of the Rise, Increase and Progress of the Christian People called Quakers* (3rd edn., 1726); *A Collection of the Works of W. Penn* (London, 1726), especially volume I, which contains Penn's life. He had read Whiston's *Memoirs of the Life of Dr. Samuel Clarke* (2nd edn., 1730). For details on Newton he had consulted Pemberton's *A View of Sir Isaac Newton's Philosophy* (London, 1728); Fontenelle's *Éloge de Newton* and Maupertuis' *Discours sur les différentes figures des Astres* (1732). He seems to know Baillet's *Vie de Monsieur Descartes* (1691); Locke's *Essay* in Coste's translation of 1700; Leclerc's *Abrégé de l'Essai sur l'entendement humain*; and Le Père Buffier's *Remarques sur divers traités de*

---

[1] See Lanson's critical edition of the *Lettres Philosophiques*, vol. I, p. xxxix, and vol. II, p. 254. In Moland's edition of Voltaire, vol. 33, see Letters 292, 295, 296, 313. Voltaire maintains the fiction of 'letters to Thieriot.'

*métaphysique* (1724). From Bayle's *Dictionnaire historique et critique*
he gets all sorts of general information. In English literature he
read for himself fairly widely though not exhaustively. For
example, Shakespeare is the only Elizabethan dramatist he deals
with. It looks as if he writes only about the dramatists whose
plays he saw. And there are gaps in other fields of English literature, a fact which is not discreditable or surprising. In general
it must be admitted that while certain written sources can be
definitely traced, much of the information which the *Lettres
Philosophiques* contain comes from oral sources and newspapers
of the time. His range of acquaintanceship was wide and he
associated normally with highly intelligent people in whose
company discussions on literature, politics, religion and art
must have furnished him with many of his facts. A man of his
intelligence absorbs much in just this way. On Bolingbroke's
influence opinions differ. Foulet [1] and Churton Collins think
Voltaire more influenced by Bolingbroke than any other Englishman and this will be principally in matters of religion where his
deism agreed with Voltaire's. On political matters, too, he may
have been Voltaire's mentor in explaining the working of the
English constitution. But Dr. Torrey,[2] basing his argument
partly upon Hurn's thesis on Voltaire and Bolingbroke (Paris,
1915), reduces Bolingbroke's influence to a minimum and asserts
that Voltaire used his name as a shield behind which to launch
attacks on Christianity (like his *Examen Important de Milord
Bolingbroke*). But that Voltaire was interested in Bolingbroke's
political polemics is proved by the fact that as late as 1732 he
was receiving the *Craftsman*, the paper in which Bolingbroke
and others belaboured Walpole and the Whigs.

Now after the triumphant publication of *La Henriade* in March
1728, Voltaire could consider that he had fulfilled the purpose
for which, according to Horace Walpole, he made the journey
to England. If what he said in his preface to *Brutus* be correct,
viz. that he spent nearly two years in England, he must have
left by August 1728. The last letter (Foulet, no. 58) extant as
written from England is dated London 4 août (o.s.). The next
(Foulet, no. 61), dated provisionally by Foulet, February 1729,
is addressed to Thieriot and ends thus : 'I have nothing to say
to you from the place where I am. Malaffaire does not know me.
I am here upon the footing of an English traveller.' The last

[1] *Correspondance de Voltaire* 1726–1729, p. xiii.
[2] *P.M.L.A.*, XLII (1929).

sentence is unintelligible unless Voltaire was out of England, as
by no stretch of the imagination could anyone in England have
been deceived into thinking that he was English. But in France
it was a different matter. In some quiet country district where
he had never been before, he might easily have hoodwinked the
natives. When he left England is unknown, but Foulet prints
from Churton Collins a letter of Lord Peterborough to a Dr.
Towne (Foulet, no. 59), dated November 14, no year being given.
In the course of the letter Peterborough says : 'It is as hard to
account for our politics as for Mr. Voltaire's resolution and
conduct ; the country and people of England are in disgrace at
present and (he) has taken his leave of us, as of a foolish people
who believe in God, and trust in ministers ; and he is gone to
Constantinople in order to believe in the Gospels, which he says
it is impossible to do living among the teachers of Christianity.'
Churton Collins had assumed that this letter was written in 1729.
Foulet,[1] on the other hand, argues for 1728 from internal
evidence : Peterborough's pessimism arising from the failure
of the Congress of Soissons to put an end to the tension between
England and Spain over Gibraltar being decidedly more in
keeping with the trend of opinion in 1728 than in 1729.

Now Foulet believes that Voltaire would naturally wish to
return to France after publishing the English edition of *La
Henriade*. After all, he was not banished ; at any time he could
leave England and return to France provided he respected the
ban on Paris, and what more natural than that he should want to
get back to his own country, to pick up again the broken threads
and attend to his work ? His letter from Wandsworth to Thieriot
on June 25, 1728 (n.s.), shows that he was thinking ahead in
this direction. The English edition of *La Henriade* being banned
from France, it was necessary to prepare a perfect French edition
and this could only be done in France. Yet secrecy was necessary.
'Now I want to know,' he writes to Thieriot, 'when and where
I could print secretly the *Henriade*. It must be in France, in some
country town. I question whether Rouen is a proper place ; for
methinks the bookish inquisition is so rigorous that it has
frightened all the booksellers in those parts. If you know any
place where I may print my book with security, I beseech you
to let me know of it ; but let nobody be acquainted with the
secret of my being in France.' So we can imagine him slipping

---

[1] *Op. cit.*, Appendice VII.

out of England (in September or October 1728, as Foulet suggests) on the homeward journey, giving, either as a joke to his English friends or for the purposes of a false scent, his destination as Constantinople, but really going to earth in some safe and convenient hiding-place in France. But prudence was still called for. If discovered within the forbidden zone all would be lost. Hence the absence of news; he probably wrote no letters (mirabile dictu!) and saw no friends for some five months. He breaks silence in February (?) 1729 to Thieriot, not saying where he is, but informing him of his English disguise and of his hope of being in Paris by March 15. A letter of the 10th of March tells Thieriot that he is coming to Saint-Germain; another of the 25th adds the detail that he has put up « chez Chatillon, perruquier à Saint-Germain » under the name of Sansons. He strikes a more exultant note on March 31 : « Ecce nunc tempus acceptabile, ecce nunc dies salutis, car voici le saint jubilé ; venez donc voir vos anciens amis en bon chrétien. Expecto te dans le cloître du bienheureux saint Médéric, chez Dubreuil. Expecto te, inquam. Rescribe ergo quota hora potes aegrum amici animum suavi confabulatione reficere. » Whether Thieriot had managed to get to Saint-Germain did not transpire. In any case here was Voltaire making a sudden and secret dash to Paris, braving the ban, in that atmosphere of mystery which was necessary and yet stimulating. He was back in Saint-Germain by April 2, his head full of the problems to be solved for his *Histoire de Charles XII*. Two days later he gives Thieriot another rendezvous in Paris, still under the cloak of secrecy. On the 7th he wrote to Maurepas, secretary of the King's household, for permission to 'drag his chain' in Paris. On the 9th came a curt reply : « Vous pouves, Mr., aller à Paris quand bon vous semblera et même y demeurer.» But the Court was forbidden. And the minister adds the warning : « Je suis persuadé, que vous vous observerez à Paris et que vous ne vous y feres point d'affaire qui puisse vous attirer disgrâce.» If the absence of enthusiasm in this official reply jarred upon the prodigal, he could console himself with the 'sure and certain hope' of a better welcome from his friends. On April 16, he writes as a free man to give Thieriot his Paris address.

## II. PUBLICATION OF THE *LETTRES PHILOSOPHIQUES*

It took some four years for the most important effects of this English experience to take literary shape. Lanson rejects Voltaire's statement to Thieriot (July 24, 1733), that the letters were

addressed to him in 1728. Their composition took place mainly
between 1729 and 1731. By the end of 1732 [1] Voltaire had put
what he thought were his last thoughts on paper and confided
them to Thieriot who had gone over to London to prepare the
way and supervise their printing. In the following year appeared
in London *Letters Concerning the English Nation* [2] by Mr. de
Voltaire. According to Desnoiresterres [3] it was John Lockman,
who had already translated *La Henriade* and was destined to
translate *Le Siècle de Louis XIV*, who translated the French text
into English. This was a curious reversal of normal practice, but
there was something to be said for allowing a translation to pre-
cede the original French by one year, if only because the reception accorded to the translation in London would give the author
useful information about the prospects of the original. As for
this original French text, Voltaire's intention was that Thieriot
should supervise again its printing in London and have whatever
profits came from the sales. Concurrently an identical French
text was to be entrusted to a Rouen publisher called Jore with
whom Voltaire had had previous dealings. Such an arrangement
seemed to offer reasonable guarantees of success, because the
London edition would escape all French control, and Jore, the
official printer and publisher to the Archbishop of Rouen and
the clergy of the diocese, would presumably stand well with the
French authorities and be above suspicion. The utmost discretion was needed. Voltaire, as usual, was in hot water; this time
because his recently published poem, *Le Temple du Goût*, had
not received the official imprimatur. [4]

Following his usual habit, he had already read extracts from
his letters on England to influential people, such as Cardinal
Fleury, who had laughed at the letters on the Quakers, and the
Censor (the Abbé de Rothelin of the Academy), who had
approved everything except the letter on Locke. [5] Yet official
approbation of such a work was out of the question [6]; Voltaire
did not even go through the farce of asking for it. From no later

[1] Except for Letter XXIV and the *Remarques sur Pascal* sent to England
in 1733 (Lanson, *op. cit.*, p. xi).
[2] See Letter 359 in the Moland edition, vol. XXXIII. « Les Lettres Philosophiques, politiques, critiques, poétiques, hérétiques, et diaboliques, se
vendent en anglais à Londres avec un grand succès. Mais les Anglais sont des
papefigues maudits de Dieu, qui sont tous faits pour approuver l'ouvrage
du démon.»
[3] *Voltaire à Cirey*, ch. I.
[4] Letter to Thieriot, May 1, 1733.
[5] Letter 313 in Moland's edition.
[6] Letter 309 in Moland's edition.

than the spring of 1733, the two projected editions, that of London and that of Rouen, were printing. The time would come when they would be ready, then what was to happen? With little or no predilection for martyrdom, yet egged on by an incorrigible temerity which alternated with panic fears and kept his nerves on edge, he was determined, at least as regards the Jore edition, to launch it upon the world only when the time was ripe, that is, when all danger was past. To this end he enjoined upon his two friends in Rouen, Cideville and Formont, in letter after letter, to see that nothing should be left with Jore : *they* were to store everything themselves, keeping « ces magasins de scandale » under lock and key.[1] The danger was not diminished by his decision in June 1733 to add to the matter on England, originally complete in twenty-four letters, « quelques petites réflexions détachées de Pascal », the effect of which would be to « déchirer la peau de Pascal sans faire saigner le christianisme ». While Jore was setting up this Pascal letter, Voltaire wrote at least two letters to Thieriot in London bidding him hold up the publication of the London edition till the « petit anti-Pascal » could be included. Whether through inadvertence on Thieriot's part—he was notoriously slack—or refusal by the publisher, Voltaire's wishes were disregarded and the London French edition of 1734 is therefore incomplete. Jore's conduct also was causing him anxiety. Voltaire saw him in Paris and thought fit to remind him that the slightest inadvertence or disobedience of instructions would land him in the Bastille and be his ruin. Jore promised discretion and received a loan of fifteen hundred francs. Voltaire's fears were increased in July when he heard that the Garde des Sceaux had been making inquiries in Rouen, « dans la fausse supposition que les *Lettres anglaises* s'impriment à Rouen »! Genuinely alarmed at this, although the authorities must have been unsuccessful in their search, he at once wrote off to Thieriot to hold up « tant que vous pourrez l'édition française ; je suis perdu si elle paraît à présent » (July 28, 1733). A month later he began to wonder whether Jore, who had promised him « une fidélité à toute épreuve », had not allowed his virtue to be breached. In September a government agent was in Rouen, looking for incriminating evidence.[2] That was when Voltaire could get no answers to his

[1] Jore refused to conform to this. See 'Factum de Jore,' Letter 606 of the year 1736 (Moland edition, vol. 34).
[2] Desnoiresterres, *Voltaire à Cirey*, ch. I.

letters to Jore, who had gone into hiding. He wondered whether
Jore had been sent to the Bastille, a prison Voltaire was determined to avoid at all costs himself. The whole business was most
worrying. As he confessed to his friend, Cideville, « je suis en
transes à Paris » ; he envied Thieriot's peaceful life in London
and wondered whether he had better not join him there, perhaps
never to return. Then, as nothing happened, he allowed his fears
to subside. The fact was that ties of friendship made another
exile so unpleasant in prospect that he postponed the evil day
of decision indefinitely, only patiently biding his time till he
could safely tempt Providence again, waiting for the « faciles
aditus et mollia fandi tempora » which would justify further
defiance.

On April 7, 1734, he set out for Monjeu in Burgundy, where
he was to be a witness of the marriage of his friend the Duc de
Richelieu to Mlle de Guise. He was there still, luckily, when the
blow fell, otherwise he would probably have been arrested and
sent again to the Bastille with the less fortunate Jore. « Ces
maudites *Lettres Anglaises* se débitent enfin sans qu'on m'ait
consulté, sans qu'on m'en ait donné le moindre avis. On a
l'insolence de mettre mon nom à la tête et de donner l'ouvrage
avec la *Lettre sur les Pensées de Pascal*, que j'avais le plus à cœur
de supprimer..., j'ai le cœur serré de douleur. »[1] Well he might
have, too, as the authorities were getting tired of being a laugh-
ing stock. Then followed long jeremiads of injured innocence to
all his friends. By all the gods he swore that he had had no part
in this publication, and that was true, but it was an open secret
that he was the author, which was enough for the authorities,
who broke into his Paris house and searched his papers for
evidence of his guilt. Formont's house was also searched, as
Voltaire thought, at Jore's instigation (letter of June 5, 1734).
What had happened is still not perfectly clear because with two
such accomplished liars as Voltaire and Jore, it is not easy to
find the truth. At first, Voltaire suspected Jore of treachery. In
this, apparently, he did Jore an injustice, if his letter of March 24,
1736,[2] written to whitewash Jore with the authorities and get

---

[1] Letter 398 of April 24, 1734 (Moland edition).
[2] With this letter as evidence of Voltaire's authorship, Jore blackmailed
him for more money, brought an action against him when he refused to pay,
threatened to publish the letter, was prevented from doing this by the
Lieutenant of Police, and failed to get further payment, although Voltaire
on his side was forced to disgorge 500 francs to charity.

him back his *maîtrise*, is as « regorgeante de vérité » as he claims. In any case, Jore's 'factum', which is a statement of his grievances against Voltaire, accepts Voltaire's statement that the first seized copies of the *Lettres Philosophiques* belonged to a pirated edition of François or René Josse. Now, according to Voltaire, he had entrusted an advance copy of Jore's edition to François Josse, a Paris bookseller, for binding. The temptation to print a clandestine edition proved too strong. François printed and nearly disposed of his edition. Not to be outdone, his cousin René printed another which was confiscated by the authorities. As soon as the sale of the first copies was reported, Jore was sent to the Bastille, but being deemed innocent, was released after a fortnight's detention. Then his own edition was discovered in Passy and seized.[1] Voltaire, meanwhile, received timely warning from his friends in Monjeu, so decamped before the Intendant of Burgundy arrived to arrest him. Having, as he confessed to his friend d'Argental, « une aversion mortelle pour la prison », Voltaire could do nothing more than call on all his influential friends to protect him, while he retired prudently to Lorraine, to avoid the « lettre de cachet » issued against him on May 4. Soon he had crossed over the border of Lorraine, to Cirey in Champagne, to live in the château of Mme du Châtelet. There he was soon busy, acting the master-mason, helping in the furnishing, giving rein to his gift of versifying, finishing his tragedy *Alzire*, working at *La Pucelle*, protesting his innocence to M. Hérault, the Lieutenant of Police, bombarding his friends with shrill appeals, making friends with neighbours. After Jore's edition in its turn had been found [2] he was not long in learning that on June 10 the Parlement de Paris had ordered the *Lettres Philosophiques* to be lacerated and burnt by the common hangman in the courtyard of the Palais de Justice as infamous, contrary to religion, good morals and respect for authority. A cruel fate for « un juste à qui la grâce a manqué »!

Cirey did not keep him all the time. In July he was at Philisbourg with the army of Alsace, to see Richelieu, who had just fought a tragic duel with the Prince de Lixen; there are also traces of him in Holland, Brussels and Bâle. One projected visit he did not make, to the château of Le Marquis de Lézeau near

---

[1] See Letters 584, 599 and 602 of the year 1736, the 'factum' of Jore no. 606 of the same year, and Albert Lantoine, *op. cit.*, p. 108. The fact ultimately cost Jore his 'maîtrise'.
[2] See 'Factum de Jore'.

Rouen ; the Marquis had stipulated regular attendance at Mass. All this time his friends were making out what case for him they could, the Duchess of Richelieu being particularly active. All this goodwill could not fail to melt the heart of the most Spartan authorities. So we find old Cardinal Fleury and the Garde des Sceaux finally instructing M. Hérault to signify to Voltaire, on March 2, 1735, that the ban of eleven months was lifted and that he was free to return to Paris, on condition that he changed his ways and showed « une conduite digne d'un homme sage et d'un homme qui a déjà acquis un certain âge ». A chastened, sadder, but not yet a wiser man wrote a grateful letter of thanks on March 30, by which time he was in Paris again.

This was reprieve at best, though not forgiveness. He could be under no illusions. Having acquired the reputation of a « frondeur », a « mauvais coucheur », he was in future a marked man. Henceforth, despite frequent visits to Paris, he did not make a real home there. He felt safer, freer, happier away. For the next fourteen years, if he had a 'home', it was at Cirey, with Mme du Châtelet, his mistress. Thence, with his customary restlessness, he would escape, sometimes without the 'divine Émilie,' to The Hague, to Brussels, to Berlin, to Paris, even to Versailles and Fontainebleau, in attendance on the Court, where he held an official position after 1743 as Gentleman of the Chamber to the King; or to Lunéville, the Court of Stanislas, Duke of Lorraine. Finally, on the death of Mme du Châtelet, his guardian angel, in 1749, he went off to Potsdam as Chamberlain to Frederick the Great. To safeguard the liberty of movement and the freedom of thought which England helped to teach him, an apt and willing pupil, to prize, he became a virtual exile from the city of his birth.

### III. THE TEXT OF THE LETTRES PHILOSOPHIQUES

The Parlement of Paris not only ordered the Lettres Philosophiques to be burnt ; it forbade Voltaire to make use of the title of the work. As often happens in such cases, this decision did not completely destroy the work. Odd copies escaped, but to avoid subsequent trouble, the text was dispersed by Voltaire through the mass of his other works, and reappeared subsequently in the Mélanges Littéraires or the Dictionnaire Philosophique. From time to time, when new editions of these works appeared, he would add hasty corrections to the original. Throughout the eighteenth and nineteenth centuries edition after edition of Voltaire's works appeared, but none, not even the Kehl edition (1784–89) published by Beaumarchais, nor the infinitely superior edition of Beuchot (1828), which brought the first twenty-four letters together again, nor that of Moland (1877–85) contains the text of the *Lettres Philosophiques* in an authentic form. To understand the work as originally produced we must go back to the first editions, and first of all determine not only which of the first editions is the original, but the one which best reflects the mind of Voltaire. This indispensable work of Voltaire scholarship was performed by the late Gustave Lanson, who brought out the first critical edition of the *Lettres Philosophiques* in 1909 (Paris, Cornély).

Lanson's task was complicated by the fact that no less than five editions of the *Lettres Philosophiques* appeared in 1734. These fall into two groups :

A. *Lettres écrites de Londres sur les Anglois et autres sujets par M. D. V\*\*\*. A Basle*, 1734, in 8vo, 228 pages. (=Lanson 34ª.)

     The title notwithstanding, this edition was printed in London by Voltaire's friend, Thieriot. An English translation of this text had appeared in London in August of the previous year under the title : *Letters Concerning the English Nation, by M. de Voltaire, London. Printed for C. Davis and A. Lyon* 1733, in 8vo. This English translation is valuable in showing where Thieriot altered Voltaire's manuscript.

B. *Lettres Philosophiques par M. de V\*\*\**.

     There were four editions with this title. Of these, only one, that printed by Jore, at Rouen, was authentic; the others were counterfeit copies.

Between these two groups there are notable divergences. Voltaire had sent one manuscript to Thieriot, and one to Jore. To both he had sent corrections. Neither edition appears to have given Voltaire satisfaction. But whereas « notre ami Jore, notre très incorrect Jore », being more accessible and under Voltaire's eye, printed with a good few blemishes the whole text, Thieriot, from the safe immunity of London, not only altered the original in a certain number of cases,[1] but omitted the vitally important *Remarques sur Pascal*, thereby ignoring Voltaire's intentions.[2] For this reason alone, Thieriot's edition is inferior to Jore's.

[1] Lanson's edition, p. x.
[2] See Moland's edition, vol. 33, p. 361 (letter to Thieriot, July 14, 1733).

Such a point conceded, it remained for Lanson to determine which of the four editions in group B was the original. Textually there is little to choose between them, but Beuchot, Bengesco and Lanson agree that Jore's edition was the one in 12°, of 387 pages, entitled : *Lettres philosophiques par M. de V\*\*\*, à Amsterdam, chez E. Lucas, au Livre d'or*, 1734. (=Lanson 34.) This, despite Amsterdam on the title-page, is Jore's Rouen edition, the one condemned by the Parlement de Paris, the one of which Voltaire corrected the proofs, and which most nearly represents his original ideas. This is the edition which Lanson reprinted together with variants and additions furnished by all the important editions of the eighteenth century.

The present edition follows Lanson in accepting Jore's text, but has no interest in perpetuating, as Lanson does, Jore's chaotic eighteenth-century spelling. Following Lanson, a number of careless misprints, such as *vlilage* (for *village*), *premiement* (for *premièrement*), in the text of the « très fautif » Jore [1] have been corrected without comment. Apart from such obvious misprints of a minor character and the modernization of spelling and punctuation, every departure from Jore's text has been indicated in the Variants. Here and there, for example in the faulty agreement of the past participle, the present edition will be found to be more conservative than Lanson's. Voltaire's later additions and corrections have not been incorporated in the text, as was done by Beuchot and Moland in varying degrees. The reader therefore has before him an authentic text (sanctioned by the author) which will enable him to understand most clearly the nature of the challenge originally offered by Voltaire to the French government of that time and to his countrymen in general. Had Voltaire been able or anxious at any later time to establish a definitive *ne varietur* text, the textual problem would be different. For one reason or another he omitted to do this. From time to time, amid the rush of other work, he made interesting and significant additions or modifications. It is not the purpose of this edition to record all the changes which the text underwent at the hands of Voltaire (and of the printers), but in the Variants the reader will find indicated all substantive modifications and reprinted (from Lanson) only those which clearly modify the sense of the original or contain developments which clarify Voltaire's views on the subjects he discusses in the *Lettres*.

[1] Letter to Cideville, July 1, 1733.

## IV. Predecessors of Voltaire in England

To understand the importance of the *Lettres Philosophiques*, we need to know something of Voltaire's predecessors. During the greater part of the seventeenth century, when France enjoyed a dominant position in Europe, the number of Frenchmen who had had experience of England was small. Even French ambassadors to England, if Voltaire can be believed, did not consider a knowledge of English necessary to their duties. Relations between the two countries were not improved by the Civil War and execution of Charles I. French belief in the divine right of kings was shocked by this barbarous assertion of lèse-majesté, and the fact that the widowed Queen was a daughter of Henri le Grand increased the bitterness. Nor did Cromwell improve the situation; he increased the fear and distrust of England. With the Restoration, however, tension relaxed. The debonair attitude of the King, the explosion of hedonism after the years of Puritan gloom, and Charles II's more than friendship for France, opened a new relationship between the two countries. A trickle of visitors from France set in. The famous Saint-Evremond, having criticized the Treaty of the Pyrenees, found further residence in France imprudent and installed himself in London in 1661, where he lived for the next forty-two years. Charles II made him custodian of the royal ducks in St. James's Park at a modest salary, and he was able to discharge the duties of this post, as report has it, without learning English.[1] Two years later, two French men of science, M. de Monconys and the Sieur Samuel de Sorbière, paid a visit to England for the purpose of seeing Hobbes and visiting the recently founded Royal Society. Then came the most revolutionary change—the Revocation of the Edict of Nantes in 1685. The trickle of visitors now became a stream, then a torrent. Most of the enterprising French Huguenots fled to Germany, Holland, Switzerland and England. Over 70,000 came to England alone. The majority settled down and were ultimately absorbed in the population. But before that process was complete they performed a great service to European thought. Although as Protestants they represented minority feeling in France, they corresponded actively with their compatriot refugees in other countries and were thus a bridge between their native land and the countries of their adoption. As one of

[1] Yet, as a critic of Ben Jonson, he must have been able to read English.

L.P.—2

the factors helping to break down the narrow bounds of exclusively national thought and to set the tide flowing in the direction of cosmopolitan understanding, they have left their mark on the eighteenth century. Thanks largely to them, English isolation was broken down and England's position in, and attitude to Europe were modified fundamentally. Then England herself, in Newton and Locke, produced two European figures —the former one of the greatest scientists of all time, whose discoveries in astronomy and optics revolutionized scientific thought, and the second a philosopher whose sensationalist doctrine dominated philosophical thought up to the time of Kant. Never before had English intellectual prestige stood so high in the world. Add to this the military prestige which came from the victories of the undefeatable Marlborough, the consciousness of new strength, manifest in the command of the seas, the expanding trade and growing wealth of the country, and England emerges and rises as France, exhausted in man power and money from long-drawn-out wars, declines. A truly revolutionary change, if one reflects that half a century before English policy was handmaid to the French and an English king had stooped to take subsidies from France.

One result of such a change was that foreign interest in England grew. Other countries, if one may judge from the type of details supplied them, were interested in the most trivial as well as the serious details of English life. It looks as if England for the first time had swum into their consciousness and that they were avid to hear anything that an enterprising observer had to tell. And an interesting change comes over the communications as the years progress. Thus, Samuel Sorbière, who had practised medicine in Holland and whose visit of a few months took place in 1663, notes [1] that it was common form for the English to salute French visitors disembarking at Dover with cries of 'a mounser,' 'French dog'. (In Holland, he says, they were called 'moucherons'. « Ce qui est beaucoup plus supportable que le *matto Francese* dont le vulgaire des Italiens nous honore.») Like the fair-minded man he was, he thinks that the French visitor who met trouble of this kind had often himself to blame, being far too demonstrative. Thus a French traveller in those days had a bad beginning to his thirst for outside knowledge. Little wonder that the great majority of Frenchmen preferred the solid comforts of home.

[1] *Relation d'un voyage en Angleterre*, Cologne, 1667.

After an easy passage through the Customs, Sorbière began nis troubles. There is something pathetic as well as trusting and innocent in the fact of this French doctor venturing alone into a strange land without knowing a word of its language. On the journey to London through Canterbury, Rochester and Gravesande (sic), his English fellow-travellers just ignored him. « On me considérait aussi peu que si j'eusse été un balot de marchandise.» So he had ample time to note the beauty of the countryside. At Canterbury he mentions the two floors, the windows and the length (512 feet) of the Cathedral. He had a pleasant stay at Gravesend before arriving in London, where he put up in Commun Garden (Covent Garden), the French quarter which then reached up to the gardens of « le palais de Bethfordt » (the home of the Duke of Bedford in Bloomsbury). In London he describes various buildings, becomes aware of Presbyterian hostility to the Church of England, is critical of the « prétendue Réformation », questions the right of the Church of England to episcopacy, attributes scandals in the Established Church to scorn of celibacy and prevalence of simony, deplores the state of English Catholics, who, unlike foreign Catholics, were resigned to their lot ; mentions the Quakers but quite obviously has not bothered to study them, « Et c'est monsieur, tout ce que je vous puis dire sur le sujet des Religions dont l'Angleterre est infestée ». He visits Hobbes, whose *De Cive* he had translated into French, finds him playing tennis and taking daily walks at 78, and invokes God's mercy on him ; then sees a number of peers and prominent scientists ; is aware of England's contribution to scientific knowledge ; admires the English nobility (« car la noblesse d'Angleterre est presque toute savante et fort éclairée ») ; assesses the importance of Bacon—« cette docte et judicieuse tablature qu'il nous a laissée, pour réduire utilement en pratique et tirer hors des disputes de l'École ce que l'on a de connaissance de la Nature » ; visits and admires the Royal Society, to which he was admitted to his great joy, though complaining that its members were reluctant to talk French, that their Latin was as unintelligible to him as English, that the manners of some were wanting in court refinement, some of them having « volontiers l'haleine forte ». When in Oxford, he speaks in contrast with gratitude of the gracious behaviour of M. Lockey of Christ Church,[1] Bodley's Librarian, without whom « je n'eusse pas eu beaucoup de satisfaction de mon voyage ».

[1] Thomas Lockey (1602–79), Canon of Christ Church in 1665.

Thanks to M. Lockey, he was shown round different Oxford Colleges, and paid a quick visit to the Bodleian Library, where he examined some coins and the sword sent by the Pope to Henry VIII as Defender of the Faith ; learned that the income of Christ Church was « soixante-dix mille livres » ; but, familiar as he was with Papal Latin, had very little profit from conversations with Professors Wallis and Willis because of their curious Latin pronunciation ; went back to London rather depressed at his inability to understand the language and, despite all his efforts to see things and people, under no illusions of having penetrated « dans le fond des affaires, ni connu une Nation, à le dire entre nous, fort bigearre et fort irrégulière » ! Back in London, he was graciously received by Charles II ; went to Westminster to attend Parliament and the Law Courts. There followed a round of visits to « Witt-hall, la cour et le Parlement, quelques grands seigneurs et quelque bourgeoisie, le sérieux et le plaisant, le négoce et les divertissemens, la Bourse, Springarden, Eyparc, S. James, et la Comédie, Greshem, le Temple et Saint-Paul ».

This activity convinced him that England was a land of great natural advantages, and as it was surrounded by the inviolable wall of the sea, English contempt for and indifference to foreigners were understandable. English people, he says, are lazy and smoke excessively ; England through the Royal Society is destined none the less to endow other nations with « une infinité d'utiles inventions ». Such a contribution, rather than war (« l'homme n'est pas né pour intenter la guerre à ses semblables mais pour jouir des douceurs de la paix »), was, he claimed, the greatest to happiness. He then deals with the relationship of king to nobles and nobles to commons; sees a new conception of kingship—kingship of service, whose whole duty is maintenance of peace and happiness of the people—a conception strengthened by the liberty of Parliament. The good Sorbière, certainly no democrat, deplores the « coup de désespoir » which led Edward I to summon the Commons as counter-weights to lords and bishops—a course « qui a grandement affaibli la monarchie et qui a causé tous les malheurs et toutes les tragédies qui y sont arrivées ». It is the duty of the King, says Sorbière, to exercise force and authority, and the nobles are useful in protecting the King against « les peuples, ces animaux indisciplinables ». He finishes on a lighter note, refers in low terms to English cooking, to the dearness of English labour, the English working-man being too fond of drinking-houses ; notes that shops were open even in summer only after 7 a.m. ; visits several country houses ; was taken by the Earl of Devonshire to dine with the Earl of Salisbury at Achtfields, with whose beauty he is struck ; he admires the splendid tombs of Westminster Abbey, but gets little pleasure from a drive in Eyparc ; notes the English habit of defying the law of the unities on the stage and the use of « prose mesurée » instead of rhymed verse, but not speaking the language it is not surprising that he does not mention any author or any play by name.

On the way back to France he recalls with relief that in the company of a friend « à demi Anglais », « je ne ressentis aucune des incommoditez que j'avais éprouvées en allant ; le Peuple me parut moins rude et la campagne me parut plus belle ».

Thus ends the mixed bag of impressions which the worthy Sorbière has left. It is a chronicle of a virtuous and fair-minded man, eager to see and judge for himself, baffled at times by the strangeness of the people and his own limitations, but hardly ever prejudiced and unfair. As a good convert to Catholicism, he cannot obviously write in praise of the position of the Church of England, nor as a convinced and most conservative monarchist is he in sympathy with the English conception of limited kingship. But in his general feeling that the English people have a contribution to make to European civilization, despite their faults ; in his condemnation of war and praise of intellectual activity, he anticipates in some small degree the verdict of Voltaire. The latter, however, quite unable to accept the religious and monarchical principles from which Sorbière writes, unjustly pooh-poohs his conclusions as « une satire plate et misérable contre une nation qu'il ne connaissait point ».

An indignant and ponderous protest against Sorbière's criticisms was also issued by Thomas Sprat, Bishop of Rochester,[1] who complains of 'an insolent libel on our nation,' 'the mistakes, the incoherencies, the vanity of his Book,' 'the ill-grounded reproches' [Sorbière had spoken of English cowardice]. According to Sprat, Sorbière ' never saw any of the chief seats of the English Industry, he beheld not the cole-pits of Newcastle, the cloth-works of the West and the North, the lead mines of Derby, the orchards of Hereford . . .'

Another traditional Catholic and unfavourable view of England is expressed in the letters of the celebrated Guy Patin

[1] *Observations on Monsieur de Sorbier's Voyage into England*, London, 1665.

(1601–72), a learned Paris physician, professor at the Collège de France and a fanatical partisan of bleeding. Like so many Frenchmen of the seventeenth century, he was horrified at the execution of Charles I. As he had not been to England but judges it from afar, his opinion has little value for the present work, except in so far as it called forth a protest from the Abbé Prévost in vol. V of his *Mémoires d'un homme de qualité*. It is the young marquis who says : « Je ne puis pardonner à Guy Patin le caractère odieux qu'il fait des Anglais ; il prétend qu'ils sont entre les hommes ce que les loups sont entre les bêtes. Se peut-il rien de plus faux et de plus injuste ?»

After this comes a number of Protestant opinions, French and Swiss. These, as might be expected, are much more enthusiastic, although far from sycophantic. Taking as their model Chamberlayne's *Angliae Notitia* of 1669, two of them, Misson and Miège, group their remarks under alphabetical headings, which was the form chosen by Bayle and Voltaire in their *dictionnaires philosophiques*. Another pair, Béat de Muralt and César de Saussure, choose the epistolary form, a convenient fiction permitting a great freedom of treatment, as Voltaire himself showed in his *Lettres Philosophiques*.

Henri Misson de Valbourg [1] was in England in the reigns of James II and of William and Mary. He claims to give particulars of England's religion, politics, manners, its natural curiosities, a quantity of historical facts, and particularly the things of interest in London. And he is as good as his word. His work is a mine of information. Under the heading 'parlement', he tells how Parliament assembles, how the Speaker is elected, bills are voted, when the King's consent is given, etc. The article on London deals with the great wealth of the capital, but refers to the problem of poverty and reminds readers that plague every twenty-five years is London's rule. Under 'Quakers', he describes their modest, peaceful ways, but also their austerity and obstinacy, their manner of preaching : an unfavourable verdict. Under religion he deals with the Established Church and all its dissident branches, with marked reference to papists as « grondans, menaçans, grinçants des dents ». Under *R hume* he utters a warning to the unsuspecting foreigner of the treacherous English climate : « un rhume qui s'invétère en Angleterre est un commencement de maladie mortelle, particulièrement pour les étrangers. Il ne faut donc pas négliger un rhume ». In *Comédie*

[1] *Mémoires et observations faites par un voyageur en Angleterre....* A la Haye, 1698

he sits on the fence about the 'rules', but is angry at English criticisms of the French stage : « Tout ce qu'ils ont de meilleur vient de nous, et au lieu de nous savoir gré de notre bien, ils nous méprisent de la manière la plus outrageante ». Under *tabac* we read how both men and women in England smoke, and particularly the clergy : « Mais aussi cela fait de profonds théologiens, car il n'y a point d'homme au monde qui fume mieux qu'un Prêtre anglais. Que de profondeurs dans la profonde théologie des profonds théologiens d'Angleterre ! Ah, la belle chose qu'une théologie profonde ! » Oxford, he tells us, is « une ville dont on ne peut pas parler en deux lignes », so he gives it 28, which permits him to say how long it takes to proceed to the degrees of B.A., M.A. and the doctorates. Under *dimanche* he has a word on Presbyterian influence and the bœuf rôti and pudding consumed on the sabbath. Under *débauche* he compares the vice of Paris and London, to the advantage of the latter. He saw James II touch for the King's evil and blames the Jesuits for the doubt about James' son. He attended the coronation of William and Mary, giving the text of the Bishop of Salisbury's sermon. On the wealth of the clergy he remarks succinctly : « plusieurs ont assez, peu ont trop ; beaucoup ont trop peu » ; he informs us that « on fait en Angleterre les meilleurs couteaux et les plus mauvais ciseaux du monde ». The laws of England are « très sages et très bonnes, mais mollement exécutées » ; « le gouvernement d'Angleterre est Aristocratico-Democratico-Monarchique. La Monarchie est exercée, comme est raisonnable qu'elle le soit en tout pays, non par la volonté absolue ou plutôt selon le caprice ou la fantaisie d'un seul homme mais conjointement avec les États du royaume et conformément aux lois établies. Le pouvoir législatif est dans la concurrence de volonté entre le Roi et son Parlement ; le pouvoir exécutif est entre les mains du Roi...» Under *Table* we learn that the English are « carnassiers » and that their table manners are primitive. « Rotter à table et partout en compagnie est une chose dont le Peuple Anglais ne fait plus de difficulté que de tousser ou d'éternuer. Autant que cela leur est naturel et ordinaire, autant nous paraît-il étrange à nous qui venons d'un pays où la coutume a voulu que rotter soit un privilège réservé aux cochons. » None the less, by taking the deeper synthesis of all the evidence he can declare under the title *Anglais* : « Les habitans de cet excellent pays sont grands, beaux, bien faits, blancs, blonds, souples, robustes, courageux, méditatifs, religieux, aimans les beaux arts et capables des sciences autant qu'aucuns hommes du monde... les manières anglaises sont très différentes des nôtres... Plus les Étrangers connaîtront les Anglais, plus ils les estimeront et les aimeront. Que de braves gens je connais en Angleterre ! Que de modération, que de générosité, que de droiture de coeur, que de piété et de charité ! Paix et prospérité soit éternellement avec l'Angleterre ».

The information given by Guy Miège [1] offers in my opinion no particular interest. It is encyclopædic in form and seems to be on the lines of Chamberlayne's *Angliae Notitia*, that *Whitaker's Almanack* of the seventeenth century. One remark is worth quoting : « Les Anglais perdent plus de soldats dans une première campagne qu'aucune autre nation, s'ils sont mis à quelque épreuve un peu rude ».

The next visitor to describe English life was a Swiss Protestant from Geneva, George-Louis Lesage, who published in 1715 at Amsterdam, *Remarques sur l'Angleterre faites par un voyageur dans les années 1710 et 1711*. According to the late Dr. Mysie Robertson, « elles sont pleines de réflexions justes entrecoupées d'anecdotes amusantes, mais c'est toujours le point de vue du montreur de bêtes curieuses et quelquefois féroces ».

The Protestant Aubry de la Motraye claims to have made three journeys to England between 1698 and 1724. His impressions can be read either in *Travels through Europe, Asia and into Part of Africa*, London, 1723, or in *Voyages en Europe, Asie et Afrique*, La Haye, 1727. Of the latter, Chapter XVI, entitled *Du Harem*, has given Voltaire information which he embodied in the eleventh letter of his *Lettres Philosophiques*. Chapter VIII of the same work deals with England from the point of view of religion, government, manners and customs.

La Motraye's remarks on religion follow the pattern set by all these foreign observers : he notes the central position of the Established Church, resulting from the Reformation ; the question of vestments, communion, the apostolic succession, the Roman Catholic position (« Les Catholiques Romains ont ici moins de liberté que tous les autres et même que les juifs, à cause de la réputation qu'ils ont d'être trop remuans, de vouloir être toujours le parti dominant... Pour dire la vérité on peut croire et pratiquer telle Religion qu'on veut en ce Pais pourvu qu'on ne fasse aucune entreprise contre la dominante ni contre l'État »). And he has a few words on the many nonconformist sects,

[1] État Présent de la Grande Bretagne 1708 ; another version is « sous le Règne de Geo. II. » A la Haye, 1728.

Presbyteriens, Anabaptistes, Adamistes, Famillistes, Mughle-
tonians, Quakers. He praises the sincerity of the latter, mentions
their incoherence when moved by the Spirit, but thinks them
good citizens—the whole in a tone of moderation and good
taste. For him Parliament is « cette auguste Assemblée du plus
sage gouvernement qui ait jamais été, si judicieusement tempéré
du monarchique dans le Roi, de l'aristocratique dans les Grands
et du démocratique dans le peuple, sans avoir les inconvéniens
d'aucun... Ces Lois lient réciproquement le Souverain et le
Sujet. Elles n'ont rien d'amer ni de dur pour un bon Prince et
ne paraissent faites que pour ôter le pouvoir de faire du mal à
celui qui n'est pas tel ». Such a description inevitably calls to mind
Voltaire's « ce gouvernement sage, où le prince, tout puissant
pour faire du bien, a les mains liées pour faire le mal ».

La Motraye is aware of the rivalry and quarrels of the two
political parties—the Whigs (the Haves) and the Tories (the
Have-nots), but unlike another observer, César de Saussure, he
does not say that the party system is bad, any more than he
believes that the lack of charity and brotherly love among the
different religious sects is a condemnation of religious liberty.

On the topographical side he gives the usual travellers' impressions of London and its different buildings. (He prefers St.
Peter's to St. Paul's), and has remarks on country houses like
Chatsworth, Wilton and Blenheim (« Celui de Blenheim... est
plus digne d'un souverain que d'un sujet »), as well as provincial
towns like York, Norwich, Oxford and Cambridge. All his
descriptions here are in such general terms that it is difficult to
know whether he is not quoting from some guide book, although
what he says on Stonehenge is more detailed. He is aware of the
importance of commerce, « que les cadets des Nobles... ne croyent
pas indignes d'eux, comme d'autres font ailleurs ». Also, « les
Sciences et les Arts semblent avoir été portés en Angleterre au
plus haut degré de la perfection, si on excepte la peinture et la
sculpture ». As for their character : « Les Peuples Britanniques
sont braves au dela de l'imagination, tant sur mer que sur terre».
They fear death less than any other nation. Suicide is frequent.

He notes English fondness for all forms of sport : horse-
racing (and betting), wrestling and boxing matches (« les ongles
et les dents ne doivent point être de la partie »), cock-fighting
and bull-dog fighting. On the question of liberty and equality
he notes : « Le seigneur ou le maître n'a point le droit du bâton
sur le valet. La liberté est aussi grande pour l'un que pour

l'autre, pour le riche que pour le pauvre, pour le puissant que pour le faible ».

Yet with all these advantages « cette Nation... avec toutes les raisons imaginables d'être heureuse, ne paraissait pas telle au moins pour une grande partie ». So the English habit of taking pleasures sadly goes back some time. Yet La Motraye found compensations for any gloom which might have struck him, in the society of English women. To his surprise he found that the usual form of salutation in the feminine circles which he frequented was « le baiser à la bouche ». « Comme je m'en tenais à la révérence française dans les premières visites que je faisais au beau sexe, mes introducteurs me dirent que je devais l'accompagner du baiser, si je ne voulais pas passer pour incivil, et je suivis leur avis. » It may be for such remarks as this that the late Dr. Robertson [1] dismissed La Motraye's impressions as « lourd assemblage de faits communs, de fausses nouvelles, de creuses spéculations ».

The last we see of La Motraye is his taking ship for Constantinople with a French clergyman « qui y était appelé pour y prêcher l'Évangile à quelques réfugiés de sa nation ». Alas ! the sea was very rough and it soon drove all thoughts of evangelizing his compatriots from the clergyman's mind. He precipitately abandoned the ship at the first port of call, St. Helen's in the Isle of Wight, leaving La Motraye, who was made of sterner stuff, to continue the journey alone.

Béat de Muralt (1655 ?–1719) was a Swiss Protestant of Berne who took service as a young man in the French army and on his release paid a visit to England in 1693–94.[2] It was not till 1725 that he was induced to publish the result of this journey in his *Lettres sur les Anglais et les Français*. Judging from the information the letters on England convey, he spent most of his time in London, although he found time once to admire the magnificence of the Duke of Somerset's country seat at Petwarch (Petworth), as well as « la maison retirée et le petit jardin de Mons. Temple » (Sir W. Temple of Moor Park, near Farnham ?). Sober in mind and acute of judgment, he did not dissipate his energies. Thus he can say : « Oserai-je le dire? J'ai négligé de voir le roi dans ses habits royaux et je n'ai point vu les célèbres universités

[1] Introduction to her edition of Prévost's *Mémoires d'un Homme de Qualité*, vol. V.

[2] See *Lettres sur les Anglais et les Français*, par B. L. de Muralt, éditées par C. Gould (Paris, Champion 1933).

d'Oxford et de Chambridge » (Letter VI). From this it will be
seen that Muralt, like Voltaire later, is not interested in topographical details. It is with obvious reluctance and most per-
functorily that he tells his imaginary correspondent of the buildings and monuments of London, the ill-paved, ill-lit streets, the
hackney coaches with their obliging drivers, the cabarets with
their magnificent signs, the coffee-houses, « puans, pleins de
fumée comme des corps de garde ». Nor is he interested deeply
in politics. His allusion to the House of Commons as a bulwark
of liberty against Royal aggression ; his reference to the mildness
of the Government: « ils (les Anglais) jouissent d'une liberté qui
élève l'esprit et nul intérêt pressant ne les oblige à des souplesses
qui le corrompent » ; his description of the effects of parliamentary government : « la grande affaire du parlement est
d'observer le Roi et celle du Roi d'observer le parlement ; le
Peuple qu'on veut ménager jouit à souhait d'une grande licence »,
are neither original nor profound. On the other hand, he has
penetrating and interesting comments to offer on English
psychology and ways of life. He sees the nation as a mixture of
races, each maintaining characteristic habits ; « ils boivent
comme les Saxons, ils aiment la chasse comme les Danois ; les
Normans leur ont laissé la chicane et les faux Témoins et ils ont
retenu des Romains l'inclination pour les spectacles sanglans et
le mépris de la mort ». Although full of admiration for the
English character, whose main quality of robust common sense
between extremes contrasts favourably with the French affectation and desire to please, he is not blind to English faults, and
he keeps the balance equal between praise and blame. On the
credit side he is aware of English courage, contempt for death,
independence, love of liberty, sincerity, dependability : « on peut
faire plus de fond sur leur amitié quand une fois on l'a gagnée
que sur celle de ces gens faciles et caressans » ; lack of prejudice, distaste for court favours and willingness to serve the
country in obscure retirement ; taciturnity (long silences broken
by occasional How d'ye do's) ; modesty in greatness : « jamais,
je crois, on n'en entendrait s'écrier, 'un homme de ma qualité,'
'une personne de mon rang' ».

On the debit side he notices the lack of education which
accounts for the licentious tone of English comedies, « remplies
de points d'esprit et d'ordures » and « une des sources de la
corruption de Londres », despite their « Houmour ». Ben Jonson,
though an ingenious poet, he puts below Molière, and 'Shadvel,'

who adapted and amplified Molière's *Avare,* is dismissed with
withering contempt. He objects to the mingling of buffoonery
with tragic elements, and violence on the stage in tragedy.
« Si les Anglais pouvoient se résoudre à y être plus simples et à
étudier davantage le Langage de la Nature, ils excelleraient sans
doute dans le tragique par dessus tous les Peuples de l'Europe.
L'Angleterre est un pays de passions et de catastrophes jusques
là que Shakspear, un de leurs meilleurs anciens poètes, a mis
une grande partie de leur Histoire en Tragédies... Leurs tragédies
ont d'excellens endroits et en grand nombre mais elles ont les
mêmes défauts que leurs comédies.» Here obviously is the other
side of the coin. The English cannot appreciate the fine points
of taste. What wonder when « les plaisirs les plus ordinaires des
Anglais sont le vin, les Femmes et les Dez, la Débauche, en un
mot ! J'envisage le théâtre comme fait pour enlever le Ridicule
autour de soi, et je souffre quand je vois que la comédie le
reprend. »

So prostitution is rife, and English women (not pretty in
Muralt's eyes, but rather beautiful, despite their indulgence in
meat and neglect of their teeth) have an unhappy time, neglected by their husbands, and forced to tolerate the latters'
mistresses. This example of their « bonté merveilleuse » moves
Muralt to a rare outburst of lyrical pity : « Leur air est si modeste,
au moins à leur quantité de mouches près, qu'on se sent tenté
quelquefois de dire à une Femme qu'elle est belle pour avoir le
plaisir de le lui apprendre ». And just as English love of liberty
tends to degenerate sometimes to licence (showing itself in frequency of perjury and false witness as well as airy contempt
for the law), so their wealth breeds corruption and overindul-
gence (« étouffer de graisse est une mort ordinaire »), together
with insensibility to pity. For although torture has been
abolished, the state of debtors' prisons is a scandal, human
prisoners there being treated with less consideration than ducks
or fish. There remains a certain ferocity in the English character,
one of the bad effects of excessive independence, which shows
itself in the love of blood sports, pride, unwillingness to admit
national faults, but willingness to tolerate defects in the law,
such as the injustice of the capital penalty, out of consideration
for the populace which loved to watch public executions, where
the condemned often exhibited sang-froid and humour on their
way to and upon the scaffold.

If Muralt was not impressed by the excited jabbering of

brokers at the Stock Exchange, or by English food except deli-
cious green oysters, like many others he wondered at the violence
of English passions and the frequency of suicide.

All these letters on England are permeated by a pungent
moral, even puritanical sense, not surprising in a man whose
middle and old age were spent in ruthless evangelistic devotion
to the Swiss Pietist movement. While appreciating fully French
qualities of sociability, grace and charm, he feels that the blunt-
ness, the sincerity and the sturdy good sense of the English bull-
dog breed are better models for his compatriots to follow.
« Si j'osois je dirois volontiers qu'il y a de la conformité entre
les Anglois et leurs dogues. »

Another Swiss, this time from Lausanne, César de Saussure,
was in England between 1725 and 1729 and again in 1738. His
account of his experiences reached the outside world only in
1903,[1] but the fifteen letters written about England were put in
final form in 1742 and were shown to various people. Of all the
foreign observers of England at this time Saussure gives most
information ; he has a pronounced ceremonial sense and loves
to describe pageants and ceremonies : a reception by the King
and the etiquette observed ; the Lord Mayor's Show ; the
installation of the Knights of the Bath ; the coronation of
George II (with an amusing description of old Sarah, Dowager
Duchess of Marlborough, getting tired in the procession and
sitting down in her robes on a soldier's drum). Then he gives
copious information on London sights and the manners of the
London crowd (which once relieved him of his snuff-box) ;
mentions the penny post ; the prodigious quantity of water
consumed (but not drunk) in London ; the Law Courts, hang-
ings, trial by jury ; the beauty of the Thames and the villages
on its banks ; the prosperity of the peasantry ; the English
character, proud and reserved ; English liberty, political and
religious, examples of charity, also of bribery (« Point d'argent,
point d'Anglais ; c'est à ce défaut que la Cour est redevable de
sa majorité dans le Parlement ») ; prevalence of common sense
yet frequency of suicide (César himself fell into a melancholy—
perhaps he was staying with a Presbyterian minister at
the time—and he had to go to Islington to take a cure of cow's
milk) ; then he deals with younger sons and commerce ; the
solidity of English clerical learning, but prevalence of pluralities

[1] *Lettres et Voyages de Mons'. César de Saussure en Allemagne, en Hollande et
en Angleterre*, 1725–29, ed. by B. van Muyden, Lausanne, 1903.

(« ce qui, à mon sens, n'est pas trop canonique ») ; the English Sunday with its curious effects on behaviour ; « la ridicule secte des Quakers » ; the Catholic problem (« On y regarde les Jésuites comme des perturbateurs de la paix et du bien public »). In short, Saussure gives a vast mass of details, some pertinent, some quite trivial, and although he deals with government and religion he hardly says anything new. In fact, he quite definitely borrows from Muralt from time to time and even most probably from Voltaire. A typical and disarming habit, all the same, is a confession like : « Ne vous attendez pas à ce que je vous parle de toutes les lois d'Angleterre. Je ne les ai pas étudiées ». And in his second letter he tells his readers : « je ne m'étendrai pas à vous donner une idée exacte du Parlement d'Angleterre... si vous êtes curieux d'en savoir la Constitution,... je vous renvoie à *l'État Présent de la Grande Bretagne* par Chamberlaine ». So he spends himself on such as the description of the ape in the Tower Zoo which had a white beard and a fondness for wine, or the great tulip tree which he saw in Essex. It may have been this quality of the Saussure letters—their excess of topographical and picturesque detail, some vivid and amusing ; their lack of originality, their plagiarisms, which incited Voltaire, to whom Saussure had sent a copy,[1] to describe the work as « si amusant et si utile » yet to return it to M. et Mme de *Chaussure*, « donnant carrière », as van Muyden, César's descendant and editor, acidly remarks, « à son penchant puéril pour les calembours ».

Now finally a few words on the last of the French chroniclers of England before Voltaire. This was the famous Abbé Prévost, a Benedictine monk who deserted the cloister and fled in 1728 to England, where he took service as a tutor in the family of Sir John Eyles. There he stayed till the autumn of 1730, when he went to Holland. In 1731 he published in Amsterdam the fifth and sixth volumes of his long novel, *Mémoires d'un Homme de Qualité*. It is volume V [2] which deals with England.

This being a novel—a welcome change from the epistolary or encyclopædic form—it carries on the adventures, or rather experiences, of the Homme de Qualité with his pupil, a young French marquis, in England in the year 1716. Every now and again Prévost forgets and gives details of a later date, as when he mentions *le feu Duc de Marlborough* who died in 1722, and Bishop Waddington of Chichester who was not a bishop in 1716.

[1] Long after Voltaire had published his own *Lettres Philosophiques*.
[2] See the critical edition by Dr. Mysie Robertson (Paris, Champion, 1927).

But these are minor slips and unimportant inconsistencies. And we can afford to ignore the romanesque complications of the plot. In London they were received by George I and the Prince of Wales and witnessed the execution of Lords Derwentwater and Kinmure, supporters of the elder Pretender, and he gives some false information about Mrs. Oldfield, the actress, whose acting made him appreciate the English theatre. On the question of the English stage he has some typically generous remarks : « Pour la beauté des sentiments, soit tendres, soit sublimes, pour cette force tragique qui remue le fond du cœur, pour l'énergie des expressions et l'art de conduire les événements ou de ménager les situations, je n'ai rien lu ni en grec ni en français qui l'emporte sur le théâtre d'Angleterre ». He singles out Hamlet, Don Sebastian of Dryden, the Orphan and Venice Preserved of Otway, some of Congreve and Farquharson. A few plays are disfigured a little « par un mélange de bouffonneries indignes du Cothurne », but the English are setting this to rights. In comedy, « A la régularité près, je doute qu'on puisse trouver, en aucun pays, rien de plus agréable et de plus ingénieux que leur *Constant Couple*, leur *Provoked Husband*, *The Recruiting Officer*, *The Way of the World* », etc.

In poetry, he says, Milton and Spenser are universally known but many others « ne sont inférieurs en rien aux meilleurs poètes de tous les temps... Un Prior, un Addison, un Thomson». But he makes no mention of Pope—a significant omission which shows where his poetic sympathies do not lie. At a masquerade at the Haymarket, they see, among the crowd, the King and Prince of Wales. Moved by the sight of English beauty the Man of Quality exclaims : « Une femme estimée belle en Angleterre est une créature doute divine. Si je n'étais pas né français j'en parlerais avec plus de réserve pour n'être pas accusé de flatterie ».

After thoroughly doing the sights of London they go off to take the waters at Tunbridge Wells. Another lyrical outburst here : « Si cet aimable lieu avait subsisté du temps des anciens, ils n'auraient pas dit que Vénus et les Grâces faisaient leur résidence à Cythère... Si l'on se sauve de ce dangereux pays, il semble qu'on n'ait plus rien à redouter après avoir résisté à tout de qu'il y a de plus enchanteur et de plus séduisant sur la terre ».

This makes the Man of Quality wonder at the normal lack of appreciation of Englishmen by foreigners—a view they conceive from reading history rather than visiting the country. « C'est en Angleterre qu'il faut venir prendre le droit de juger les Anglais.

«C'est là que je les ai reconnus humains, affables, généreux et capables de tous les sentiments qui font les bons naturels et les grandes âmes. Les honnêtes gens d'Angleterre sont tels que je souhaite que soient mes enfants et toutes les personnes qui me sont chères. »

They then met old Sarah, Duchess of Marlborough, and her grand-daughter Di, and were invited to dinner. Later Sarah invited the Marquis to return with them to Tunbridge, at which the Man of Quality was dismayed, in view of Sarah's fondness for high stakes. Sure enough, the Marquis lost—which gives the Man of Quality occasion to deliver a homily on the vice of gambling. (But *he* used to go through the pockets of the Marquis in search of letters !)

Then they take a journey of two months to the provinces, visiting Rye, Winchelsea, Battle, Hastings, Eastbourne, Lewes, Chichester, Salisbury, Wells, Portsmouth, Southampton, Exeter, Plymouth, Looe, Truro, Falmouth, Taunton, Glastonbury, Bristol, on all of which brief descriptions are given. Finally they come to « la fameuse université d'Oxford ». Here the Man of Quality has admonishing words. « Rien n'approche en effet de la beauté, de l'ordre et du revenu de ses collèges. C'est là que les muses ne se plaignent point de la pauvreté. Mais j'ai remarqué que ce n'est peut-être pas un avantage pour Oxford qu'elles y soient si fort à leur aise. Elles s'endorment dans l'abondance. Je veux dire que parmi tant de personnes qui ont de riches prébendes dans les Collèges il y en a très peu qui s'appliquent à l'étude. Les bons livres qui nous viennent d'Angleterre sortent rarement d'Oxford. » Stern words, the sternest which fall from the indulgent man's lips. Book XII deals with their departure. English friends accompanied them to Gravesend, whence they proceeded to Canterbury and Dover to take ship homewards. The words of valediction are full of praise and admiration. After a tribute to English political liberty, comes a reference to religion. «La Religion n'y est pas moins libre. Les Anglais ont reconnu que la contrainte est un attentat contre l'esprit de l'Évangile. Ils savent que le coeur des hommes est le domaine de Dieu ; que la violence ne produit que des changements extérieurs ; qu'un culte forcé est un culte sacrilège qui perd celui qui l'exige et celui qui le rend... il n'y a point de pays au monde où le service de l'Église se fasse avec plus de décence et de modestie, où les enfants soient élevés plus chrétiennement, où les vérités de l'Evangile soient prêchées plus solidement. »

And he cites hospitals, schools, charitable institutions in support of the statement. « Quel est l'homme de bon sens, qui ne préférât point ces sages et religieuses fondations à nos couvens et à nos monastères où l'on ne sait que trop que la fainéantise et l'inutilité [s' honorent quelquefois] du nom de haine du monde et de contemplation des vérités célestes l» At this the young Marquis twitted the Man of Quality with being a Protestant, to which this reply was made : « Ce n'est ni le nom de Catholique ni le nom de Protestant qui me détermine ; c'est la connaissance de la vérité que je crois avoir acquise il y a longtemps par la faveur du ciel et par mes réflexions ».

Such appreciation of the best in England, in its warmth and sincerity, puts the Abbé Prévost in a class by himself. His predecessors were capable and interesting reporters ; he is something of an evangelist with enthusiasm and faith superadded to his knowledge. As Dr. Robertson points out in her introduction, he is a mediator between two races and two civilizations, striving to build a bridge of understanding between them. The improvement in Anglo-French relations in the eighteenth century is a recognized fact, and it is no exaggeration to say that men of good will like Prévost powerfully aided the process.

## V. Voltaire's Description of England

When Voltaire in his turn decided to write about his English visit he was aware of much that had been written on the subject before. He had read Sorbière, the French translation by de Neuville of Chamberlayne, La Motraye and Muralt for certain ; he was also possibly acquainted with Misson, Le Sage, Miège and Prévost. Lanson even conjectured that Prévost's description of London may have induced Voltaire to scrap his own picturesque account of his arrival in England, which was meant to be the first of his 'English letters' (printed by Lanson, II, pp. 256 et seq.). Whether that be so or not, Voltaire found himself faced with the problem, either of competing with his predecessors in the topographical, social and psychological fields of investigation or of breaking new ground. His decision could hardly have cost him much anxiety ; he chose the latter. Consequently he could consign to the dustbin a vast mass of his predecessors' material, interesting and valuable though it is, as guide-book documentation : descriptions of boxing-matches, cock-fights, cabarets, the sights of London or the provinces, the great country houses, the behaviour of criminals, the English character, English women, friendly or reserved, and their place in society ; the problem of prostitution, English food and drink, etc. Voltaire's interests are on a higher plane, that of ideas and ideals. Some indication of his choice is given in his *Avertissement* to his *Essai sur la Poésie Épique* : « Que d'autres décrivent exactement l'église de Saint-Paul, Westminster, etc. ; je considère l'Angleterre par d'autres endroits ; je la regarde comme le pays qui a produit un Newton, un Locke, un Tillottson, un Milton, un Boyle et plusieurs autres hommes rares, morts ou vivants encore, dont la gloire dans la profession des armes, dans la politique ou dans les lettres mérite de s'étendre au-delà des bornes de cette île » ! So in Voltaire's *Lettres* the minimum of space will be given to the ephemeral and the picturesque and the maximum to what in his opinion was significant, permanent and transcendent. Not isolated facts, but interpretations and implications of facts of government, religion, science, philosophy, the arts and social values will be Voltaire's main preoccupation. On this field Voltaire leaves his predecessors far behind him, or, when he does use any of their information it is given an interpretation and fitted into a whole, the significance of which they ignored or failed to understand. The only one of his predecessors who can compare with him as an expounder of the deeper spirit of English life is the Abbé Prévost. The latter at least did understand the significance and approve the ideal of religious toleration, and his tribute to its principle is more eloquent and convincing. Voltaire's superiority, on the other hand, lies in his understanding of the wider implications of the principle of liberty ; he sees liberty working through not only the religious but also the political and the social fields. The Quaker and the Nonconformist were the living examples of its application to religion ; the English constitution was its manifestation in politics ; English philosophy and science flourished on the freedom of the mind to speculate untrammelled ; the English attitude to commerce and disease was marked by enterprise, a by-product of liberty to experiment.

Let us now examine in slightly greater detail Voltaire's picture of English religious, social and political conditions. First, there is a State Church, wealthy and powerful, not only master in its own house but able to exclude from office under government all who did not acknowledge its sacraments ; maintaining certain Catholic practices, particularly that of receiving tithes ; yet

unable or unwilling to dragoon the consciences of Nonconformists. « Un Anglais, comme homme libre, va au ciel par le
chemin qui lui plaît » (Lettre V). The significant fact here is
liberty of conscience, the first step in the recognition of the liberty
and dignity of man.

In stating the English religious problem in such terms, Voltaire exposes himself to the criticism of the historically accurate
and factual school which objects to this extreme simplification
of issues. And there is no doubt that Voltaire in the *Lettres
Philosophiques* neither is, nor claims to be, an accurate historian
in the accepted sense. Therefore, to the critic charging him with
leaving out inconvenient details, the half tones and the shadows
which have their place together with the full notes and the high
lights, this answer could be given : The religious scene was
more complex, if you like, but out of this complexity Voltaire
has extracted, emphasized and isolated the significant thing. Let
others deal at length with the Roman Catholic minority which
he ignored ; or describe the deistic movement or supply the
necessary correction to his rosy picture of thirty different religious bodies living peacefully and happily together ; by all
means let an estimate be made of the sufferings of Roman
Catholics and anti-Trinitarians to whom the Act of Toleration
did not apply ; or of the countless sincere Nonconformists who
for conscience' sake were not only unable to hold government
office but were deprived of the social and intellectual advantages
of a university education. If considerations like these are to be
used against him, let his critics think back to the dragonnades
and Revocation of the Edict of Nantes in France, or forward
to the Calas case. Perhaps then the comparative truth of his
remarks will emerge. Furthermore, it cannot be denied that the
principle which he emphasized, admittedly imperfect in its
application when he wrote, has been strengthened and expanded
ever since till it is true to-day. Voltaire has therefore seen the
greater truth, and omitted the lesser. And in this liberty of
conscience he glimpses an equally important truth, viz. that
diversity of religious belief in no sense implies divided civil
loyalties ; on the contrary, it is a condition of a healthy citizenship and a vigorous patriotism. This is a great and even a
glorious fact, standing out from and dominating much airy
persiflage and irreverence about Quaker simplicity and fear of
buttons, the 'pious determination' of the Church of England to
be supreme, the heavy kill-joy nasal envy of the Presbyterians,

the Arian controversy, even the constant and often unfair innuendoes against Christianity.

In the political domain the omissions are just as numerous, but the truths proclaimed of equal importance. Seen in broad outline, the English are on the road to *political* freedom. « La nation anglaise est la seule de la terre, qui soit parvenue à régler le pouvoir des rois en leur résistant et qui, d'efforts en efforts, ait enfin établi ce gouvernement sage, où le prince, tout puissant pour faire du bien, a les mains liées pour faire le mal, où les seigneurs sont grands sans insolence et sans vassaux, et où le peuple partage le gouvernement sans confusion... La chambre des pairs et celle des communes sont les arbitres de la nation, le roi est le surarbitre » (Lettre VIII). And again : « Il en a coûté sans doute pour établir la liberté en Angleterre ; c'est dans des mers de sang qu'on a noyé l'idole du pouvoir despotique, mais les Anglais ne croient point avoir acheté trop cher de bonnes lois... Les autres nations n'ont pas eu moins de troubles, n'ont pas versé moins de sang qu'eux ; mais ce sang qu'elles ont répandu pour la cause de leur liberté n'a fait que cimenter leur servitude » (*Ibid.*).

He describes « le peuple » as « la plus nombreuse, la plus vertueuse même, et par conséquent la plus respectable partie des hommes » (Lettre IX). « Il a fallu des siècles pour rendre justice à l'humanité, pour sentir qu'il était horrible que le grand nombre semât et que le petit nombre recueillît. Vous n'entendez point ici parler de haute, moyenne et basse justice, ni du droit de chasser sur les terres d'un citoyen, lequel n'a pas la liberté de tirer un coup de fusil sur son propre champ. Un homme parce qu'il est noble ou parce qu'il est prêtre, n'est point ici exempt de payer certaines taxes, tous les impôts sont réglés par la Chambre des Communes... Chacun donne, non selon sa qualité (ce qui est absurde), mais selon son revenu. Il n'y a point de taille ni de capitation arbitraire, mais une taxe réelle sur les terres. Le paysan n'a point les pieds meurtris par des sabots, il mange du pain blanc, il est bien vêtu, il ne craint point d'augmenter le nombre de ses bestiaux ni de couvrir son toit de tuiles, de peur que l'on ne hausse ses impôts l'année d'après. Il y a ici beaucoup de paysans qui ont environ deux cent mille francs de bien, et qui ne dédaignent pas de continuer à cultiver la terre qui les a enrichis et dans laquelle ils vivent libres. »

In the social sphere he shows that the wealth and the military strength of England were built on trade. Younger sons of the old nobility have overcome the prejudice which considered trade derogatory to their order. « Je ne sais pourtant lequel est le plus utile à un état, ou un seigneur bien poudré qui sait précisément à quelle heure le roi se lève, à quelle heure il se couche et qui se donne des airs de grandeur en jouant le rôle d'esclave dans l'antichambre d'un ministre, ou un négociant qui enrichit son pays, donne de son cabinet des ordres à Suratte et au Caire, et contribue au bonheur du monde » (Lettre X).

In English society, furthermore, other old ideas of aristocratic exclusiveness are discarded. Many nobles honour the profession of letters, and devotion to the arts brings high rewards. Addison became a Minister of State, and Prior a diplomat, while Mrs. Old-field, the actress (and here Voltaire compares her fate with that of Adrienne Lecouvreur who was denied Christian burial in Paris), is buried in Westminster among the greatest of the land. By encouraging and rewarding merit in this way the state enriches its social life.

England shows her enterprise in yet another way, her attitude to disease. Certain members of the aristocracy and the Court pioneered the practice of inoculation against small-pox. In this willingness to experiment, to break away from the past, not to accept idly the ravages of this scourge, notwithstanding the initial prejudice of clergy and sometimes of doctors, England leads the way. « Tout prouve que les Anglais sont plus philosophes et plus hardis que nous » (Addition of 1756).

The letters on Bacon, Locke and Newton not only emphasize the true importance of science, but are evidence of the freedom of the mind in England. Newton lived to a ripe old age and died in his own bed in his native land, receiving almost royal honours at his burial. In Catholic France, where government, Parlement and Church combined to stamp out the slightest trace of un-orthodox and independent inquiry, Descartes could not safely live and carry on his work. Yet these are the men, not soldiers or ecclesiastics, with whom the future of civilization lies. « C'est à celui qui domine sur les esprits par la force de la vérité, non à ceux qui font des esclaves par la violence, c'est à celui qui connaît l'univers, non à ceux qui le défigurent, que nous devons nos respects » (Lettre XII). Cæsar, Tamerlane and Cromwell may be great by the standards of the past, but in placing Newton above them, Voltaire proposes a new set of social values, with emphasis not on the vainglorious right of war and conquest, but on peace and the untrammelled cultivation of the human mind.

To sum up: the keynote of the whole book is Liberty England has won or is winning freedom in religion, with nothing to fear from a tyrannical, monopolizing church; freedom in politics, with nothing to fear from a despotic king or privileged class; freedom of thought, with nothing to fear from Inquisition, Church or King; lastly, freedom from want in the case of the English peasant.

To this may be added equality in the principle of taxation, where *all* pay irrespective of birth, and in proportion to wealth; and equality in justice, where England knows no distinction between *haute*, *moyenne* and *basse justice*.

It is possible that on reading this condensed and highly favourable analysis of contemporary conditions English people were both surprised and gratified, and they had nothing to lose and everything to gain by accepting it as substantially true. After all, the English constitutional struggle lay behind them; they had only to hold on to their gains. But the French, to whom the work was primarily addressed, were in a different situation, with an absolute king, answerable only to God; a single, all-powerful church, recognizing no rival, hostile to all freedom of thought; and a nobility still enjoying feudal privileges long after it had ceased to perform the duties which had once justified them. Here then comes Voltaire, not only inviting them to admire a system fundamentally different from their own, but telling them plainly by what means England had achieved it : by using force to oust the absolute king who ruled by divine right, in favour of a constitutional prince who still retained enough power for good but none for evil; by elected legislative assemblies; by a new conception of citizenship which would substitute for the privileges of the few the undeniable rights and responsibilities of the many—in other words, the people. These were clear principles, all the clearer and more appealing because they were few and were not buried under a weight of erudition or obscured by pedantic trimmings. Seen in this way the *Lettres Philosophiques* were, in Lanson's opinion, the first bomb cast at the *ancien régime*. Or if this is too violent a metaphor, we might attenuate it by saying that in the *Lettres Philosophiques* Voltaire bowled the first dangerous ball in the philosophic attack on the *ancien régime*. This is more in keeping with Voltaire's character for, in many ways, he was remarkably at home in the aristocratic structure of French society, and anarchistic methods were abhorrent to him. Note the language he used; purely intellectual, devoid of declamation (although rising to eloquence at times, as when he describes the Quaker loathing of war, and the beatific nature of the first Quaker settlement of Pennsylvania), unrhetorical, free from demagogic passion, it is more in keeping with evolutionary than with revolutionary aims. Needless to say, nothing short of a revolution would have transformed the France of Louis XV, but this revolution could have been gradual and peaceful. When the *Lettres Philosophiques* appeared in 1734, the principle of authority in France was unchallenged. That was the moment when a powerful and politically wise government might have begun to put its house in order. And even if the King were not ready to sanction or the people to demand constitutional government, certain abuses of long standing could have been removed. We need mention only the iniquitous and chaotic taxation system, which divided the nation into privileged and unprivileged, perpetuating and exacerbating dangerous social divisions ; or those irritating and indefensible survivals of the feudal system, the *corvée seigneuriale* and the *droit de chasse*. By putting an end to anomalies of this kind the Crown could have emerged with much increased authority. But the recognition of urgency and the will to act were wanting. The King was lazy and voluptuous, even cynical. Nor were his ministers, with old Cardinal Fleury at their head, in any way progressive. The fact that Voltaire had defied the censorship was enough ; by such an act he put himself hopelessly in the wrong with the government and automatically forfeited their sympathy. So with quiet conviction and a sense of duty to be done, the Parlement de Paris ordered the common hangman to burn the work. That was the end so far as the government was concerned. Obviously it could have had little understanding of the issues. It was for such complacency and blindness that it, as well as its successors, have received the censure of history.

Nor is Voltaire entirely blameless. However much one may sympathize with his defiance of the censorship, which stupidly attempted to muzzle intellectual freedom, the fact remains that his work contained more than fair comment on England. In addition to suggesting a programme of liberal reform and providing a basis for action, it becomes a satire of and an attack upon the Christian faith.

In defence of Voltaire on this point, it may be said that his hostility to Christianity was consistent and sincere. He believed in attacking the enemy wherever he found it, even at the risk of confusing issues and alienating support. But as the broad currents of opinion in England were indifferent rather than unchristian, a study of England could be reasonably complete without raising fundamental Christian issues. Voltaire, however, was not satisfied with a limited objective. For him, political and religious issues were inseparable. Not only in the most obvious case, his inclusion, at the eleventh hour, of the famous *Remarques sur Pascal*, but in the letter on Locke, he issued a challenge to the Faith. And in dozens of other places he denigrates Christians and Christian practice. If, in his four letters on the Quakers, he pays tribute to their hatred of war and sincerity of belief, his remarks are double-edged, because praise of them becomes satire of other Christian bodies. (« Grâce au ciel, nous sommes les seuls sur la terre qui n'ayons point de prêtres. » Lettre ii.) And his account of Fox's rise to power at a time when « trois ou quatre sectes déchiraient la Grande Bretagne par des guerres civiles entreprises au nom de Dieu » draws attention to the part played in religion by mass-hysteria and hocus-pocus. « On tremblait, on parlait du nez, on avait des convulsions, et on craignait avoir le Saint-Esprit. Il leur fallait quelques miracles ; ils en firent » (Lettre iii). If, also, in his letter on the Anglican religion, he pays a tribute to the general decency of conduct of the clergy and compares them to their advantage with the abbés of France, what does he most dwell on? The stranglehold of the Establishment on all the prizes of office, the retention of many Catholic ceremonies, principally that of receiving tithes ; the hostility to nonconformity. As for the Presbyterians, their main contributions to religious life were envy of the Establishment, and the English Sunday. Satirical allusions to Church history are strewn throughout the other chapters. For instance, in the letter *sur le gouvernement*, we hear how feudal tyrants got hold of power, and then « les prêtres se mirent bientôt de la partie », and « L'Angleterre devint petit à petit une province du pape ; le Saint-Père y envoyait de temps en temps ses légats pour y lever des impôts exorbitants ». In the eleventh letter, Lady Mary Wortley-Montagu had to brush aside the objections of her chaplain before having her son inoculated. Even the chapters on literature carry on the war. In the eighteenth letter a translation is given of Hamlet's monologue, *To be or not to be . . .*, one line of which is translated as « De nos prêtres menteurs bénir l'hypocrisie ». Needless to say, Shakespeare is innocent of this thought ; it is Voltaire's own invention. In the twentieth letter also Voltaire gives a translation of an unknown poem of « un seigneur anglais fort jeune », which happens to be an attack on the Inquisition and the habits of the different monsignori. Nor is it an accident that the book opens and closes with letters on religion couched in anything but a reverent vein. A diligent reader could unearth many more quotations even more drastic, in which religion and the Church are disrespectfully mentioned. What is quoted, however, already proves beyond doubt that he has included in this study of England persistent propaganda and innuendo against the Christian (as well as the English Church), nor does he make any attempt to be fair, even though it be argued that the lethargy and complacency of the Establishment in the eighteenth century commanded little respect. In this Leitmotif of hatred and prejudice the passion of the advocate and propagandist swamps the balance of the judge. This side of Voltaire's work was not only unnecessary ; it was an error in tactics, as Albert Lantoine in his study of the *Lettres Philosophiques* [1] shows : « Voltaire a trouvé le moyen de coaliser contre lui des castes qui entre elles se détestent ». Such tactics could not fail to limit the immediate effectiveness of the *Lettres Philosophiques* in the practical sense as a programme of action. One needs little impartiality or historical knowledge to realize that the long history of Christianity is full of crimes and horrors ; elementary justice, however, is aware of another and a nobler side to which Voltaire seems completely blind. So while no one can deny that Voltaire's intention of stimulating reform in France by comparing English and French social and religious conditions was wholly commendable, he prejudiced an excellent case by overloading his picture and desiring to prove too much. Less brilliance, less malice, more equity would in the long run have been more effective. In this respect the man of letters in Voltaire is more important than the reformer, and the partisan more in evidence than the lover of truth. Such is the defect of an otherwise courageous, necessary and brilliant work.

In the field of English literature Voltaire had read fairly widely and arrived at very definite opinions. Yet, interesting, even provocative and stimulating as his judgments are, they betoken a belief in rigid standards and absolute canons of taste, in the light of which he was prepared not only to condemn much in English literature, but also to recommend wholesale corrections of Corneille, Molière and La Fontaine. What he does not clearly

[1] Ch. VI.

see, or at least admit, is that literature, like every other national
activity, must, broadly speaking, be the result of national
characteristics. It is not surprising, therefore, that Englishmen
who had tasted of liberty in other fields should keep this liberty
and individuality in their art. As Voltaire sadly remarks : « Le
génie poétique des Anglais ressemble, jusqu'à présent, à un
arbre touffu planté par la Nature, jetant au hasard mille rameaux,
et croissant inégalement avec force ; il meurt, si vous voulez
forcer sa nature et le tailler en arbre des jardins de Marly. » Such
an operation was necessary, none the less, he thought, before
English literature could attain to the impeccable standards of
purity and elegance realized by the masterpieces of literature in
« le grand siècle ». So Shakespeare is judged and found wanting,
except for isolated passages, and Addison's Cato is praised. In
comedy he admires the Restoration dramatists, particularly
Congreve. Rochester and Butler, the poets, delight him, especially in their satire of religion, but the highest praise goes to
Pope, « le poète le plus élégant, le plus correct et... le plus harmonieux qu'ait eu l'Angleterre », and to Swift, whom he places
above Rabelais. The above list does not exhaust the subject as
Voltaire treats it, but it is fair to say that summary and incomplete as Voltaire's review of English literature is, it marks a
very great advance on anything attempted by Frenchmen before
his time. Here, as in all other spheres, Voltaire shows up favourably in comparison with his predecessors.

Literature and historical studies are the only domains in
which he felt his own country to be superior to England.
On the other hand, England possessed « des philosophes qui
devraient être les précepteurs du genre humain ». These were
Bacon, Locke and Newton, whose work was inspired by the
new spirit of *experimental* philosophy : men who were both
products of the forces of emancipation in England and heralds
of greater freedom in their turn. It is to what these men stood
for that everything he praises in England and everything
which by implication he satirizes or condemns in France are
attributable. Praise of them constitutes the unity and points the
purpose of his work. In their light what he says about religion,
politics and social habits, even his attack on Pascal, are understandable and consistent. « En Angleterre communément on
pense, » he says in Lettre XX, and by this he means independent,
vigorous thinking—a direct consequence of the form of English
government. If vigour of thought comes from freedom, as he

claims, who would not be free? The reactionary, timid, unenterprizing government of France understood these implications and tried to destroy his work, because it conflicted too violently with vested interests and conservatism.

For Voltaire, then, the balance inclined heavily in England's favour, yet as no country has a monopoly of qualities he believes that each should borrow the best from the other. « Les Anglais ont beaucoup profité des ouvrages de notre langue, nous devrions à notre tour emprunter d'eux après leur avoir prêté : nous ne sommes venus, les Anglais et nous, qu'après les Italiens qui en tout ont été nos maîtres et que nous avons surpassés en quelque chose. Je ne sais à laquelle des trois nations il faudra donner la préférence ; mais heureux celui qui sait sentir leurs différents mérites! » (Lettre XXII).

One of Voltaire's noblest qualities was his freedom from national prejudice. A Frenchman to the finger-tips, he was at the same time a citizen of the greater world. Apart from the question of Christianity, on which he made up his mind early and conceived a prejudice from which he never recovered, his was one of the most intellectually alert and receptive minds of his age ; and, despite certain imperfect sympathies and defects of temper, he was one of the greatest cosmopolitan figures in the age of enlightenment.

## VI. SELECT BIBLIOGRAPHY

### EDITIONS

A. BEUCHOT, Œuvres complètes de Voltaire (Paris, 1828).

L. MOLAND, Œuvres complètes de Voltaire (Paris, Garnier, 1877–85).

G. LANSON, Lettres Philosophiques (Paris, Cornély, 1909; 3rd edition, Hachette, 1924). Société des Textes français modernes. 2 vols.

H. Labroue, Lettres Philosophiques (Paris, Delagrave, 1910; 3rd edition, 1924).

RAYMOND NAVES, *Lettres Philosophiques* (Paris, Garnier, 1939).

A. WILSÓN-GREEN, *Voltaire, Lettres sur les Anglais* (C.U.P., 1931).

### STUDIES

BENGESCO, *Voltaire, Bibliographie de ses œuvres* (Paris, Perrin, 1882–90). 4 vols.

G. DESNOIRESTERRES, *Voltaire et la société française au XVIII<sup>e</sup> siècle* (Paris, Didier, 1867–76). 8 vols. (See principally Vols. I and II.)

F. BALDENSPERGER, 'Voltaire anglophile avant son séjour d'Angleterre,' *Revue de littérature comparée*, IX (1929) ; 'La Chronologie du séjour de Voltaire en Angleterre,' *Archiv für das Studium der Neueren Sprachen und Litteraturen*, CXXX (1913).

A. BALLANTYNE, *Voltaire's Visit to England*, 1726–1729 (London, Smith, Elder & Co., 1893).

J. CHURTON COLLINS, *Voltaire, Montesquieu and Rousseau in England* (London, Nash, 1908).

L. FOULET, 'Le Voyage de Voltaire en Angleterre' (*Revue d'histoire littéraire de la France*, XIII (1906) ; 'Voltaire en Angleterre,' ibid., XV (1908) ; *Correspondance de Voltaire*, 1726–1729 (Paris, Hachette, 1913).

G. LANSON, *Voltaire* (Paris, Hachette, 5th edition, 1924).

A. LANTOINE, *Les Lettres Philosophiques de Voltaire* (Paris, Société Française d'Éditions Littéraires et Techniques, 1931).

JOHN MORLEY, *Voltaire* (London, Macmillan, 1874; 8th edition, 1903).

N. L. TORREY, 'Bolingbroke and Voltaire' (*P.M.L.A.*, XLII, 1927) ; 'Voltaire's English Notebook' (*Modern Philology*, Vol. 26, 1928–29).

C. J. ABBEY and J. H. O. OVERTON, *The English Church in the Eighteenth Century* (London, Longmans, 1878).

J. M. CREED and J. S. BOYS SMITH, *Religious Thought in the Eighteenth Century* (Cambridge University Press, 1934).

W. E. H. LECKY, *History of England in the Eighteenth Century* (London, Longmans, 1878–90).

LESLIE STEPHEN, *English Thought in the Eighteenth Century* (London, John Murray, 3rd edition, 1927).

BASIL WILLIAMS, *The Whig Supremacy* (Oxford University Press, 1939).

(For full bibliography see: G. LANSON, *Manuel bibliographique de la litt. fr. mod.*; and M. M. H. BARR, *A Bibliography of Writings on Voltaire* (1825–1925), and *Supplement* (1926–1930), New York, 1929 and 1933.)

# LETTRES PHILOSOPHIQUES

## PREMIÈRE LETTRE

### Sur les quakers

J'ai cru que la doctrine et l'histoire d'un peuple si extra-ordinaire méritaient la curiosité d'un homme raisonnable. Pour m'en instruire, j'allai trouver un des plus célèbres quakers [1] d'Angleterre, qui, après avoir été trente ans dans le commerce, avait su mettre des bornes à sa fortune et à ses désirs, et s'était retiré dans une campagne auprès de Londres. Je fus le chercher dans sa retraite; c'était une maison petite, mais bien bâtie, pleine de propreté sans ornement. Le quaker était un vieillard frais qui n'avait jamais eu de maladie, parce qu'il n'avait jamais connu les passions ni l'intempérance : je n'ai point vu en ma vie d'air plus noble ni plus engageant que le sien. Il était vêtu comme tous ceux de sa religion, d'un habit sans plis dans les côtés et sans boutons sur les poches ni sur les manches, et portait un grand chapeau à bords rabattus, comme nos ecclésiastiques; il me reçut avec son chapeau sur la tête, et s'avança vers moi sans faire la moindre inclination de corps; mais il y avait plus de politesse dans l'air ouvert et humain de son visage qu'il n'y en a dans l'usage de tirer une jambe derrière l'autre et de porter à la main ce qui est fait pour couvrir la tête. « Ami, me dit-il, je vois que tu es un étranger; si je puis t'être de quelque utilité, tu n'as qu'à parler. — Monsieur, lui dis-je, en me courbant le corps et en glissant un pied vers lui, selon notre coutume, je me flatte que ma juste curiosité ne vous déplaira pas, et que vous voudrez bien me faire l'honneur de m'instruire de votre religion. — Les gens de ton pays, me répondit-il, font trop de compliments et de révérences; mais je n'en ai encore vu aucun qui ait eu la même curiosité que toi. Entre, et dînons d'abord ensemble. » Je fis encore quelques mauvais compliments, parce qu'on ne se défait pas de ses habitudes tout d'un coup; et après un

repas sain et frugal qui commença et qui finit par une prière
à Dieu, je me mis à interroger mon homme. Je débutai par
la question que de bons catholiques ont fait plus d'une fois
aux huguenots : « Mon cher monsieur, lui dis-je, êtes-vous
baptisé? — Non, me répondit le quaker, et mes confrères
ne le sont point. — Comment, morbleu, repris-je, vous
n'êtes donc pas chrétiens? — Mon fils, repartit-il d'un ton
doux, ne jure point, nous sommes chrétiens, et tâchons
d'être bons chrétiens, mais nous ne pensons pas que le
christianisme consiste à jeter de l'eau froide sur la tête, avec
un peu de sel. — Eh! ventrebleu, repris-je, outré de cette
impiété, vous avez donc oublié que Jésus-Christ fut baptisé
par Jean? — Ami, point de jurements, encore un coup, dit
le bénin quaker. Le Christ reçut le baptême de Jean, mais il
ne baptisa jamais personne; nous ne sommes pas les
disciples de Jean, mais du Christ. — Hélas! dis-je, comme
vous seriez brûlé en pays d'Inquisition, pauvre homme!...
Eh! pour l'amour de Dieu que je vous baptise et que je
vous fasse chrétien! — S'il ne fallait que cela pour condes-
cendre à ta faiblesse, nous le ferions volontiers, repartit-il
gravement; nous ne condamnons personne pour user de la
cérémonie du baptême, mais nous croyons que ceux qui
professent une religion toute sainte et toute spirituelle
doivent s'abstenir, autant qu'ils le peuvent, des cérémonies
judaïques. — En voici bien d'un autre, m'écriai-je! Des
cérémonies judaïques! — Oui, mon fils, continua-t-il, et
si judaïques que plusieurs Juifs encore aujourd'hui usent
quelquefois du baptême de Jean. Consulte l'antiquité; elle
t'apprendra que Jean ne fit que renouveler cette pratique,
laquelle était en usage longtemps avant lui parmi les
Hébreux, comme le pèlerinage de la Mecque l'était parmi
les Ismaélites. Jésus voulut bien recevoir le baptême de
Jean, de même qu'il s'était soumis à la circoncision; mais
et la circoncision et le lavement d'eau doivent être tous deux
abolis par le baptême du Christ, ce baptême de l'esprit, cette
ablution de l'âme qui sauve les hommes. Aussi le précurseur
Jean disait : « Je vous baptise à la vérité avec de l'eau, mais
un autre viendra après moi, plus puissant que moi, et dont

je ne suis pas digne de porter les sandales; celui-là vous baptisera avec le feu et le Saint-Esprit. » Aussi le grand apôtre des Gentils, Paul, écrit aux Corinthiens : *Le Christ ne m'a pas envoyé pour baptiser, mais pour prêcher l'Évangile* [2]; aussi ce même Paul ne baptisa jamais avec de l'eau que deux personnes, encore fut-ce malgré lui; il circoncit son disciple Timothée; les autres apôtres circoncisaient aussi tous ceux qui voulaient. Es-tu circoncis, ajouta-t-il? » — Je lui répondis que je n'avais pas cet honneur. — « Eh bien, dit-il, l'ami, tu es chrétien sans être circoncis, et moi, sans être baptisé. » [3]

Voilà comme mon saint homme abusait assez spécieuse-ment de trois ou quatre passages de la sainte Écriture, qui semblaient favoriser sa secte; mais il oubliait de la meilleure foi du monde une centaine de passages qui l'écrasaient. Je me gardai bien de lui rien contester; il n'y a rien à gagner avec un enthousiaste : il ne faut point s'aviser de dire à un homme les défauts de sa maîtresse, ni à un plaideur le faible de sa cause, ni des raisons à un illuminé; ainsi je passai à d'autres questions. — « A l'égard de la communion, lui dis-je, comment en usez-vous? — Nous n'en usons point, dit-il. — Quoi! point de communion? [4] — Non, point d'autre que celle des cœurs. » Alors il me cita encore les Écritures. Il me fit un fort beau sermon contre la com-munion, et me parla d'un ton d'inspiré pour me prouver que les sacrements étaient tous [a] d'invention humaine, et que le mot de sacrement ne se trouvait pas une seule fois dans l'Évangile. — « Pardonne, dit-il, à mon ignorance, je ne t'ai pas apporté la centième partie des preuves de ma religion; mais tu peux les voir dans l'Exposition de notre foi par Robert Barclay [5] : c'est un des meilleurs livres qui soit jamais sorti de la main des hommes. Nos ennemis conviennent qu'il est très dangereux : cela prouve combien il est raisonnable. » Je lui promis de lire ce livre, et mon quaker me crut déjà converti.

Ensuite il me rendit raison en peu de mots de quelques singularités qui exposent cette secte au mépris des autres. « Avoue, dit-il, que tu as eu bien de la peine à t'empêcher

L.P.—3

de rire quand j'ai répondu à toutes tes civilités avec mon chapeau sur ma tête et en te tutoyant; cependant tu me parais trop instruit pour ignorer que du temps du Christ aucune nation ne tombait dans le ridicule de substituer le plurier [b] au singulier. On disait à César-Auguste : *Je t'aime, je te prie, je te remercie*; il ne souffrait pas même qu'on l'appelât [c] Monsieur, *Dominus*. Ce ne fut que très longtemps après lui que les hommes s'avisèrent de se faire appeler *vous* au lieu de *tu*, comme s'ils étaient doubles, et d'usurper les titres impertinents de Grandeur, d'Éminence, de Sainteté [e], que des vers de terre donnent à d'autres vers de terre, en les assurant qu'ils sont, avec un profond respect et une fausseté infâme, leurs très humbles et très obéissants serviteurs. C'est pour être plus sur nos gardes contre cet indigne commerce de mensonges et de flatteries que nous tutoyons également les rois et les savetiers, que nous ne saluons personne, n'ayant pour les hommes que de la charité, et du respect que pour les lois.

Nous portons aussi un habit un peu différent des autres hommes, afin que ce soit pour nous un avertissement continuel de ne leur pas ressembler. Les autres portent les marques de leurs dignités, et nous, celles de l'humilité chrétienne; nous fuyons les assemblées de plaisir, les spectacles, le jeu; car nous serions bien à plaindre de remplir de ces bagatelles des cœurs en qui Dieu doit habiter. Nous ne faisons jamais de serments, pas même en justice; nous pensons que le nom du Très-Haut ne doit point être prostitué dans les débats misérables des hommes. Lorsqu'il faut que nous comparaissions devant les magistrats pour les affaires des autres (car nous n'avons jamais de procès), nous affirmons la vérité [7] par un *oui* ou par un *non*, et les juges nous en croient sur notre simple parole, tandis que tant de chrétiens se parjurent sur l'Évangile. Nous n'allons jamais à la guerre [8] : ce n'est pas que nous craignions la mort, au contraire nous bénissons le moment qui nous unit à l'Être des êtres; mais c'est que nous ne sommes ni loups, ni tigres, ni dogues, mais hommes, mais chrétiens. Notre Dieu, qui nous a ordonné d'aimer nos ennemis et de souffrir sans murmure, ne veut pas sans doute que nous passions la mer pour aller égorger nos frères, parce que des meurtriers vêtus de rouge avec un bonnet haut de deux pieds, enrôlent des citoyens en faisant du bruit avec deux petits bâtons sur une peau d'âne bien tendue. Et lorsqu'après des batailles gagnées, tout Londres brille d'illuminations, que le ciel est enflammé de fusées, que l'air retentit du bruit des actions de grâces, des cloches, des orgues, des canons, nous gémissons en silence sur ces meurtres qui causent la publique allégresse. »

## SECONDE LETTRE

### *Sur les quakers*

Telle fut à peu près la conversation que j'eus avec cet homme singulier; mais je fus bien plus surpris quand, le dimanche suivant, il me mena à l'église des quakers. Ils ont plusieurs chapelles à Londres; celle où j'allai est près de ce fameux pilier qu'on appelle le Monument[1]. On était déjà assemblé lorsque j'entrai avec mon conducteur. Il y avait environ quatre cents hommes dans l'église, et trois cents femmes : les femmes se cachaient le visage avec leur éventail; les hommes étaient couverts de leurs larges chapeaux; tous étaient assis, tous dans un profond silence. Je passai au milieu d'eux sans qu'un seul levât les yeux sur moi. Ce silence dura un quart d'heure. Enfin un d'eux se leva, ôta son chapeau, et, après quelques grimaces et quelques soupirs, débita, moitié avec la bouche, moitié avec le nez, un galimatias tiré de l'Évangile, à ce qu'il croyait, où ni lui ni personne n'entendait rien. Quand ce faiseur de contorsions eut fini son beau monologue, et que l'assemblée se fut séparée toute édifiée et toute stupide, je demandai à mon homme pourquoi les plus sages d'entre eux souffraient de pareilles sottises? « Nous sommes obligés de les tolérer, me dit-il, parce que nous ne pouvons pas savoir si un homme qui se lève pour parler sera inspiré par l'Esprit ou par la folie; dans le doute nous écoutons tout patiemment, nous permettons même aux femmes de parler. Deux ou trois de nos dévotes se trouvent souvent inspirées à la fois, et c'est alors qu'il se fait un beau bruit dans la maison du Seigneur. — Vous n'avez donc point de prêtres? [a] lui dis-je. — Non, mon ami, dit le quaker, et nous nous en trouvons bien [b]. A Dieu ne plaise que nous osions ordonner à quelqu'un de recevoir le Saint-Esprit le dimanche, à l'exclusion des autres fidèles! Grâce au ciel, nous sommes les seuls sur la terre qui n'ayons point de prêtres. Voudrais-tu nous ôter une distinction si heureuse? Pourquoi abandonnerons-nous notre enfant à des nourrices mercenaires, quand nous avons du lait à lui donner? Ces mercenaires domineraient bientôt dans la maison, et opprimeraient la mère et l'enfant. Dieu a dit : « Vous avez reçu *gratis*, donnez *gratis*. » Irons-nous, après cette parole, marchander l'Évangile, vendre l'Esprit-Saint, et faire d'une assemblée de chrétiens une boutique de marchands? Nous ne donnons point d'argent à des hommes vêtus de noir pour assister nos pauvres, pour enterrer nos morts, pour prêcher les fidèles; ces saints emplois nous sont trop chers pour nous en décharger sur d'autres.

— Mais comment pouvez-vous discerner, insistai-je, si c'est l'esprit de Dieu qui vous anime dans vos discours? — Quiconque, dit-il, priera Dieu de l'éclairer, et qui annoncera des vérités évangéliques qu'il sentira, que celui-là soit sûr que Dieu l'inspire. » Alors il m'accabla de citations de l'Écriture, qui démontraient, selon lui, qu'il n'y a point de christianisme sans une révélation immédiate [c], et il ajouta ces paroles remarquables : « Quand tu fais mouvoir un de tes membres, est-ce ta propre force qui le remue? Non, sans doute, car ce membre a souvent des mouvements involontaires. C'est donc celui qui a créé ton corps qui meut ce corps de terre. Et les idées que reçoit ton âme, est-ce toi qui les forme [e]? Encore moins, car elles viennent malgré toi. C'est donc le créateur de ton âme qui te donne tes idées; mais, comme il a laissé à ton cœur la liberté, il donne à ton esprit les idées que ton cœur mérite. Tu vis dans Dieu, tu agis, tu penses dans Dieu. Tu n'as donc qu'à ouvrir les yeux à cette lumière qui éclaire tous les hommes; alors tu verras la vérité, et la feras voir. — Eh! voilà le Père Malebranche tout pur! m'écriai-je. — Je connais ton Male-branche[4], dit-il; il était un peu quaker, mais il ne l'était pas assez. » Ce sont là les choses les plus importantes que j'ai apprises touchant la doctrine des quakers. Dans la première[5] lettre vous aurez leur histoire, que vous trouverez encore plus singulière que leur doctrine.

## TROISIÈME LETTRE

### Sur les quakers

Vous avez déjà vu que les quakers datent depuis Jésus-Christ, qui fut, selon eux, le premier quaker[1]. La religion, disent-ils, fut corrompue presque après sa mort, et resta dans cette corruption environ 1600 années; mais il y avait toujours quelques quakers cachés dans le monde, qui prenaient soin de conserver le feu sacré éteint partout ailleurs, jusqu'à ce qu'enfin cette lumière s'étendit en Angle-terre en l'an 1642[2].

Ce fut dans le temps que trois ou quatre sectes déchiraient la Grande-Bretagne par des guerres civiles entreprises au nom de Dieu[3], qu'un nommé Georges Fox du comté de Leicester[a], fils d'un ouvrier en soie, s'avisa de prêcher en vrai apôtre, à ce qu'il prétendait, c'est-à-dire sans savoir ni lire ni écrire; c'était un jeune homme de vingt-cinq ans, de mœurs irréprochables, et saintement fou. Il était vêtu de cuir depuis les pieds jusqu'à la tête; il allait de village en village, criant contre la guerre et contre le clergé. S'il n'avait prêché que contre les gens de guerre, il n'avait rien à craindre; mais il attaquait les gens d'Église : il fut bientôt mis en prison. On le mena à Darby devant le juge de paix. Fox se présenta au juge avec son bonnet de cuir sur la tête. Un sergent lui donna un grand soufflet, en lui disant : « Gueux, ne sais-tu pas qu'il faut paraître nue tête devant monsieur le juge? » Fox tendit l'autre joue, et pria le sergent de vouloir bien lui donner un autre soufflet pour l'amour de Dieu. Le juge de Darby voulut lui faire prêter serment avant de l'interroger. « Mon ami, sache, dit-il au juge, que je ne prends jamais le nom de Dieu en vain. » Le juge, voyant que cet homme le tutoyait, l'envoya aux Petites-Maisons de Darby pour y être fouetté. Georges Fox alla, en louant Dieu, à l'hôpital des fous, où l'on ne manqua pas d'exécuter à la rigueur la sentence du juge. Ceux qui lui infligèrent la pénitence du fouet furent bien surpris quand il les pria de lui appliquer encore quelques coups de verges pour le bien de son âme. Ces messieurs ne se firent pas prier; Fox eut sa double dose, dont il les remercia très cordialement. Il se mit à les prêcher. D'abord on rit, ensuite on l'écouta ; et, comme l'enthousiasme est une maladie qui se gagne, plusieurs furent persuadés, et ceux qui l'avaient fouetté devinrent ses premiers disciples.

Délivré de sa prison, il courut les champs avec une douzaine de prosélites, prêchant toujours contre le clergé, et fouetté de temps en temps. Un jour, étant mis au pilori, il harangua tout le peuple avec tant de force qu'il convertit une cinquantaine d'auditeurs, et mit le reste tellement dans ses intérêts qu'on le tira en tumulte du trou où il était; on alla chercher le curé anglican [4] dont le crédit avait fait condamner Fox à ce supplice, et on le piloria à sa place.

Il osa bien convertir quelques soldats de Cromwell, qui quittèrent le métier des armes et refusèrent de prêter le serment. Cromwell ne voulait pas d'une secte où l'on ne se battait point, de même que Sixte-Quint [5] augurait mal d'une secte, *dove non si chiavava* [6]. Il se servit de son pouvoir pour persécuter ces nouveaux venus. On en remplissait les prisons. Mais les persécutions ne servent presque jamais qu'à faire des prosélytes. Ils sortaient des prisons affermis dans leur créance, et suivis de leurs geôliers, qu'ils avaient convertis. Mais voici ce qui contribua le plus à étendre la secte. Fox se croyait inspiré. Il crut par conséquent devoir parler d'une manière différente des autres hommes. Il se mit à trembler, à faire des contorsions et des grimaces, à retenir son haleine, à la pousser avec violence; la prêtresse de Delphes [7] n'eût pas mieux fait. En peu de temps il acquit une grande habitude d'inspiration, et, bientôt après, il ne fut plus guère en son pouvoir de parler autrement. Ce fut le [b] premier don qu'il communiqua à ses disciples. Ils firent de bonne foi toutes les grimaces de leur maître; ils tremblaient de toutes leurs forces au moment de l'inspiration. De là ils eurent [c] le nom de *quakers*, qui signifie *trembleurs* [8]. Le petit peuple s'amusait à les contrefaire. On tremblait, on parlait du nez, on avait des convulsions, et on croyait avoir le Saint-Esprit. Il leur fallait quelques miracles : ils en firent.

Le patriarche Fox dit publiquement à un juge de paix, en présence d'une grande assemblée : « Ami, prends garde à toi; Dieu te punira bientôt de persécuter les saints. » Ce juge était un ivrogne qui buvait tous les jours trop de mauvaise bière et d'eau-de-vie; il mourut d'apoplexie deux jours après, précisément comme il venait de signer un ordre pour envoyer quelques quakers en prison. Cette mort soudaine ne fut point attribuée à l'intempérance du juge; tout le monde la regarda comme un effet des prédictions du saint homme.

Cette mort fit plus de quakers que mille sermons et autant de convulsions n'en auraient pu faire. Cromwell, voyant que leur nombre augmentait tous les jours, voulut les attirer à son parti : il leur fit offrir de l'argent, mais ils furent incorruptibles; et il dit un jour que cette religion était la seule contre laquelle il n'avait pu prévaloir avec des guinées.

Ils furent quelquefois persécutés sous Charles II, non pour leur religion, mais pour ne vouloir pas payer les dîmes au clergé, pour tutoyer les magistrats et refuser de prêter les serments prescrits par la loi.

Enfin Robert Barclay [9], Écossais, présenta au roi, en 1675, son *Apologie des Quakers*, ouvrage aussi bon qu'il pouvait l'être. L'épître dédicatoire à Charles II contient non de basses flatteries, mais des vérités hardies et des conseils justes. « Tu as goûté, dit-il à Charles à la fin de cette épître, de la douceur et de l'amertume, de la prospérité, et des plus grands malheurs; tu as été chassé des pays où tu règnes; tu as senti le poids de l'oppression, et tu dois savoir combien l'oppresseur est détestable devant Dieu et devant les hommes. Que si, après tant d'épreuves et de bénédictions, ton cœur s'endurcissait et oubliait le Dieu qui s'est souvenu de toi dans tes disgrâces, ton crime en serait plus grand, et ta condamnation plus terrible. Au lieu donc d'écouter les flatteurs de ta Cour, écoute la voix de ta conscience, qui ne te flattera jamais. Je suis ton fidèle ami et sujet. BARCLAY. »

Ce qui est plus étonnant, c'est que cette lettre, écrite à un roi par un particulier obscur, eut son effet, et la persécution cessa.

## QUATRIÈME LETTRE
### Sur les quakers

Environ ce temps parut l'illustre Guillaume Penn qui établit la puissance des quakers en Amérique, et qui les aurait rendus respectables en Europe, si les hommes pouvaient respecter la vertu sous des apparences ridicules; il était fils unique du chevalier Penn, vice-amiral d'Angleterre, et favori du duc d'York, depuis Jacques II.

Guillaume Penn, à l'âge de quinze ans, rencontra un quaker à Oxford, où il faisait ses études [1]; ce quaker le persuada, et le jeune homme, qui était vif, naturellement éloquent, et qui avait de la noblesse dans sa physionomie et dans ses manières, gagna bientôt quelques-uns de ses camarades. Il établit insensiblement une société de jeunes quakers qui s'assemblaient chez lui; de sorte qu'il se trouva chef de secte à l'âge de seize ans.

De retour chez le vice-amiral son père, au sortir du collège, au lieu de se mettre à genoux devant lui et de lui demander sa bénédiction, selon l'usage des Anglais, il l'aborda le chapeau sur la tête, et lui dit : « Je suis fort aise, l'ami, de te voir en bonne santé. » Le vice-amiral crut que son fils était devenu fou; il s'aperçut bientôt qu'il était quaker. Il mit en usage tous les moyens que la prudence humaine peut employer pour l'engager à vivre comme un autre; le jeune homme ne répondit à son père qu'en l'exhortant à se faire quaker lui-même.

Enfin le père se relâcha à ne lui demander autre chose, sinon qu'il allât *a* voir le roi et le duc d'York le chapeau sous le bras, et qu'il ne les tutoyât point. Guillaume répondit que sa conscience ne le lui permettait pas; et le père, indigné et au désespoir, le chassa de sa maison. Le jeune Penn remercia Dieu de ce qu'il souffrait déjà pour sa cause; il alla prêcher dans la Cité; il y fit beaucoup de prosélytes.

Les prêches des ministres éclaircissaient tous les jours; et comme Penn était jeune, beau et bien *b* fait, les femmes de la Cour et de la ville accouraient dévotement pour l'entendre. Le patriarche Georges Fox vint, du fond de l'Angleterre, le voir à Londres sur sa réputation; tous deux résolurent de faire des missions dans les pays étrangers. Ils s'embarquèrent pour la Hollande, après avoir laissé des ouvriers en assez bon nombre pour avoir soin de la vigne de Londres. Leurs travaux eurent un heureux succès à Amsterdam; mais ce qui leur fit le plus d'honneur et ce qui mit le plus leur humilité en danger, fut la réception que leur fit la princesse palatine [2] Élisabeth, tante de Georges Ier, roi d'Angleterre, femme illustre par son esprit et par son savoir, et à qui Descartes avait dédié son roman [3] de philosophie.

Elle était alors retirée à la Haye [4], où elle vit ces *amis*, car c'est ainsi qu'on appelait alors les quakers en Hollande; elle eut plusieurs conférences avec eux; ils prêchèrent souvent chez elle, et, s'ils ne firent pas d'elle une parfaite quakresse, ils avouèrent au moins qu'elle n'était pas loin du royaume des cieux.

Les amis semèrent aussi en Allemagne, mais ils recueillirent peu. On ne goûta pas la mode de tutoyer, dans un pays où il faut toujours avoir à la bouche les termes d'Altesse et d'Excellence. Penn repassa bientôt en Angleterre, sur la nouvelle de la maladie de son père; il vint recueillir ses derniers soupirs. Le vice-amiral se réconcilia avec lui, et l'embrassa avec tendresse, quoiqu'il fût d'une différente religion ; Guillaume l'exhorta en vain à ne point recevoir le sacrement et à mourir quaker ; et le vieux bonhomme recommanda inutilement à Guillaume d'avoir des boutons sur ses manches et des ganses à son chapeau.

Guillaume hérita de grands biens, parmi lesquels il se trouvait des dettes de la Couronne, pour des avances faites par le vice-amiral dans des expéditions maritimes. Rien n'était moins assuré alors que l'argent dû par le roi : Penn fut obligé d'aller tutoyer Charles II et ses ministres plus d'une fois pour son payement. Le gouvernement lui donna, en 1680, au lieu d'argent, la propriété et la souveraineté d'une province d'Amérique, au sud de Marilan⁵ : voilà un quaker devenu souverain. Il partit pour ses nouveaux États avec deux vaisseaux chargés de quakers qui le suivirent. On appela dès lors le pays *Pensilvania*, du nom de *Pen*. Il y fonda la ville de *Philadelphie*, qui est aujourd'hui très florissante. Il commença par faire une ligue avec les Américains ses voisins : c'est le seul traité entre ces peuples et les chrétiens qui n'ait point été juré, et qui n'ait point été rompu. Le nouveau souverain fut aussi le législateur de la Pennsylvanie : il donna des lois très sages, dont aucune n'a été changée depuis lui. La première est de ne maltraiter personne au sujet de la religion, et de regarder comme frères tous ceux qui croient un Dieu⁶.

A peine eut-il établi son gouvernement que plusieurs marchands de l'Amérique vinrent peupler cette colonie. Les naturels du pays, au lieu de fuir dans les forêts, s'accoutumèrent insensiblement avec les pacifiques quakers : autant ils détestaient les autres chrétiens conquérants et destructeurs de l'Amérique, autant ils aimaient ces nouveaux venus. En peu de temps un grand nombre de ces prétendus sauvages, charmés de la douceur de ces voisins, vinrent en foule demander à Guillaume Penn de les recevoir au nombre de ses vassaux. C'était un spectacle bien nouveau qu'un souverain que tout le monde tutoyait, et à qui on parlait le chapeau sur la tête, un gouvernement sans prêtres, un peuple sans armes, des citoyens tous égaux, à la magistrature près, et des voisins sans jalousie.

Guillaume Penn pouvait se vanter d'avoir apporté sur la terre l'âge d'or dont on parle tant, et qui n'a vraisemblablement existé qu'en Pennsylvanie. Il revint en Angleterre pour les affaires de son nouveau pays, après la mort de Charles II [6]. Le roi Jacques, qui avait aimé son père, eut la même affection pour le fils, et ne le considéra plus comme un sectaire obscur, mais comme un très grand homme. La politique du roi s'accordait en cela avec son goût; il avait envie de flatter les quakers, en abolissant les lois faites contre les non-conformistes, afin de pouvoir introduire la religion catholique à la faveur de cette liberté [7]. Toutes les sectes d'Angleterre virent le piège, et ne s'y laissèrent pas prendre; elles sont toujours réunies contre le catholicisme, leur ennemi commun [8]. Mais Penn ne crut pas devoir renoncer à ses principes pour favoriser des protestants qui le haïssaient, contre un roi qui l'aimait. Il avait établi la liberté de conscience en Amérique; il n'avait pas envie de vouloir paraître la détruire en Europe; il demeura donc fidèle à Jacques II, au point qu'il fut généralement accusé d'être Jésuite. Cette calomnie l'affligea sensiblement; il fut obligé de s'en justifier par des écrits publics [9], cependant le malheureux Jacques II, qui, comme presque tous les Stuarts, était un composé de grandeur et de faiblesse, et qui, comme eux, en fit trop et trop peu, perdit son royaume sans qu'on pût dire comment la chose arriva [10].

Toutes les sectes anglaises reçurent de Guillaume III et de son Parlement cette même liberté [11] qu'elles n'avaient pas voulu tenir des mains de Jacques. Ce fut alors que les quakers commencèrent à jouir, par la force des lois, de tous les privilèges dont ils sont en possession aujourd'hui. Penn, après avoir vu enfin sa secte établie sans contradiction dans le pays de sa naissance, retourna en Pennsylvanie. Les siens et les Américains le reçurent avec des larmes de joie, comme un père qui revenait voir ses enfants. Toutes ses lois avaient été religieusement observées pendant son absence, ce qui n'était arrivé à aucun législateur avant lui.

Il resta quelques années à Philadelphie; il en partit enfin, malgré lui, pour aller solliciter à Londres des avantages nouveaux en faveur du commerce des Pennsylvains; il vécut depuis à Londres jusqu'à une extrême vieillesse, considéré comme le chef d'un peuple et d'une religion. Il n'est mort qu'en 1718.

On conserva à ses descendants la propriété et le gouvernement de la Pennsylvanie, et ils vendirent au roi le gouvernement pour douze mille pièces. Les affaires du roi ne lui permirent d'en payer que mille. Un lecteur français croira peut-être que le ministère paya le reste en promesses et s'empara toujours du gouvernement; point du tout. La Couronne n'ayant pu satisfaire dans le temps marqué au payement de la somme entière, le contrat fut déclaré nul, et la famille de Penn rentra dans ses droits *d*.

Je ne puis deviner quel sera le sort de la religion des quakers en Amérique; mais je vois qu'elle dépérit tous les jours à Londres [12]. Par tout pays, la religion dominante, quand elle ne persécute point, engloutit à la longue toutes les autres. Les quakers ne peuvent être membres du Parlement, ni posséder aucun office, parce qu'il faudrait prêter serment, et qu'ils ne veulent point jurer. Ils sont réduits à la nécessité de gagner de l'argent par le commerce; leurs enfants, enrichis par l'industrie de leurs pères, veulent jouir, avoir des honneurs, des boutons et des manchettes; ils sont honteux d'être appelés quakers, et se font protestants pour être à la mode.

# CINQUIÈME LETTRE

### Sur la religion anglicane

C'est ici le pays des sectes. Un Anglais, comme homme libre, va au ciel par le chemin qui lui plaît.

Cependant, quoique chacun puisse ici servir Dieu à sa mode, leur véritable religion, celle où l'on fait fortune, est la secte des Épiscopaux, appelée l'Église anglicane, ou l'Église par excellence. On ne peut avoir d'emploi, ni en Angleterre ni en Irlande, sans être du nombre des fidèles anglicans [1]; cette raison, qui est une excellente preuve, a converti tant de non-conformistes, qu'aujourd'hui il n'y a pas la vingtième partie de la nation qui soit hors du giron de l'Église dominante.

Le clergé anglican a retenu beaucoup des cérémonies catholiques, et surtout celle de recevoir les dîmes [2] avec une attention très scrupuleuse. Ils ont aussi la pieuse ambition d'être les maîtres.

De plus, ils fomentent autant qu'ils peuvent dans leurs ouailles un saint zèle contre les non-conformistes. Ce zèle était assez vif sous le gouvernement des tories, dans les dernières années de la reine Anne; mais il ne s'étendait pas plus loin qu'à casser quelquefois les vitres des chapelles hérétiques; car la rage des sectes a fini en Angleterre avec les guerres civiles, et ce n'était plus, sous la reine Anne [3], que les bruits sourds d'une mer encore agitée longtemps après la tempête : quand les whigs et les tories déchirèrent leur pays, comme autrefois les Guelfes et les Gibelins [4], il fallut bien que la religion entrât dans les partis. Les tories étaient pour l'épiscopat; les whigs le voulaient abolir [5], mais ils se sont contentés de l'abaisser [6] quand ils ont été les maîtres.

Du temps que le comte Harley d'Oxford et milord Bolingbroke [7], faisaient boire la santé des tories, l'Église anglicane les regardait comme les défenseurs de ses saints privilèges. L'assemblée du bas clergé, qui est une espèce de Chambre des Communes composée d'ecclésiastiques, avait alors quelque crédit; elle jouissait au moins de la liberté de s'assembler, de raisonner de controverse, et de faire brûler de temps en temps quelques livres impies, c'est-à-dire écrits contre elle. Le ministère, qui est whig aujourd'hui, ne permet pas seulement à ces messieurs de tenir leur assemblée; ils sont [a] réduits, dans l'obscurité de leur paroisse, au triste emploi de prier Dieu pour le gouvernement, qu'ils ne seraient pas fâchés de troubler. Quant aux évêques, qui sont vingt-six en tout, ils ont séance dans la Chambre haute en dépit des whigs, parce que le vieil abus de les regarder comme barons subsiste encore; mais ils n'ont pas plus de pouvoir dans la Chambre que les ducs et pairs [8] dans le Parlement de Paris [b]. Il y a une clause dans le serment que l'on prête à l'État, laquelle exerce bien la patience chrétienne de ces messieurs.

On y promet d'être de l'Église, comme elle est établie par la loi. Il n'y a guère d'évêque, de doyen, d'archiprêtre [9] qui ne pense être de droit divin; c'est donc un grand sujet de mortification pour eux d'être obligés d'avouer qu'ils tiennent tout d'une misérable loi faite par des profanes laïques. Un religieux (le P. Courayer) [10] a écrit depuis peu un livre pour prouver la validité et la succession des ordinations anglicanes. Cet ouvrage a été proscrit en France; mais croyez-vous qu'il ait plu au ministère d'Angleterre? Point du tout. Ces maudits whigs se soucient très peu que la succession épiscopale ait été interrompue chez eux ou non, et que l'évêque Parker [11] ait été consacré dans un cabaret (comme on le veut) ou dans une église; ils aiment mieux même que les évêques tirent leur autorité du Parlement plutôt que des Apôtres. Le lord B. dit que cette idée de droit divin ne servirait qu'à faire des tyrans en camail et en rochet, mais que la loi fait des citoyens.

A l'égard des mœurs, le clergé anglican est plus réglé que celui de France; et en voici la cause. Tous les ecclésiastiques sont élevés dans l'Université d'Oxford ou dans celle de Cambridge, loin de la corruption de la capitale; ils ne sont appelés aux dignités de l'Église que très tard, et dans un âge où les hommes n'ont d'autres passions que l'avarice, lorsque leur ambition manque d'aliments. Les emplois sont ici la récompense des longs services dans l'Église aussi bien que dans l'armée; on n'y voit point de jeunes gens évêques ou colonels au sortir du collège. De plus, les prêtres sont presque tous mariés. La mauvaise grâce contractée dans l'Université, et le peu de commerce qu'on a ici avec les femmes font que d'ordinaire un évêque est forcé de se contenter de la sienne. Les prêtres vont quelquefois au cabaret, parce que l'usage le leur permet; et s'ils s'enivrent, c'est sérieusement et sans scandale [12].

Cet être indéfinissable, qui n'est ni ecclésiastique ni séculier, en un mot ce que l'on appelle un abbé, est une espèce inconnue en Angleterre; les ecclésiastiques sont tous ici réservés et presque tous pédants. Quand ils apprennent qu'en France de jeunes gens connus par leurs débauches et élevés à la prélature par des intrigues de femmes, font publiquement l'amour, s'égaient à composer des chansons tendres, donnent tous les jours des soupers délicats et longs, et de là vont implorer les lumières du Saint-Esprit, et se nomment hardiment les successeurs des Apôtres, ils remercient Dieu d'être protestants. Mais ce sont de vilains hérétiques à brûler à tous les diables, comme dit maître François Rabelais [13]; c'est pourquoi je ne me mêle de leurs affaires.


## SIXIÈME LETTRE

### *Sur les presbytériens*

La religion anglicane ne s'étend qu'en Angleterre et en Irlande. Le presbytéranisme est la religion dominante en Écosse. Ce presbytéranisme n'est autre chose que le calvinisme pur, tel qu'il avait été établi en France et qu'il subsiste à Genève. Comme les prêtres de cette secte ne reçoivent de leurs églises que des gages très médiocres, et que, par conséquent, ils ne peuvent vivre dans le même luxe que les évêques, ils ont pris le parti naturel de crier contre des honneurs où ils ne peuvent atteindre. Figurez-vous l'orgueilleux Diogène [1] qui foulait aux pieds l'orgueil de Platon : les presbytériens d'Écosse ne ressemblent pas mal à ce fier et gueux raisonneur. Ils traitèrent le roi Charles II avec bien moins d'égards que Diogène n'avait traité Alexandre [2]. Car, lorsqu'ils prirent les armes pour lui contre Cromwell, qui les avait trompés, ils firent essuyer à ce pauvre roi quatre sermons par jour; ils lui défendaient de jouer; ils le mettaient en pénitence; si bien que Charles se lassa bientôt

d'être roi de ces pédants, et s'échappa de leurs mains comme
un écolier se sauve du collège.

Devant un jeune et vif bachelier français [a], criaillant le
matin dans les écoles de théologie, et le soir chantant avec
les dames, un théologien anglican est un Caton; mais ce
Caton paraît un galant devant un presbytérien d'Écosse. Ce
dernier affecte une démarche grave, un air fâché, porte un
vaste chapeau, un long manteau par dessus un habit court,
prêche du nez, et donne le nom de la *prostituée de Babylone* à
toutes les Églises, où quelques ecclésiastiques sont assez
heureux pour avoir cinquante milles livres de rente, et où
le peuple est assez bon pour le souffrir et pour les appeler
*Monseigneur, Votre Grandeur, Votre Eminence.*

Ces messieurs, qui ont aussi quelques Églises en Angleterre, ont mis les airs graves et sévères à la mode en ce pays.
C'est à eux qu'on doit la sanctification du dimanche dans
les trois royaumes [3]; il est défendu, ce jour-là, de travailler
et de se divertir, ce qui est le double de la sévérité des
Églises catholiques; point d'opéra, point de comédies,
point de concerts à Londres, le dimanche; les cartes même
y sont si expressément défendues, qu'il n'y a que les
personnes de qualité et ce qu'on appelle les honnêtes gens
qui jouent ce jour-là. Le reste de la nation va au sermon, au
cabaret et chez les filles de joie.

Quoique la secte épiscopale et la presbytérienne soient les
deux dominantes dans la Grande-Bretagne, toutes les
autres y sont bien venues et vivent assez [b] bien ensemble,
pendant que la plupart de leurs prédicants se détestent réciproquement avec presque autant de cordialité qu'un
Janséniste damne un Jésuite [4].

Entrez dans la Bourse de Londres, cette place plus
respectable que bien des cours; vous y voyez rassemblés
les députés de toutes les nations pour l'utilité des hommes.
Là, le Juif, le Mahométan et le Chrétien traitent l'un avec
l'autre comme s'ils étaient de la même religion, et ne donnent le nom d'infidèles qu'à ceux qui font banqueroute; là,
le Presbytérien se fie à l'Anabaptiste, et l'Anglican reçoit la
promesse du Quaker. Au sortir de ces pacifiques et libres

assemblées, les uns vont à la synagogue, les autres vont boire; celui-ci va se faire baptiser dans une grande cuve au nom du Père, par le Fils, au Saint-Esprit; celui-là fait couper le prépuce de son fils et fait marmotter sur l'enfant des paroles hébraïques qu'il n'entend point; ces autres vont dans leur église attendre l'inspiration de Dieu, leur chapeau sur la tête, et tous sont contents.

S'il n'y avait en Angleterre qu'une religion, le despotisme serait à craindre; s'il y en avait deux, elles se couperaient la gorge; mais il y en a trente, et elles vivent en paix, heureuses [5].

## SEPTIÈME LETTRE

### Sur les sociniens ou ariens ou anti-trinitaires [1]

Il y a ici une petite secte composée d'ecclésiastiques et de quelques séculiers très savants, qui ne prennent ni le nom d'ariens ni celui de sociniens, mais qui ne sont point du tout de l'avis de saint Athanase sur le chapitre de la Trinité, et qui vous disent nettement que le Père est plus grand que le Fils.

Vous souvenez-vous d'un certain évêque orthodoxe qui, pour convaincre un empereur de la consubstantiation, s'avisa de prendre le fils de l'empereur sous le menton, et de lui tirer le nez en présence de sa sacrée Majesté? L'empereur allait se fâcher contre l'évêque, quand le bonhomme lui dit ces belles et convaincantes paroles : « Seigneur, si Votre Majesté est en colère de ce que l'on manque de respect à son fils, comment pensez-vous que Dieu le Père traitera ceux qui refusent à Jésus-Christ les titres qui lui sont dus? » Les gens dont je vous parle disent que le saint évêque était fort mal avisé, que son argument n'était rien moins que concluant, et que l'empereur devait lui répondre : « Apprenez qu'il y a deux façons de me manquer de respect : la première, de ne rendre pas assez d'honneur à mon fils; et la seconde, de lui en rendre autant qu'à moi. »

Quoiqu'il en soit, le parti d'Arius commence à revivre en Angleterre, aussi bien qu'en Hollande et en Pologne. Le grand M. Newton faisait à cette opinion l'honneur de la favoriser[2]. Ce philosophe pensait que les unitaires raisonnaient plus géométriquement que nous. Mais le plus ferme patron de la doctrine arienne est l'illustre docteur Clarke. Cet homme est d'une vertu rigide et d'un caractère doux, plus amateur de ses opinions que passionné pour faire des prosélytes, uniquement occupé de calculs et de démonstrations, une vraie machine à raisonnements.

C'est lui qui est l'auteur d'un livre assez peu entendu, mais estimé, sur l'existence de Dieu[3], et d'un autre, plus intelligible, mais assez méprisé, sur la vérité de la religion chrétienne[4].

Il ne s'est point engagé dans de belles disputes scolastiques, que notre ami...[5] appelle[6] de vénérables billevesées; il s'est contenté de faire imprimer un livre[6] qui contient tous les témoignages des premiers siècles pour et contre les Unitaires, et a laissé au lecteur le soin de compter les voix et de juger. Ce livre du docteur lui a attiré beaucoup de partisans, mais l'a empêché d'être archevêque de Cantorbéry[7b]; je crois que le docteur s'est trompé dans son calcul, et qu'il valait mieux être primat d'Angleterre que curé arien.

Vous voyez quelles révolutions arrivent dans les opinions comme dans les empires. Le parti d'Arius, après trois cents ans de triomphe[8] et douze siècles d'oubli, renaît enfin de sa cendre; mais il prend très mal son temps de reparaître dans un âge où le monde est rassasié de disputes et de sectes. Celle-ci est encore trop petite pour obtenir la liberté des assemblées publiques; elle l'obtiendra sans doute, si elle devient plus nombreuse; mais on est si tiède à présent sur tout cela, qu'il n'y a plus guère de fortune à faire pour une religion nouvelle ou renouvelée[9]. N'est-ce pas une chose plaisante que Luther, Calvin, Zwingle[10], tous écrivains qu'on ne peut lire[11], aient fondé des sectes qui partagent l'Europe, que l'ignorant Mahomet ait donné une religion à l'Asie et à l'Afrique, et que MM. Newton, Clarke, Locke[12],

Le Clerc [13], etc.[6], les plus grands philosophes et les meilleures plumes de leur temps, aient pu à peine venir à bout d'établir un petit troupeau qui même diminue tous les jours?

Voilà ce que c'est que de venir au monde à propos. Si le cardinal de Retz [14] reparaissait aujourd'hui, il n'ameuterait pas dix femmes dans Paris.

Si Cromwell renaissait, lui, qui a fait couper la tête à son roi et s'est fait souverain, serait un simple marchand de Londres.

## HUITIÈME LETTRE

### Sur le Parlement

Les membres du Parlement d'Angleterre aiment à se comparer aux anciens Romains autant qu'ils le peuvent.

Il n'y a pas longtemps que M. Shipping [1], dans la Chambre des Communes, commença son discours par ces mots : « La majesté du peuple anglais serait blessée, etc. » La singularité de l'expression causa un grand éclat de rire; mais, sans se déconcerter, il répéta les mêmes paroles d'un air ferme, et on ne rit plus. J'avoue que je ne vois rien de commun entre la majesté du peuple anglais et celle du peuple romain, encore moins entre leurs gouvernements. Il y a un Sénat à Londres, dont quelques membres sont soupçonnés, quoique à tort sans doute, de vendre leurs voix [2] dans l'occasion, comme on faisait à Rome : voilà toute la ressemblance. D'ailleurs les deux nations me paraissent entièrement différentes, soit en bien, soit en mal. On n'a jamais connu chez les Romains la folie horrible des guerres de religion [3]; cette abomination était réservée à des dévots prêcheurs d'humilité et de patience. Marius et Sylla, Pompée et César, Antoine et Auguste ne se battaient point pour décider si le *flamen* [4] devait porter sa chemise par-dessus sa robe ou sa robe par-dessus sa chemise, et si les poulets sacrés devaient manger et boire, ou bien manger

seulement, pour qu'on prît les augures. Les Anglais se
sont fait pendre réciproquement [a] à leurs assises et se sont
détruits en bataille rangée pour des querelles de pareille
espèce ; la secte des épiscopaux et le presbytéranisme ont
tourné pour un temps ces têtes sérieuses. Je m'imagine que
pareille sottise ne leur arrivera plus; ils me paraissent
devenir sages à leurs dépens, et je ne leur vois nulle envie
de s'égorger dorénavant pour des syllogismes [5].

Voici une différence plus essentielle entre Rome et
l'Angleterre, qui met tout l'avantage du côté de la dernière :
c'est que le fruit des guerres civiles à Rome a été l'esclavage,
et celui des troubles d'Angleterre, la liberté. La nation
anglaise est la seule de la terre qui soit parvenue à régler le
pouvoir des rois en leur résistant [6], et qui, d'efforts en
efforts, ait enfin établi ce gouvernement sage où le prince
tout puissant pour faire du bien, a les mains liées pour faire
le mal [7], où les seigneurs sont grands sans insolence [8] et
sans vassaux, et où le peuple [9] partage le gouvernement
sans confusion.

La chambre des Pairs et celle des Communes sont les
arbitres de la nation, le roi est le sur-arbitre [10]. Cette balance
manquait aux Romains : les grands et le peuple étaient
toujours en division à Rome, sans qu'il y eût un pouvoir
mitoyen qui pût les accorder. Le Sénat de Rome, qui
avait l'injuste et punissable orgueil de ne vouloir rien
partager avec les plébéiens, ne connaissait d'autre secret,
pour les éloigner du gouvernement, que de les occuper
toujours dans les guerres étrangères. Ils regardaient le
peuple comme une bête féroce qu'il fallait lâcher sur leurs
voisins de peur qu'elle ne dévorât ses maîtres. Ainsi le plus
grand défaut du gouvernement des Romains en fit des
conquérants; c'est parce qu'ils étaient malheureux chez eux
qu'ils devinrent les maîtres du monde, jusqu'à ce qu'enfin
leurs divisions les rendirent esclaves.

Le gouvernement d'Angleterre n'est point fait pour un
si grand éclat, ni pour une fin si funeste; son but n'est
point la brillante folie de faire des conquêtes, mais d'empêcher que ses voisins n'en fassent. Ce peuple n'est pas

seulement jaloux de sa liberté, il l'est encore de celle des autres. Les Anglais étaient acharnés contre Louis XIV, uniquement parce qu'ils lui croyaient de l'ambition. Ils lui ont fait la guerre de gaieté de cœur, assurément sans aucun intérêt [11].

Il en a coûté sans doute pour établir la liberté en Angleterre; c'est dans des mers de sang qu'on a noyé l'idole du pouvoir despotique [12]; mais les Anglais ne croient point avoir acheté trop cher de bonnes lois. Les autres nations n'ont pas eu moins de troubles, n'ont pas versé moins de sang qu'eux; mais ce sang qu'elles ont répandu pour la cause de leur liberté n'a fait que cimenter leur servitude.

Ce qui devient une révolution en Angleterre n'est qu'une sédition dans les autres pays. Une ville prend les armes pour défendre ses privilèges, soit en Espagne, soit en Barbarie, soit en Turquie; aussitôt des soldats mercenaires la subjuguent, des bourreaux la punissent, et le reste de la nation baise ses chaînes. Les Français pensent que le gouvernement de cette île est plus orageux que la mer qui l'environne, et cela est vrai; mais c'est quand le roi commence la tempête, c'est quand il veut se rendre le maître du vaisseau dont il n'est que le premier pilote. Les guerres civiles de France ont été plus longues, plus cruelles, plus fécondes en crimes que celles d'Angleterre; mais, de toutes ces guerres civiles, aucune n'a eu une liberté sage pour objet [13].

Dans les temps détestables de Charles IX [14] et d'Henri III [15], il s'agissait seulement de savoir si on serait l'esclave des Guises [16]. Pour la dernière guerre de Paris, elle ne mérite que des sifflets; il me semble que je vois des écoliers qui se mutinent contre le préfet d'un collège, et qui finissent par être fouettés. Le cardinal de Retz [17], avec beaucoup d'esprit et de courage mal employés, rebelle sans aucun sujet, factieux sans dessein, chef de parti sans armée, cabalait pour cabaler, et semblait faire la guerre civile pour son plaisir. Le Parlement ne savait ce qu'il voulait, ni ce qu'il ne voulait pas; il levait des troupes par arrêt, il les cassait; il menaçait, il demandait pardon; il mettait à prix la tête du cardinal Mazarin [18], et ensuite venait le complimenter en cérémonie. Nos guerres civiles sous Charles VI [19] avaient été cruelles, celles de la Ligue furent abominables, celle de la Fronde fut ridicule.

Ce qu'on reproche le plus en France aux Anglais, c'est le supplice de Charles Ier, qui fut traité [b] par ses vainqueurs comme il les eût traités s'il eût été heureux.

Après tout, regardez d'un côté Charles Ier vaincu en bataille rangée, prisonnier, jugé, condamné dans Westminster, et de l'autre l'Empereur Henri VII [20] empoisonné par son chapelain en communiant, Henri III [21] assassiné par un moine ministre de la rage de tout un parti, trente assassinats médités contre Henri IV [22], plusieurs exécutés, et le dernier privant enfin la France de ce grand roi. Pesez ces attentats, et jugez [23c].

# NEUVIÈME LETTRE

## Sur le gouvernement

Ce mélange heureux dans le gouvernement d'Angleterre, ce concert entre les Communes, les Lords et le roi n'a pas toujours subsisté. L'Angleterre a été longtemps esclave; elle l'a été des Romains, des Saxons, des Danois, des Français. Guillaume le Conquérant surtout la gouverna avec un sceptre de fer; il disposait des biens et de la vie de ses nouveaux sujets comme un monarque de l'Orient; il défendit sous peine de mort qu'aucun Anglais osât avoir du feu et de la lumière chez lui, passé huit heures du soir, soit qu'il prétendît par là prévenir leurs assemblées nocturnes, soit qu'il voulût essayer, par une défense si bizarre, jusqu'où peut aller le pouvoir d'un homme sur d'autres hommes.

Il est vrai qu'avant et après Guillaume le Conquérant les Anglais ont eu des Parlements; ils s'en vantent, comme si ces assemblées, appelées alors Parlements [1], composées de tyrans ecclésiastiques et de pillards nommés barons [2], avaient été les gardiens de la liberté et de la félicité publique.

Les Barbares, qui des bords de la mer Baltique fondaient dans le reste de l'Europe, apportèrent avec eux l'usage de ces États ou Parlements, dont on a fait tant de bruit et qu'on connaît si peu [3]. Les rois alors n'étaient point despotiques, cela est vrai; mais les peuples n'en gémissaient que plus dans une servitude misérable. Les chefs de ces sauvages qui avaient ravagé la France, l'Italie, l'Espagne, l'Angleterre se firent monarques; leurs capitaines partagèrent entre eux les terres des vaincus. De là ces margraves, ces lairs [a], ces barons, ces sous-tyrans qui disputaient souvent avec leur roi les dépouilles des peuples. C'étaient des oiseaux de proie combattants contre un aigle pour sucer le sang des colombes; chaque peuple avait cent tyrans [4] au lieu d'un maître. Les prêtres se mirent bientôt de la partie. De tout temps, le sort des Gaulois, des Germains, des insulaires d'Angleterre avait été d'être gouverné par leurs druides et par les chefs de leurs villages, ancienne espèce de barons, mais moins tyrans que leurs successeurs. Ces druides se disaient médiateurs entre la divinité et les hommes; ils faisaient des lois, ils excommuniaient, ils condamnaient à la mort. Les évêques succedèrent peu à peu à leur autorité temporelle dans le gouvernement goth et vandale. Les papes se mirent à leur tête, et, avec des brefs, des bulles, et des moines, firent trembler les rois, les déposèrent, les firent assassiner, et tirèrent à eux tout l'argent qu'ils purent de l'Europe. L'imbécile Inas [5], l'un des tyrans de l'heptarchie [6] d'Angleterre, fut le premier qui, dans un pèlerinage à Rome, se soumit à payer le denier de Saint-Pierre (ce qui était environ un écu de notre monnaie) pour chaque maison de son territoire. Toute l'île suivit bientôt cet exemple. L'Angleterre devint petit à petit une province du pape; le Saint-Père y envoyait de temps en temps ses légats pour y lever des impôts exorbitants. Jean sans Terre [7] fit enfin une cession en bonne forme de son royaume à Sa Sainteté, qui l'avait excommunié; et les barons, qui n'y trouvèrent pas leur compte, chassèrent ce misérable roi; ils mirent à sa place Louis VIII, père de saint Louis, roi de France; mais ils se dégoûtèrent bientôt de ce nouveau venu, et lui firent repasser la mer.

Tandis que les barons, les évêques, les papes déchiraient ainsi l'Angleterre, où tous voulaient commander, le peuple, la plus nombreuse, la plus vertueuse [8] même et par conséquent la plus respectable partie des hommes, composée de ceux qui étudient les lois et les sciences, des négociants, des artisans, en un mot de tout ce qui n'était point tyran, le peuple, dis-je, était regardé par eux comme des animaux au-dessous de l'homme. Il s'en fallait bien que les Communes eussent alors part au gouvernement. C'étaient des vilains [9] : leur travail, leur sang appartenaient à leurs maîtres, qui s'appelaient nobles. Le plus grand nombre des hommes était en Europe ce qu'ils sont encore en plusieurs endroits du monde [b], serfs d'un seigneur, espèce de bétail qu'on vend et qu'on achète avec la terre. Il a fallu des siècles pour rendre justice à l'humanité, pour sentir qu'il était horrible que le grand nombre semât et que le petit nombre recueillît; et n'est-ce pas un bonheur pour le genre humain que l'autorité de ces petits brigands ait été éteinte en France par la puissance légitime de nos rois [10], et en Angleterre par la puissance légitime des rois et du peuple [11]?

Heureusement, dans les secousses que les querelles des rois et des grands donnaient aux empires, les fers des nations se sont plus ou moins relâchés; la liberté est née en Angleterre des querelles des tyrans. Les barons forcèrent Jean sans Terre et Henri III à accorder cette fameuse Charte, dont le principal but était, à la vérité, de mettre les rois dans la dépendance des Lords, mais dans laquelle le reste de la nation fut un peu favorisée [c], afin que, dans l'occasion, elle se rangeât du parti de ses prétendus protecteurs. Cette grande Charte, qui est regardée comme l'origine sacrée des libertés Anglaises, fait bien voir elle-même combien peu la liberté était connue. Le titre seul prouve que le roi se croyait absolu de droit, et que les barons et le clergé même ne le forçaient à se relâcher de ce droit prétendu que parce qu'ils étaient les plus forts.

Voici comme commence la grande Charte : « Nous accordons de notre libre volonté les privilèges suivants aux archevêques, évêques, abbés, prieurs et barons de notre royaume, etc. »

Dans les articles de cette Charte il n'est pas dit un mot de la Chambre des Communes, preuve qu'elle n'existait pas encore [12], ou qu'elle existait sans pouvoir. On y spécifie les hommes libres d'Angleterre : triste démonstration qu'il y en avait qui ne l'étaient pas. On voit, par l'article 32, que les hommes prétendus libres devaient des services à leur seigneur. Une telle liberté tenait encore beaucoup de l'esclavage.

Par l'article 21, le roi ordonne que ses officiers ne pourront dorénavant prendre de force les chevaux et les charrettes des hommes libres qu'en payant, et ce règlement parut au peuple une vraie liberté, parce qu'il ôtait une plus grande tyrannie.

Henri VII [13], usurpateur heureux et grand politique, qui faisait semblant d'aimer les barons, mais qui les haïssait et les craignait, s'avisa de procurer l'aliénation de leurs terres [14]. Par là, les vilains, qui, dans la suite, acquirent du bien par leurs travaux, achetèrent les châteaux des illustres pairs qui s'étaient ruinés par leurs folies. Peu à peu toutes les terres changèrent de maîtres.

La Chambre des Communes devint de jour en jour plus puissante. Les familles des anciens pairs s'éteignirent avec le temps; et, comme il n'y a proprement que les pairs qui soient nobles en Angleterre dans la rigueur de la loi, il n'y aurait plus du tout de noblesse en ce pays-là, si les rois n'avaient pas créé de nouveaux barons de temps en temps, et conservé l'ordre des pairs, qu'ils avaient tant craint autrefois, pour l'opposer à celui des Communes, devenu trop redoutable.

Tous ces nouveaux pairs, qui composent la Chambre haute, reçoivent du roi leur titre et rien de plus, presque aucun d'eux n'a la terre dont il porte le nom. L'un est duc de Dorset, et n'a pas un pouce de terre en Dorsetshire; l'autre est comte d'un village, qui sait à peine où ce village est situé. Ils ont du pouvoir dans le Parlement, non ailleurs.

Vous n'entendez point ici parler de haute, moyenne et basse justice [15], ni du droit de chasser sur les terres d'un citoyen, lequel n'a pas la liberté de tirer un coup de fusil sur son propre champ.

Un homme, parce qu'il est noble ou parce qu'il est prêtre, n'est point ici exempt de payer certaines taxes; tous les impôts sont réglés par la Chambre des Communes, qui, n'étant que la seconde par son rang, est la première par son crédit.

Les seigneurs et les évêques peuvent bien rejeter le bill des Communes, pour les taxes, mais il ne leur est pas permis d'y rien changer; il faut ou qu'ils le reçoivent ou qu'ils le rejettent sans restriction. Quand le bill est confirmé par les Lords et approuvé par le roi, alors tout le monde paie. Chacun donne, non selon sa qualité (ce qui est absurde), mais selon son revenu; il n'y a point de taille [16] ni de capitation [17] arbitraire, mais une taxe réelle sur les terres: elles ont toutes été évaluées [d] sous le fameux roi Guillaume III, et mises au-dessous de leur prix.

La taxe subsiste toujours la même, quoique les revenus des terres aient augmenté; ainsi personne n'est foulé, et personne ne se plaint. Le paysan n'a point les pieds meurtris par des sabots; il mange du pain blanc; il est bien vêtu; il ne craint point d'augmenter le nombre de ses bestiaux ni de couvrir son toit de tuiles, de peur que l'on ne hausse ses impôts l'année d'après. Il y a ici beaucoup de paysans qui ont environ deux cent mille francs de bien, et qui ne dédaignent pas de continuer à cultiver la terre qui les a enrichis, et dans laquelle ils vivent libres.

# DIXIÈME LETTRE

## *Sur le commerce*

Le commerce, qui a enrichi les citoyens en Angleterre, a contribué à les rendre libres, et cette liberté a étendu le commerce à son tour; de là s'est formée la grandeur de l'État. C'est le commerce qui a établi peu à peu les forces navales par qui les Anglais sont les maîtres des mers. Ils ont à présent près de deux cents vaisseaux de guerre. La postérité apprendra peut-être avec surprise qu'une petite île, qui n'a de soi-même qu'un peu de plomb, de l'étain, de la terre à foulon et de la laine grossière, est devenue par son commerce assez puissante pour envoyer, en 1723 [1], trois flottes à la fois en trois extrémités du monde, l'une devant Gibraltar [2], conquise et conservée par ses armes, l'autre à Portobello, pour ôter au roi d'Espagne la jouissance des trésors des Indes, et la troisième dans la mer Baltique, pour empêcher les puissances du Nord de se battre.[a]

Quand Louis XIV faisait trembler l'Italie, et que ses armées, déjà maîtresses de la Savoie et du Piémont étaient prêtes de prendre Turin, il fallut que le prince Eugène [3] marchât du fond de l'Allemagne au secours du duc de Savoie; il n'avait point d'argent, sans quoi on ne prend ni ne défend les villes ; il eut recours à des marchands anglais : en une demie heure de temps, on lui prêta cinq[b] millions [4]. Avec cela il délivra Turin, battit les Français, et écrivit à ceux qui avaient prêté cette somme, ce petit billet : « Messieurs, j'ai reçu votre argent, et je me flatte de l'avoir employé à votre satisfaction. »

Tout cela donne un juste orgueil à un marchand anglais, et fait qu'il ose se comparer, non sans quelque raison, à un citoyen romain. Aussi le cadet d'un pair du royaume ne dédaigne point le négoce. Milord Townshend [5c], ministre d'État, a un frère qui se contente d'être marchand dans la Cité. Dans le temps que milord Oxford [6] gouvernait l'Angleterre, son cadet était facteur à Alep, d'où il ne voulut pas revenir, et où il est mort.

Cette coutume, qui pourtant commence trop à se passer, paraît monstrueuse à des Allemands entêtés de leurs quartiers [d]; ils ne sauraient concevoir que le fils d'un pair d'Angleterre ne soit qu'un riche et puissant bourgeois, au lieu qu'en Allemagne tout est prince; on a vu jusqu'à trente Altesses du même nom, n'ayant pour tout bien que des armoiries et de l'orgueil.

En France est marquis qui veut [7]; et quiconque arrive à Paris du fond d'une province avec de l'argent à dépenser et un nom en *ac* ou en *ille*, peut dire : « Un homme comme moi, un homme de ma qualité », et mépriser souverainement un négociant. Le négociant entend lui-même parler si souvent avec dédain de sa profession, qu'il est assez sot pour en rougir. Je ne sais pourtant lequel est le plus utile à un État, ou un seigneur bien poudré qui sait précisément à quelle heure le roi se lève, à quelle heure il se couche, et qui se donne des airs de grandeur en jouant le rôle d'esclave dans l'antichambre d'un ministre, ou un négociant qui enrichit son pays, donne de son cabinet des ordres à Surate et au Caire, et contribue au bonheur du monde.

## ONZIÈME LETTRE

### Sur l'insertion de la petite vérole

On dit doucement, dans l'Europe chrétienne, que les Anglais sont des fous et des enragés : des fous, parce qu'ils donnent la petite vérole à leurs enfants, pour les empêcher de l'avoir; des enragés parce qu'ils communiquent de gaieté de cœur à ces enfants une maladie certaine et affreuse, dans la vue de prévenir un mal incertain. Les Anglais, de leur côté, disent : « Les autres Européens sont des lâches et des dénaturés : ils sont lâches, en ce qu'ils craignent de faire un peu de mal à leurs enfants; dénaturés, en ce qu'ils les exposent à mourir un jour de la petite vérole. » Pour juger qui a raison dans cette dispute, voici l'histoire de cette fameuse insertion, dont on parle hors l'Angleterre avec tant d'effroi.

Les femmes de Circassie sont, de temps immémorial, dans l'usage de donner la petite vérole à leurs enfants, même à l'âge de six mois, en leur faisant une incision au bras, et en insérant dans cette incision une pustule qu'elles ont soigneusement enlevée du corps d'un autre enfant. Cette pustule fait, dans le bras où elle est insinuée, l'effet du levain dans un morceau de pâte; elle y fermente, et répand dans la masse du sang les qualités dont elle est empreinte. Les boutons de l'enfant à qui l'on a donné cette petite vérole artificielle servent à porter la même maladie à d'autres. C'est une circulation presque continuelle en Circassie; et quand malheureusement il n'y a point de petite vérole dans le pays, on est aussi embarrassé qu'on l'est ailleurs dans une mauvaise année.

Ce qui a introduit en Circassie cette coutume, qui paraît si étrange à d'autres peuples, est pourtant une cause commune à toute la terre : c'est la tendresse maternelle et l'intérêt.

Les Circassiens sont pauvres et leurs filles sont belles; aussi ce sont elles dont ils font le plus de trafic. Ils fournissent de beautés les harems du Grand Seigneur, du sophi de Perse et de ceux qui sont assez riches pour acheter et pour entretenir cette marchandise précieuse. Ils élèvent ces filles en tout bien et en tout honneur à caresser les hommes, à former des dances pleines de lasciveté et de mollesse, à rallumer par tous les artifices les plus voluptueux, le goût des maîtres dédaigneux à qui elles sont destinées. Ces pauvres créatures répètent tous les jours leur leçon avec leur mère, comme nos petites filles répètent leur catéchisme, sans y rien comprendre.

Or, il arrivait souvent qu'un père et une mère, après avoir bien pris des peines pour donner une bonne éducation à leurs enfants, se voyaient tout d'un coup frustrés de leur espérance. La petite vérole se mettait dans la famille; une fille en mourait, une autre perdait un œil, une troisième relevait avec un gros nez; et les pauvres gens étaient ruinés sans ressource. Souvent même, quand la petite vérole devenait épidémique, le commerce était interrompu pour plusieurs années, ce qui causait une notable diminution dans les sérails de Perse et de Turquie.

Une nation commerçante est toujours fort alerte sur ses intérêts, et ne néglige rien des connaissances qui peuvent être utiles à son négoce. Les Circassiens s'aperçurent que, sur mille personnes, il s'en trouvait à peine une seule qui fût attaquée deux fois d'une petite vérole bien complète; qu'à la vérité on essuie quelquefois trois ou quatre petites véroles légères, mais jamais deux qui soient décidées et dangereuses; qu'en un mot jamais on n'a véritablement cette maladie deux fois en sa vie. Ils remarquèrent encore que, quand les petites véroles sont très bénignes, et que leur éruption ne trouve à percer qu'une peau délicate et fine, elles ne laissent aucune impression sur le visage. De ces observations naturelles ils conclurent *a* que, si un enfant de six mois ou d'un an avait une petite vérole bénigne, il n'en mourrait *b* pas, il n'en serait pas marqué et serait quitte de cette maladie pour le reste de ses jours.

Il restait donc, pour conserver la vie et la beauté de leurs enfants, de leur donner la petite vérole de bonne heure; c'est ce que l'on fit, en insérant dans le corps d'un enfant un bouton que l'on prit de la petite vérole la plus complète, et en même temps la plus favorable qu'on pût trouver.

L'expérience ne pouvait pas manquer de réussir. Les Turcs, qui sont gens sensés, adoptèrent bientôt après cette coutume, et aujourd'hui il n'y a point de bacha, dans Constantinople, qui ne donne la petite vérole à son fils et à sa fille en les faisant sevrer.

Il y a quelques gens qui prétendent que les Circassiens prirent autrefois cette coutume des Arabes; mais nous laissons ce point d'histoire à éclaircir par quelque savant Bénédictin, qui ne manquera pas de composer là-dessus plusieurs volumes in-folio avec les preuves. Tout ce que j'ai à dire sur cette matière, c'est que, dans le commencement du règne de Georges Ier, Mme de Wortley-Montaigu *c*, une des femmes d'Angleterre qui a le plus d'esprit et le plus de force dans l'esprit, étant avec son mari en ambassade à Constantinople, s'avisa de donner sans scrupule la petite vérole à un enfant [1] dont elle était accouchée en ce pays. Son chapelain eut beau lui dire que cette expérience n'était pas chrétienne, et ne pouvait réussir que chez des infidèles, le fils de Mme de Wortley s'en trouva à merveille. Cette dame, de retour à Londres fit part de son expérience à la princesse de Galles [2], qui est aujourd'hui reine. Il faut avouer que, titres et couronnes à part, cette princesse est née pour encourager tous les arts et pour faire du bien aux hommes; c'est un philosophe aimable sur le trône; elle n'a jamais perdu ni une occasion de s'instruire, ni une occasion d'exercer sa générosité. C'est elle qui, ayant entendu dire qu'une fille de Milton [3] vivait encore, et vivait dans la misère, lui envoya sur-le-champ un présent considérable; c'est elle qui protège ce pauvre Père Courayer [4]; c'est elle qui daigna être la médiatrice entre le Docteur Clarke [5] et M. Leibnitz [6]. Dès qu'elle eut entendu parler de l'inoculation ou insertion de la petite vérole, elle en fit faire l'épreuve sur quatre criminels condamnés à mort, à qui elle sauva doublement la vie; car non seulement elle les tira de la potence, mais, à la faveur de cette petite vérole artificielle, elle prévint la naturelle, qu'ils auraient probablement eue, et dont ils seraient morts peut-être dans un âge plus avancé.

La princesse, assurée de l'utilité de cette épreuve, fit inoculer ses enfants : l'Angleterre suivit son exemple [7], et, depuis ce temps, dix mille enfants de famille au moins doivent ainsi la vie à la reine et à Mme Wortley-Montaigu, et autant de filles leur doivent leur beauté.

Sur cent personnes dans le monde, soixante au moins ont la petite vérole; de ces soixante, dix [d] en meurent dans les années les plus favorables, et dix [d] en conservent pour toujours de fâcheux restes. Voilà donc la cinquième partie des hommes que cette maladie tue ou enlaidit sûrement. De tous ceux qui sont inoculés en Turquie ou en Angleterre, aucun ne meurt, s'il n'est infirme et condamné à mort d'ailleurs, personne n'est marqué; aucun n'a la petite vérole une seconde fois, supposé que l'inoculation ait été parfaite. Il est donc certain que, si quelque ambassadrice française avait rapporté ce secret de Constantinople à Paris, elle aurait rendu un service éternel à la nation. Le duc de Villequier, père du duc d'Aumont d'aujourd'hui, l'homme de France le mieux constitué et le plus sain, ne serait pas mort à la fleur de son âge.

Le prince de Soubise [8], qui avait la santé la plus brillante, n'aurait pas été emporté à l'âge de vingt-cinq ans; Monseigneur⁹, grand-père de Louis XV, n'aurait pas été enterré dans sa cinquantième année, vingt mille[10] personnes mortes à Paris de la petite vérole en 1723, vivraient encore. Quoi donc! Est-ce que les Français n'aiment point la vie? Est-ce que leurs femmes ne se soucient point de leur beauté? En vérité, nous sommes d'étranges gens! Peut-être, dans dix ans, prendra-t-on cette méthode anglaise, si les curés[11] et les médecins[12] le permettent; ou bien les Français, dans trois mois, se serviront de l'inoculation par fantaisie, si les Anglais s'en dégoûtent par inconstance.

J'apprends que, depuis cent ans, les Chinois sont dans cet usage. C'est un grand préjugé que l'exemple d'une nation qui passe pour être la plus sage et la mieux policée de l'univers. Il est vrai que les Chinois s'y prennent d'une façon différente. Ils ne font point d'incision; ils font prendre la petite vérole par le nez, comme du tabac en poudre : cette façon est plus agréable, mais elle revient au même, et sert également à confirmer, que si on avait pratiqué l'inoculation en France, on aurait sauvé la vie à des milliers d'hommes °.

## DOUZIÈME LETTRE

### Sur le chancelier Bacon

Il n'y a pas longtemps que l'on agitait, dans une compagnie célèbre, cette question usée et frivole, quel était le plus grand homme, de César, d'Alexandre, de Tamerlan[1], de Cromwell, etc.

Quelqu'un répondit que c'était sans contredit Isaac Newton. Cet homme avait raison; car si la vraie grandeur consiste à avoir reçu du ciel un puissant génie, et à s'en être servi pour s'éclairer soi-même et les autres, un homme comme M. Newton, tel qu'il s'en trouve à peine en dix siècles, est véritablement le grand homme, et ces politiques et ces conquérants, dont aucun siècle n'a manqué, ne sont d'ordinaire que d'illustres méchants. C'est à celui qui domine sur les esprits par la force de la vérité, non à ceux qui font des esclaves par la violence, c'est à celui qui connaît l'univers, non à ceux qui le défigurent, que nous devons nos respects.[2]

Puis donc que vous exigez que je vous parle des hommes célèbres qu'a porté l'Angleterre, je commencerai par les Bacons, les Lockes, les Newtons, etc. Les généraux et les ministres viendront à leur tour.

Il faut commencer par le fameux comte [3] de Verulam, connu en Europe sous le nom de Bacon, qui était son nom de famille. Il était fils d'un garde des sceaux, et fut longtemps chancelier sous le roi Jacques Ier. Cependant, au milieu des intrigues de la Cour et des occupations de sa charge, qui demandaient un homme tout entier, il trouva le temps d'être grand philosophe, bon historien et écrivain élégant; et, ce qui est encore plus étonnant, c'est qu'il vivait dans un siècle où l'on ne connaissait guère l'art de bien écrire, encore moins la bonne philosophie. Il a été, comme c'est l'usage parmi les hommes, plus estimé après sa mort que de son vivant. Ses ennemis étaient à la Cour de Londres [4], ses admirateurs étaient [a] dans toute l'Europe.

Lorsque le marquis d'Effiat [5] amena en Angleterre la princesse Marie, fille de Henri le Grand, qui devait épouser le prince de Galles, ce ministre alla visiter Bacon, qui, alors étant malade au lit, le reçut les rideaux fermés. « Vous ressemblez aux anges, lui dit d'Effiat; on entend toujours parler d'eux, on les croit bien supérieurs aux hommes, et on n'a jamais la consolation de les voir ».

Vous savez, Monsieur, comment Bacon fut accusé d'un crime qui n'est guère d'un philosophe, de s'être laissé corrompre par argent. Vous savez comment il fut condamné par la Chambre des Pairs à une amende d'environ quatre cent mille livres de notre monnaie, à perdre sa dignité de chancelier et de pair [6].

Aujourd'hui, les Anglais révèrent sa mémoire au point qu'ils ne veulent point avouer qu'il ait été coupable. Si vous me demandez ce que j'en pense, je me servirai, pour vous répondre, d'un mot que j'ai ouï dire à milord Bolingbroke. On parlait, en sa présence, de l'avarice dont le duc de Marlborough avait été accusé, et on en citait des traits sur lesquels on appelait au témoignage de milord Bolingbroke, qui, ayant été son ennemi déclaré, pouvait peut-être avec bienséance dire ce qui en était. « C'était un si grand homme, répondit-il, que j'ai oublié ses vices ».

Je me bornerai donc à vous parler de ce qui a mérité au chancelier Bacon l'estime de l'Europe.

Le plus singulier et le meilleur de ses ouvrages est celui qui est aujourd'hui le moins lu et le plus inutile : je veux parler de son *Novum scientiarum organum* [7]. C'est l'échafaud avec lequel on a bâti la nouvelle philosophie; et, quand cet édifice a été élevé au moins en partie, l'échafaud n'a plus été d'aucun usage.

Le chancelier Bacon ne connaissait pas encore la nature; mais il savait et indiquait tous les chemins qui mènent à elle. Il avait méprisé de bonne heure ce que les universités appelaient la philosophie [b], et il faisait tout ce qui dépendait de lui, afin que ces Compagnies, instituées pour la perfection de la raison humaine, ne continuassent pas de la gâter par leurs *quiddités*, leur *horreur du vide*, leurs *formes substantielles* [8] et tous les mots impertinents que non seulement l'ignorance rendait respectables, mais qu'un mélange ridicule avec la religion avait rendus presque sacrés.

Il est le père de la philosophie expérimentale. Il est bien vrai qu'avant lui on avait découvert des secrets étonnants. On avait inventé la boussole, l'imprimerie, la gravure des estampes, la peinture à l'huile, les glaces, l'art de rendre en quelque façon la vue aux vieillards par les lunettes qu'on appelle besicles, la poudre à canon, etc. On avait cherché, trouvé et conquis un nouveau monde. Qui ne croirait que ces sublimes découvertes eussent été faites par les plus grands philosophes, et dans des temps bien plus éclairés que le nôtre? Point du tout : c'est dans le temps de la plus stupide barbarie que ces grands changements ont été faits sur la terre. Le hasard seul a produit presque toutes ces inventions; et il y a même bien de l'apparence que ce qu'on appelle hasard a eu grande part dans la découverte de l'Amérique; du moins a-t-on toujours cru que Christophe

Colomb n'entreprit son voyage que sur la foi d'un capitaine de vaisseau qu'une tempête avait jeté jusqu'à la hauteur des îles Caraïbes.

Quoi qu'il en soit, les hommes savaient aller au bout du monde, ils savaient détruire des villes avec un tonnerre artificiel plus terrible que le tonnerre véritable; mais ils ne connaissaient pas la circulation du sang, la pesanteur de l'air, les lois du mouvement, la lumière, le nombre de nos planètes, etc. Et un homme qui soutenait une thèse sur les catégories [9] d'Aristote, sur l'universel *a parte rei* [10] ou telle autre sottise [11], était regardé comme un prodige.

Les inventions les plus étonnantes et les plus utiles ne sont pas celles qui font le plus d'honneur à l'esprit humain.

C'est à un instinct mécanique, qui est chez la plupart des hommes, que nous devons tous les arts [c], et nullement à la saine philosophie.

La découverte du feu, l'art de faire du pain, de fondre et de préparer les métaux, de bâtir des maisons, l'invention de la navette sont d'une toute autre nécessité que l'imprimerie et la boussole; cependant ces arts furent inventés par des hommes encore sauvages.

Quel prodigieux usage les Grecs et les Romains ne firent-ils pas depuis des mécaniques? Cependant, on croyait, de leur temps, qu'il y avait des cieux de cristal [12], et que les étoiles étaient de petites lampes qui tombaient quelquefois dans la mer; et un de leurs grands philosophes, après bien des recherches, avait trouvé que les astres étaient des cailloux qui s'étaient détachés de la terre [13].

En un mot, personne avant le chancelier Bacon n'avait connu la philosophie expérimentale; et, de toutes les épreuves physiques qu'on a faites depuis lui, il n'y en a presque pas une qui ne soit indiquée dans son livre. Il en avait fait lui-même plusieurs; il fit des espèces de machines pneumatiques, par lesquelles il devina l'élasticité de l'air; il a tourné tout autour de la découverte de sa pesanteur; il y touchait; cette vérité fut saisie par Torricelli. Peu de temps après, la physique expérimentale commença tout d'un coup à être cultivée à la fois dans presque toutes les parties de l'Europe. C'était un trésor caché dont Bacon s'était douté, et que tous les philosophes, encouragés par sa promesse, s'éfforcèrent de déterrer.

Mais ce qui m'a le plus surpris, ç'a été de voir dans son livre en termes exprès, cette attraction nouvelle dont M. Newton passe pour l'inventeur.

« Il faut chercher, dit Bacon, s'il n'y aurait point une espèce de force magnétique qui opère entre la terre et les choses pesantes, entre la lune et l'Océan, entre les planètes, etc. »

En un autre endroit, il dit : « Il faut ou que les corps graves soient portés vers le centre de la terre ou qu'ils en soient mutuellement attirés, et, en ce dernier cas, il est évident que plus les corps, en tombant, s'approcheront de la terre, plus fortement ils s'attireront. Il faut, poursuit-il, expérimenter si la même horloge à poids ira plus vite sur le haut d'une montagne ou au fond d'une mine. Si la force des poids diminue sur la montagne et augmente dans la mine, il y a apparence que la terre a une vraie attraction ». [14]

Ce précurseur de la philosophie a été aussi un écrivain élégant, un historien, un bel esprit.

Ses *Essais de morale* sont très estimés; mais ils sont faits pour instruire plutôt que pour plaire; et, n'étant ni la satire de la nature humaine, comme les *Maximes* de M. de la Rochefoucault, ni l'école du scepticisme, comme Montagne, ils sont moins lus que ces deux livres ingénieux.

Son *Histoire de Henri VII* a passé pour un chef-d'œuvre; mais je serais fort trompé si elle pouvait être comparée à l'ouvrage de notre illustre de Thou [15].

En parlant de ce fameux imposteur Parkins [16], Juif de naissance, qui [d] prit si hardiment le nom de Richard IV, roi d'Angleterre, encouragé par la duchesse de Bourgogne, et qui disputa la couronne à Henri VII, voici comme le chancelier Bacon s'exprime :

« Environ ce temps, le roi Henri fut obsédé d'esprits malins par la magie de la duchesse de Bourgogne, qui évoqua des enfers l'ombre d'Édouard IV pour venir tourmenter le roi Henri.

Quand la duchesse de Bourgogne eut instruit Parkins, elle commença à délibérer par quelle région du ciel elle ferait paraître cette comète, et elle résolut qu'elle éclaterait d'abord sur l'horizon de l'Irlande ».

Il me semble que notre sage de Thou ne donne guère dans ce phébus, qu'on prenait autrefois pour du sublime, mais qu'à présent on nomme, avec raison, galimatias.

## TREIZIÈME LETTRE

### Sur M. Locke

Jamais il ne fut peut-être un esprit plus sage, plus méthodique, un logicien plus exact que M. Locke; cependant il n'était pas grand mathématicien. Il n'avait jamais pu se soumettre à la fatigue des calculs ni à la sécheresse des vérités mathématiques, qui ne présente ᵃ d'abord rien de sensible à l'esprit; et personne n'a mieux prouvé que lui qu'on pouvait avoir l'esprit géomètre sans le secours de la géométrie. Avant lui, de grands philosophes avaient décidé positivement ce que c'est que l'âme de l'homme; mais puisqu'ils n'en savaient rien du tout, il est bien juste qu'ils aient tous été d'avis différents.

Dans la Grèce, berceau des arts et des erreurs, et où l'on poussa si loin la grandeur et la sottise de l'esprit humain, on raisonnait comme chez nous sur l'âme.

Le divin Anaxagoras [1], à qui on dressa un autel, pour avoir appris aux hommes que le soleil était plus grand que le Péloponèse, que la neige était noire et que les cieux étaient de pierre, affirma que l'âme était un esprit aérien, mais cependant immortel.

Diogène [2], un autre que celui qui devint cynique après avoir été faux monnayeur, assurait que l'âme était une portion de la substance même de Dieu; et cette idée au moins était brillante.

Épicure [3] la composait de parties comme le corps. Aristote, qu'on a expliqué de mille façons parce qu'il était inintel-

ligible, croyait, si l'on s'en rapporte à quelques-uns de ses
disciples, que l'entendement de tous les hommes était une
seule et même substance.

Le divin Platon, maître du divin Aristote, et le divin
Socrate, maître du divin Platon, disaient l'âme corporelle
et éternelle [4]. Le démon [5] de Socrate lui avait appris sans
doute ce qui en était. Il y a des gens, à la vérité, qui prétendent qu'un homme qui se vantait d'avoir un génie familier
était indubitablement un fou ou un fripon; mais ces gens-
là sont trop difficiles.

Quant à nos Pères de l'Église [6], plusieurs, dans les premiers siècles, ont cru l'âme humaine, les anges et Dieu
corporels.

Le monde se raffine toujours. Saint Bernard [7], selon
l'aveu du P. Mabillon, enseigna, à propos de l'âme, qu'après
la mort elle ne voyait point Dieu dans le ciel, mais qu'elle
conversait seulement avec l'humanité de Jésus-Christ. On
ne le crut pas cette fois sur sa parole : l'aventure de la
croisade avait un peu décrédité ses oracles. Mille scolastiques [8] sont venus ensuite, comme le Docteur irréfragable,
le Docteur subtil, le Docteur angélique, le Docteur séra-
phique, le Docteur chérubique, qui tous ont été bien sûrs
de connaître l'âme très clairement, mais qui n'ont pas laissé
d'en parler comme s'ils avaient voulu que personne n'y
entendît rien.

Notre Descartes [9], né pour découvrir les erreurs de
l'antiquité, mais pour y substituer les siennes, et entraîné par
cet esprit systématique qui aveugle les plus grands hommes,
s'imagina avoir démontré que l'âme était la même chose que
la pensée [10], comme la matière, selon lui, est la même chose
que l'étendue. Il assura que l'on pense toujours, et que
l'âme arrive dans le corps pourvue de toutes les notions
métaphysiques, connaissant Dieu, l'espace, l'infini, ayant
toutes les idées abstraites, remplie enfin de belles connaissances, qu'elle oublie malheureusement en sortant du
ventre de sa mère.

M. Malebranche [11], de l'Oratoire, dans ses illusions
sublimes, non seulement admit les idées innées, mais il ne

doutait pas que nous ne vissions tout en Dieu, et que Dieu, pour ainsi dire, ne fût notre âme.

Tant de raisonneurs ayant fait le roman [12] de l'âme, un sage est venu qui en a fait [b] modestement l'histoire. Locke a développé à l'homme la raison humaine, comme un excellent anatomiste explique les ressorts du corps humain. Il s'aide partout du flambeau de la physique, il ose quelquefois parler affirmativement, mais il ose aussi douter. Au lieu de définir tout d'un coup ce que nous ne connaissons pas, il examine par degrés ce que nous voulons connaître. Il prend un enfant au moment de sa naissance; il suit pas à pas les progrès de son entendement; il voit ce qu'il a de commun avec les bêtes et ce qu'il a au-dessus d'elles; il consulte surtout son propre témoignage, la conscience de sa pensée.

« Je laisse, dit-il, à discuter à ceux qui en savent plus que moi, si notre âme existe avant ou après l'organisation de notre corps; mais j'avoue qu'il m'est tombé en partage une de ces âmes grossières qui ne pensent pas toujours, et j'ai même le malheur de ne pas concevoir qu'il soit plus nécessaire à l'âme de penser toujours qu'au corps d'être toujours en mouvement [13] ».

Pour moi je me vante de l'honneur d'être en ce point aussi stupide que Locke. Personne ne me fera jamais croire que je pense toujours; et je ne me sens pas plus disposé que lui à imaginer que, quelques semaines après ma conception j'étais une fort savante âme, sachant alors mille choses que j'ai oubliées en naissant, et ayant fort inutilement possédé dans l'utérus des connaissances qui m'ont échappé dès que j'ai pu en avoir besoin, et que je n'ai jamais bien pu rapprendre depuis.

Locke, après avoir ruiné les idées innées[14], après avoir bien renoncé à la vanité de croire qu'on pense toujours [15], établit que toutes nos idées nous viennent par les sens [16], examine nos idées simples et celles qui sont composées [17], suit l'esprit de l'homme dans toutes ses opérations, fait voir combien les langues que les hommes parlent sont imparfaites, et quel abus nous faisons des termes à tous moments.

Il vient enfin à considérer l'étendue ou plutôt le néant des connaissances humaines. C'est dans ce chapitre qu'il ose avancer modestement ces paroles : « Nous ne serons jamais peut-être capables de connaître si un être purement matériel pense ou non » [18].

Ce discours sage parut à plus d'un théologien une déclaration scandaleuse que l'âme est matérielle et mortelle.

Quelques Anglais, dévots à leur manière, sonnèrent l'alarme. Les superstitieux sont dans la société ce que les poltrons sont dans une armée : ils ont et donnent des terreurs paniques. On cria que Locke voulait renverser la religion. Il ne s'agissait pourtant point de religion dans cette affaire; c'était une question purement philosophique, très indépendante de la foi et de la révélation [19]. Il ne fallait qu'examiner sans aigreur s'il y a de la contradiction à dire : *la matière peut penser*, et si Dieu peut communiquer la pensée à la matière. Mais les théologiens commencent trop souvent par dire que Dieu est outragé quand on n'est pas de leur avis. C'est trop ressembler aux mauvais poètes qui criaient que Despréaux parlait mal du roi, parce qu'il se moquait d'eux.

Le docteur Stillingfleet s'est fait une réputation de théologien modéré pour n'avoir pas dit positivement des injures à Locke. Il entra en lice contre lui, mais il fut battu, car il raisonnait en docteur, et Locke, en philosophe instruit de la force et de la faiblesse de l'esprit humain, et qui se battait avec des armes dont il connaissait la trempe.

Si j'osais parler après M. Locke sur un sujet si délicat [c], je dirais : « Les hommes disputent depuis longtemps sur la nature et sur l'immortalité de l'âme. A l'égard de son immortalité, il est impossible de la démontrer, puisqu'on dispute encore sur sa nature, et qu'assurément il faut connaître à fonds un être créé pour décider s'il est immortel ou non. La raison humaine est si peu capable de démontrer par elle-même l'immortalité de l'âme que la religion a été obligée de nous la révéler [20]. Le bien commun [21] de tous les hommes demande qu'on croie l'âme immortelle; la foi nous l'ordonne, il n'en faut pas davantage, et la chose est décidée.

Il n'en est pas de même de sa nature; il importe peu à la religion de quelle substance soit l'âme, pourvu qu'elle soit vertueuse. C'est une horloge qu'on nous a donnée à gouverner; mais l'ouvrier ne nous a pas dit de quoi le ressort de cette *d* horloge est composé.

Je suis corps et je pense : je n'en sais pas davantage. Irai-je attribuer à une cause inconnue ce que je puis si aisément attribuer à la seule cause seconde que je connais? Ici tous les philosophes de l'École [22] m'arrêtent en argumentant, et disent : « Il n'y a dans le corps que de l'étendue et de la solidité, et il ne peut avoir que du mouvement et de la figure. Or, du mouvement et de la figure, de l'étendue et de la solidité ne peuvent faire une pensée; donc l'âme ne peut pas être matière. » Tout ce grand raisonnement tant de fois répété se réduit uniquement à ceci : « Je ne connais point du tout la matière; j'en devine imparfaitement quelques propriétés; or je ne sais point du tout si ces propriétés peuvent être jointes à la pensée; donc, parce que je ne sais rien du tout, j'assure positivement que la matière ne saurait penser. » Voilà nettement la manière de raisonner de l'École. Locke dirait avec simplicité à ces messieurs : « Confessez du moins que vous êtes aussi ignorants que moi : votre imagination ni la mienne ne peuvent concevoir comment un corps a des idées. Et comprenez-vous mieux comment une substance, telle qu'elle soit, a des idées? Vous ne concevez ni la matière ni l'esprit : comment osez-vous assurer quelque chose? »

Le superstitieux vient à son tour, et dit qu'il faut brûler pour le bien de leurs âmes, ceux qui soupçonnent qu'on peut penser avec la seule aide du corps. Mais que diraient-ils si c'étaient eux-mêmes qui fussent coupables d'irréligion? En effet, quel est l'homme qui osera assurer, sans une impiété absurde, qu'il est impossible au Créateur [23] de donner à la matière la pensée et le sentiment? Voyez, je vous prie, à quel embarras vous êtes réduit, vous qui bornez ainsi la puissance du Créateur! Les bêtes ont les mêmes organes que nous, les mêmes sentiments, les mêmes perceptions; elles ont de la mémoire, elles combinent quelques idées [24]. Si Dieu n'a pas pu animer la matière et lui donner le sentiment, il faut de deux choses l'une, ou que les bêtes soient de pures machines, ou qu'elles aient une âme spirituelle.

Il me paraît presque démontré que les bêtes ne peuvent être de simples machines. Voici ma preuve. Dieu leur a fait précisément les mêmes organes du sentiment que les nôtres; donc, s'ils ne sentent point, Dieu a fait un ouvrage inutile. Or Dieu, de votre aveu même, ne fait rien en vain; donc il n'a point fabriqué tant d'organes de sentiment pour qu'il n'y eût point de sentiment; donc les bêtes ne sont point de pures machines.

Les bêtes, selon vous, ne peuvent pas avoir une âme spirituelle; donc malgré vous, il ne reste autre chose à dire, sinon que Dieu a donné aux organes des bêtes, qui sont matière, la faculté de sentir et d'apercevoir, laquelle vous appelez instinct dans elles.

Eh! qui peut empêcher Dieu de communiquer à nos organes plus déliés cette faculté de sentir, d'apercevoir et de penser, que nous appelons raison humaine? De quelque côté que vous vous tourniez, vous êtes obligés d'avouer votre ignorance et la puissance immense du Créateur. Ne vous révoltez donc plus contre la sage et modeste philosophie de Locke : loin d'être contraire à la religion, elle lui servirait de preuve, si la religion en avait besoin; car, quelle philosophie plus religieuse que celle qui, n'affirmant que ce qu'elle conçoit clairement, et [e] sachant avouer sa faiblesse, vous dit qu'il faut recourir à Dieu dès qu'on examine les premiers principes [25] ?

D'ailleurs, il ne faut jamais craindre qu'aucun sentiment philosophique puisse nuire à la religion d'un pays [26]. Nos mystères ont beau être contraires à nos démonstrations, ils n'en sont pas moins révérés par les philosophes chrétiens, qui savent que les objets de la raison et de la foi sont de différente nature [27]. Jamais les philosophes ne feront une secte de religion : pourquoi? c'est qu'ils n'écrivent point pour le peuple [28], et qu'ils sont sans enthousiasme [29].

Divisez le genre humain en vingt parts : il y en a dix-

neuf composées de ceux qui travaillent de leurs mains, et
qui ne sauront jamais s'il y a eu un Locke au monde; dans
la vingtième partie qui reste, combien trouve-t-on peu
d'hommes qui lisent! Et parmi ceux qui lisent, il y en a
vingt qui lisent des romans, contre un qui étudie la philosophie. Le nombre de ceux qui pensent est excessivement
petit, et ceux-là ne s'avisent pas de troubler le monde.

Ce n'est ni Montagne, ni Locke, ni Bayle [30], ni Spinosa [31],
ni Hobbes [32], ni milord Shaftesbury [33][*], ni M. Collins [34],
ni M. Toland [35], etc., qui ont porté le flambeau de la discorde dans leur patrie; ce sont, pour la plupart, des théologiens, qui, ayant eu d'abord l'ambition d'être chefs de secte,
ont eu bientôt celle d'être chefs de parti.[36] Que dis-je! tous
les livres des philosophes modernes mis ensemble ne feront
jamais dans le monde autant de bruit seulement qu'en a fait
autrefois la dispute des Cordeliers [37] sur la forme de leur
manche et de leur capuchon.


## QUATORZIÈME LETTRE

### Sur Descartes et Newton

Un Français qui arrive à Londrès trouve les choses bien
changées, en philosophie comme dans tout le reste. Il a
laissé le monde plein [1]; il le trouve vide. A Paris, on voit
l'univers composé de tourbillons de matière subtile [2]; à
Londres, on ne voit rien de cela. Chez nous [a], c'est la pression
de la lune qui cause le flux de la mer; chez les Anglais, c'est
la mer qui gravite vers la lune; de façon que, quand vous
croyez que la lune devrait nous donner marée haute, ces
messieurs croient qu'on doit avoir marée basse; ce qui
malheureusement ne peut se vérifier, car il aurait fallu, pour
s'en éclaircir, examiner la lune et les marées au premier
instant de la création.

Vous remarquerez encore que le soleil, qui, en France,
n'entre pour rien dans cette affaire, y contribue ici environ
pour son quart. Chez vos Cartésiens, tout se fait par une

impulsion qu'on ne comprend guère ; chez M. Newton, c'est par une attraction dont on ne connaît pas mieux la cause. A Paris, vous vous figurez la terre faite comme un melon ; à Londres, elle est aplatie des deux côtés. La lumière, pour un Cartésien, existe dans l'air ; pour un Newtonien, elle vient du soleil en six minutes et demie. Votre chimie fait toutes ses opérations avec des acides, des alcalis et de la matière subtile ; l'attraction domine jusque dans la chimie anglaise.

L'essence même des choses a totalement changé. Vous ne vous accordez ni sur la définition de l'âme ni sur celle de la matière. Descartes assure que l'âme est la même chose que la pensée [2], et Locke lui prouve assez bien le contraire [4].

Descartes assure encore que l'étendue seule fait la matière ; Newton y ajoute la solidité. Voilà de furieuses contrariétés.

*Non nostrum inter vos tantas componere lites* [5].

Ce fameux Newton, ce destructeur du système cartésien [6], mourut au mois de mars de l'an passé 1727. Il a vécu honoré de ses compatriotes, et a été enterré comme un roi qui aurait fait du bien à ses sujets [7].

On a lu ici avec avidité et l'on a traduit en anglais l'Éloge que M. de Fontenelle [8] a prononcé de M. Newton dans l'Académie des Sciences. On attendait, en Angleterre, le jugement de M. de Fontenelle comme une déclaration solennelle de la supériorité de la philosophie anglaise ; mais quand on a vu qu'il comparait Descartes à Newton, toute la Société royale de Londres s'est soulevée. Loin d'acquiescer au jugement, on a critiqué ce discours. Plusieurs même (et ceux-là ne sont pas les plus philosophes) ont été choqués de cette comparaison seulement parce que Descartes était Français.

Il faut avouer que ces deux grands hommes ont été bien différents l'un de l'autre dans leur conduite, dans leur fortune et dans leur philosophie.

Descartes était né avec une imagination vive et forte, qui en fit un homme singulier dans la vie privée comme dans sa manière de raisonner. Cette imagination ne put se cacher même dans ses ouvrages philosophiques, où l'on voit, à tout moment, des comparaisons ingénieuses et brillantes. La nature en avait presque fait un poète, et, en effet, il composa pour la reine de Suède un divertissement en vers que, pour l'honneur de sa mémoire, on n'a pas fait imprimer.

Il essaya quelque temps du métier de la guerre *, et, depuis, étant devenu tout à fait philosophe, il ne crut pas indigne de lui de faire l'amour. Il eut de sa maîtresse une fille nommée Francine, qui mourut jeune et dont il regretta beaucoup la perte. Ainsi il éprouva tout ce qui appartient à l'humanité.

Il crut longtemps qu'il était nécessaire de fuir les hommes, et surtout sa patrie [10], pour philosopher en liberté. Il avait raison; les hommes de son temps n'en savaient pas assez pour l'éclairer [b], et n'étaient guère capables que de lui nuire.

Il quitta la France parce qu'il cherchait la vérité, qui y était persécutée alors par la misérable philosophie de l'École; mais il ne trouva pas plus de raison dans les Universités de la Hollande [11], où il se retira. Car, dans le temps qu'on condamnait [12] en France les seules propositions de sa philosophie qui fussent vraies, il fut aussi persécuté par les prétendus philosophes de Hollande [c], qui ne l'entendaient pas mieux, et qui, voyant de plus près sa gloire, haïssaient davantage sa personne. Il fut obligé de sortir d'Utrecht; il essuya l'accusation d'athéisme, dernière ressource des calomniateurs; et lui, qui avait employé toute la sagacité de son esprit à chercher de nouvelles preuves de l'existence d'un Dieu [13], fut soupçonné de n'en point reconnaître.

Tant de persécutions supposaient un très grand mérite et une réputation éclatante : aussi avait-il l'un et l'autre. La raison perça même un peu dans le monde à travers les ténèbres de l'École et les préjugés de la superstition populaire. Son nom fit enfin tant de bruit, qu'on voulut l'attirer en France par des récompenses. On lui proposa une pension de mille écus; il vint sur cette espérance, paya les frais de la patente, qui se vendait alors, n'eut point la pension, et s'en retourna philosopher dans sa solitude de Nord-Hollande, dans le temps que le grand Galilée, à l'âge de quatre-vingt ans, gémissait dans les prisons de l'Inquisition, pour avoir démontré le mouvement de la terre[14]. Enfin il mourut à Stockholm d'une mort prématurée, et causée par un mauvais régime, au milieu de quelques savants, ses ennemis, et entre les mains d'un médecin qui le haïssait[15].

La carrière du chevalier Newton a été toute différente. Il a vécu quatre-vingt-cinq ans[16], toujours tranquille, heureux et honoré dans sa patrie.

Son grand bonheur a été non seulement d'être né dans un pays libre, mais dans un temps où, les impertinences scolastiques étant bannies, la raison seule était cultivée ; et le monde ne pouvait être que son écolier, et non son ennemi.

Une opposition singulière dans laquelle il se trouve avec Descartes, c'est que, dans le cours d'une si longue vie, il n'a eu ni passion ni faiblesse. Il n'a jamais approché d'aucune femme : c'est ce qui m'a été confirmé par le médecin et le chirurgien, entre les bras de qui il est mort  On peut admirer en cela Newton, mais il ne faut pas blâmer Descartes.

L'opinion publique, en Angleterre, sur ces deux philosophes, est que le premier était un rêveur, et que l'autre était un sage.

Très peu de personnes, à Londres, lisent Descartes, dont effectivement les ouvrages sont devenus inutiles ; très peu lisent aussi Newton, parce qu'il faut être fort savant pour le comprendre. Cependant, tout le monde parle d'eux ; on n'accorde rien au Français et on donne tout à l'Anglais. Quelques gens croient que, si on ne s'en tient plus à l'horreur du vide, si on sait que l'air est pesant, si on se sert de lunettes d'approche, on en a l'obligation à Newton. Il est ici l'Hercule de la fable, à qui les ignorants attribuaient tous les faits des autres héros.

Dans une critique qu'on a faite à Londres du discours de M. de Fontenelle, on a osé avancer que Descartes n'était pas un grand géomètre. Ceux qui parlent ainsi peuvent se reprocher de battre leur nourrice ; Descartes a fait un aussi grand chemin, du point où il a trouvé la géométrie jusqu'au point où il l'a poussée, que Newton en a fait après lui. Il est le premier qui ait trouvé la manière de donner les équations algébriques des courbes. Sa géométrie, grâce à lui devenue aujourd'hui commune, était de son temps si profonde qu'aucun professeur n'osa entreprendre de l'expliquer, et qu'il n'y avait en Hollande que Schooten et, en France que Fermat qui l'entendissent.

Il porta cet esprit de géométrie et d'invention dans la dioptrique, qui devint, entre ses mains, un art tout nouveau. Et s'il s'y trompa en quelque chose, c'est qu'un homme qui découvre de nouvelles terres ne peut tout d'un coup en connaître toutes les propriétés. Ceux qui viennent après lui et qui rendent ces terres fertiles lui ont au moins l'obligation de la découverte. Je ne nierai pas que tous les autres ouvrages de M. Descartes fourmillent d'erreurs.

La géométrie était un guide que lui-même avait en quelque façon formé, et qui l'aurait conduit sûrement dans sa physique ; cependant il abandonna, à la fin, ce guide, et se livra à l'esprit de système. Alors sa philosophie ne fut plus qu'un roman ingénieux, et tout au plus vraisemblable pour les ignorants [17]. Il se trompa sur la nature de l'âme, sur les preuves de l'existence de Dieu, sur la matière, sur les lois du mouvement, sur la nature de la lumière. Il admit des idées innées, il inventa de nouveaux éléments, il créa un monde, il fit l'homme à sa mode; et on dit avec raison, que l'homme de Descartes n'est, en effet, que celui de Descartes, fort éloigné de l'homme véritable.

Il poussa ses erreurs métaphysiques jusqu'à prétendre que deux et deux ne font quatre que parce que Dieu l'a voulu ainsi [18]. Mais ce n'est point trop dire qu'il était estimable même dans ses égarements. Il se trompa, mais ce fut au moins avec méthode et avec un esprit conséquent; il détruisit les chimères absurdes dont on infatuait la jeunesse depuis deux mille ans; il apprit aux hommes de son temps à raisonner et à se servir contre lui-même de ses armes. S'il n'a pas payé en bonne monnaie, c'est beaucoup d'avoir décrié la fausse.

Je ne crois pas qu'on ose, à la vérité, comparer en rien sa philosophie avec celle de Newton : la première est un essai, la seconde est un chef-d'œuvre. Mais celui qui nous a mis sur la voie de la vérité vaut peut-être celui qui a été depuis au bout de cette carrière.

Descartes donna la vue aux aveugles; ils virent les fautes de l'antiquité et les siennes. La route qu'il ouvrit est, depuis lui, devenue immense. Le petit livre de Rohaut [19] a fait pendant quelque temps une physique complète; aujourd'hui, tous les recueils des Académies de l'Europe ne font pas même un commencement de système. En approfondissant cet abîme, il s'est trouvé infini. Il s'agit maintenant de voir ce que M. Newton a creusé dans ce précipice.

# QUINZIÈME LETTRE [1]

## *Sur le système de l'attraction*

Les découvertes du chevalier Newton, qui lui ont fait une réputation si universelle, regardent le système du monde, la lumière, l'infini en géométrie, et enfin la chronologie, à laquelle il s'est amusé pour se délasser.

Je vais vous dire (si je puis, sans verbiage) le peu que j'ai pu attraper de toutes ces sublimes idées.

A l'égard du système de notre monde, on disputait depuis longtemps sur la cause qui fait tourner et qui retient dans leurs orbites toutes les planètes, et sur celle qui fait descendre ici-bas tous les corps vers la surface de la terre.

Le système de Descartes, expliqué et fort changé depuis lui, semblait rendre une raison plausible de ces phénomènes, et cette raison paraissait d'autant plus vraie qu'elle est simple et intelligible à tout le monde [a]. Mais, en philosophie, il faut se défier de ce qu'on croit entendre trop aisément, aussi bien que des choses qu'on n'entend pas.

La pesanteur, la chute accélérée des corps tombant sur la terre, la révolution des planètes dans leurs orbites, leurs rotations autour de leur axe, tout cela n'est que du mouvement. Or, le mouvement ne peut être conçu que par impulsion. Donc tous ces corps sont poussés. Mais par quoi le sont-ils? Tout l'espace est plein; donc il est rempli d'une matière très subtile, puisque nous ne l'apercevons pas; donc cette matière va d'occident en orient, puisque c'est d'occident en orient que toutes les planètes sont entraînées. Aussi, de supposition en supposition et de vraisemblance en vraisemblance, on a imaginé un vaste tourbillon de matière subtile, dans lequel les planètes sont entraînées autour du soleil; on crée encore un autre tourbillon particulier, qui nage dans le grand, et qui tourne journellement autour de la planète. Quand tout cela est fait, on prétend que la pesanteur dépend de ce mouvement journalier, car, dit-on, la matière subtile qui tourne autour de notre petit tourbillon doit aller dix-sept fois plus vite que la terre; or, si elle va dix-sept fois plus vite que la terre, elle doit avoir incomparablement plus de force centrifuge, et repousser par conséquent tous les corps vers la terre. Voilà la cause de la pesanteur, dans le système cartésien.

Mais, avant que de calculer la force centrifuge et la vitesse de cette matière subtile, il fallait s'assurer qu'elle existât, et, supposé qu'elle existe, il est encore démontré faux qu'elle puisse être la cause de la pesanteur.

M. Newton semble anéantir sans ressource tous ces tourbillons, grands et petits, et celui qui emporte les planètes autour du soleil, et celui qui fait tourner chaque planète sur elle-même.

Premièrement, à l'égard du prétendu petit tourbillon de la terre, il est prouvé qu'il doit perdre petit à petit son mouvement; il est prouvé que, si la terre nage dans un fluide, ce fluide doit être de la même densité que la terre, et, si ce fluide est de la même densité, tous les corps que nous remuons doivent éprouver une résistance extrême, c'est-à-dire qu'il faudrait un levier de la longueur de la terre pour soulever le poids d'une livre.

2° A l'égard des grands tourbillons, ils sont encore plus chimériques. Il est impossible de les accorder avec les règles de Képler[2], dont la vérité est démontrée. M. Newton fait voir que la révolution du fluide dans lequel Jupiter est supposé entraîné, n'est pas avec la révolution du fluide de la terre comme la révolution de Jupiter est avec celle de la terre [3].

Il prouve que, toutes les planètes faisant leurs révolutions dans des ellipses, et par conséquent étant bien plus éloignées les unes des autres dans leurs *aphélies* et bien plus proches dans leurs *périhélies* [b], la terre, par exemple, devrait aller plus vite quand elle est plus près de Vénus et de Mars, puisque le fluide qui l'emporte, étant alors plus pressé, doit avoir plus de mouvement; et cependant c'est alors même que le mouvement de la terre est plus ralenti [4].

Il prouve qu'il n'y a point de matière céleste qui aille d'occident en orient, puisque les comètes traversent ces espaces tantôt de l'orient à l'occident, tantôt du septentrion au midi.

Enfin, pour mieux trancher encore, s'il est possible, toute difficulté, il prouve ou du moins rend fort probable, et même par des expériences, que le plein est impossible, et il nous ramène le vide, qu'Aristote et Descartes avaient banni du monde.

Ayant, par toutes ces raisons et par beaucoup d'autres encore, renversé les tourbillons du Cartésianisme, il désespérait de pouvoir connaître jamais s'il y a un principe secret dans la nature, qui cause à la fois le mouvement de tous les corps célestes et qui fait la pesanteur sur la terre. S'étant retiré, en 1666, à la [c] campagne, près de Cambridge [5], un jour qu'il se promenait dans son jardin et qu'il voyait des fruits tomber d'un arbre, il se laissa aller à une méditation profonde sur cette pesanteur, dont tous les philosophes ont cherché si longtemps la cause en vain, et dans laquelle le vulgaire ne soupçonne pas même de mystère. Il se dit à lui-même : « De quelque hauteur dans notre hémisphère que tombassent ces corps, leur chute serait certainement dans la progression découverte par Galilée [6]; et les espaces parcourus par eux seraient comme les carrés des temps. Ce pouvoir qui fait descendre les corps graves est le même, sans aucune diminution sensible, à quelque profondeur qu'on soit dans la terre et sur la plus haute montagne. Pourquoi ce pouvoir ne s'étendrait-il pas jusqu'à la lune? Et, s'il est vrai qu'il pénètre jusque-là, n'y a-t-il pas grande apparence que ce pouvoir la retient dans son orbite et détermine son mouvement? Mais, si la lune obéit à ce principe, quel qu'il soit, n'est-il pas encore très raisonnable de croire que les autres planètes y sont également soumises [7]?

« Si ce pouvoir existe, il doit (ce qui est prouvé d'ailleurs) augmenter en raison renversée des carrés des distances [8]. Il n'y a donc plus qu'à examiner le chemin que ferait un corps grave en tombant sur la terre d'une hauteur médiocre, et le chemin que ferait dans le même temps un corps qui tomberait de l'orbite de la lune. Pour en être instruit, il ne s'agit plus que d'avoir la mesure de la terre et la distance de la lune à la terre. »

Voilà comment M. Newton raisonna. Mais on n'avait alors en Angleterre que de très fausses mesures de notre globe; on s'en rapportait à l'estime incertaine des pilotes, qui comptaient soixante milles [d] d'Angleterre pour un degré, au lieu qu'il en fallait compter près de soixante et dix. Ce faux calcul ne s'accordant pas avec les conclusions que M. Newton voulait tirer, il les abandonna. Un philosophe médiocre et qui n'aurait eu que de la vanité, eût fait cadrer comme il eût pu la mesure de la terre avec son système. M. Newton aima mieux abandonner alors son projet [9]. Mais, depuis que M. Picart [10] eut mesuré la terre exactement, en traçant cette méridienne qui fait tant d'honneur à la France, M. Newton reprit ses premières idées, et il trouva son compte avec le calcul de M. Picart. C'est une chose qui me paraît toujours admirable, qu'on ait découvert de si sublimes vérités avec l'aide d'un quart de cercle et d'un peu d'arithmétique.

La circonférence de la terre est de cent vingt-trois millions deux cents quarante-neuf mille six cent pieds de Paris. De cela seul peut suivre tout le système de l'attraction.

On connaît la circonférence de la terre, on connaît celle de l'orbite de la lune, et le diamètre de cet orbite. La révolution de la lune dans cet orbite se fait en vingt-sept jours, sept heures, quarante-trois minutes. Donc il est démontré que la lune, dans son mouvement moyen, parcourt cent quatre-vingt-sept mille neuf cent soixante pieds de Paris par minute; et, par un théorème connu, il est démontré que la force centrale qui ferait tomber un corps de la hauteur de la lune, ne le ferait tomber que de quinze pieds de Paris dans la première minute.

Maintenant, si la règle par laquelle les corps pèsent, gravitent, s'attirent en raison inverse des carrés des distances est vraie, si c'est le même pouvoir qui agit suivant cette règle dans toute la nature, il est évident que, la terre étant éloignée de la lune de soixante demi-diamètres, un corps grave doit tomber sur la terre de quinze pieds dans la première seconde, et de cinquante-quatre mille pieds dans la première minute [11].

Or est-il qu'un corps grave tombe, en effet, de quinze pieds dans la première seconde, et parcourt dans la première minute cinquante-quatre mille pieds, lequel nombre est le carré de soixante multiplié par quinze; donc les corps pèsent en raison inverse des carrés des distances; donc le même pouvoir fait la pesanteur sur la terre et retient la lune dans son orbite.

Étant donc démontré que la lune pèse sur la terre, qui est le centre de son mouvement particulier, il est démontré que la terre et la lune pèsent sur le soleil, qui est le centre de leur mouvement annuel.

Les autres planètes doivent être soumises à cette loi générale, et, si cette loi existe, ces planètes doivent suivre les règles trouvées par Képler. Toutes ces règles, tous ces rapports sont en effet gardés par les planètes avec la dernière exactitude. Donc le pouvoir de la gravitation fait peser toutes les planètes vers le soleil, de même que notre globe. Enfin, la réaction de tout corps étant proportionnelle [e] à l'action [12], il demeure certain que la terre pèse à son tour sur la lune, et que le soleil pèse sur l'une et sur l'autre, que chacun des satellites de Saturne pèse sur les quatre, et les quatre sur lui, tous cinq sur Saturne, Saturne sur tous; qu'il en est ainsi de Jupiter, et que tous ces globes sont attirés par le soleil, réciproquement attiré par eux.

Ce pouvoir de gravitation agit à proportion de la matière que renferment les corps [13]; c'est une vérité que M. Newton a démontrée par des expériences. Cette nouvelle découverte a servi à faire voir que le soleil, centre de toutes les planètes, les attire toutes en raison directe de leurs masses, combinées avec leur éloignement. De là, s'élevant par degrés jusqu'à des connaissances qui semblaient n'être pas faites pour l'esprit humain, il ose calculer combien de matière contient le soleil, et combien il s'en trouve dans chaque planète ; et ainsi il fait voir que, par les simples lois de la mécanique, chaque globe céleste doit être nécessairement à la place où il est. Son seul principe des lois de la gravitation rend raison de toutes les inégalités apparentes dans le cours des globes célestes. Les variations de la lune deviennent une suite nécessaire de ces lois. De plus, on voit évidemment pourquoi les nœuds de la lune font leurs révolutions en dix-neuf ans, et ceux de la terre dans l'espace d'environ vingt-six mille années. Le flux et le reflux de la mer est encore un effet très simple de cette attraction. La proximité de la lune dans son plein et quand elle est nouvelle, et son éloignement dans ses quartiers, combinés avec l'action du soleil, rendent une raison sensible de l'élévation et de l'abaissement de l'Océan [14].

Après avoir rendu compte, par sa sublime théorie, du cours et des inégalités des planètes, il assujettit les comètes [15] au frein de la même loi. Ces feux si longtemps inconnus, qui étaient la terreur du monde et l'écueil de la Philosophie, placés par Aristote au-dessous de la lune [16], et renvoyés par Descartes au-dessus de Saturne [17], sont mis enfin à leur véritable place par Newton.

Il prouve que ce sont des corps solides, qui se meuvent dans la sphère de l'action du soleil, et décrivent une ellipse si excentrique et si approchante de la parabole que certaines comètes doivent mettre plus de cinq cent ans dans leur révolution.

M. Halley croit que la comète de 1680 est la même qui parut du temps de Jules César [18]. Celle-là surtout sert plus qu'une autre à faire voir que les comètes sont des corps durs

et opaques; car elle descendit si près du soleil qu'elle n'en
était éloignée que d'une sixième partie de son disque; elle
dut, par conséquent, acquérir un degré de chaleur deux mille
fois plus violent que celui du fer le plus enflammé. Elle
aurait été dissoute et consommée en peu de temps, si elle
n'avait pas été un corps opaque. La mode commençait alors
de deviner le cours des comètes. Le célèbre mathématicien
Jacques Bernoulli [19] conclut, par son système, que cette
fameuse comète de 1680 reparaîtrait le 17 mai 1719. Aucun
astronome de l'Europe ne se coucha cette nuit du 17 mai,
mais la fameuse comète ne parut point.   Il y a au moins
plus d'adresse, s'il n'y a pas plus de sûreté, à lui donner
cinq cent soixante et quinze ans pour revenir [20]. Un géomètre
anglais, nommé Wilston [e], non moins chimérique que géomètre, a sérieusement affirmé que, du temps du déluge, il y
avait eu une comète qui avait inondé notre globe, et il a eu
l'injustice de s'étonner qu'on se soit moqué de lui [21].
L'antiquité pensait à peu près dans le goût de Wilston [f];
elle croyait que les comètes étaient toujours les avant-
courrières de quelque grand malheur sur la terre.
Newton, au contraire, soupçonne qu'elles sont très
bienfaisantes, et que les fumées qui en sortent ne servent
qu'à secourir et vivifier les planètes qui s'imbibent, dans
leur cours, de toutes ces particules que le soleil a détachées
des comètes. Ce sentiment est du moins plus probable que
l'autre.

Ce n'est pas tout. Si cette force de gravitation, d'attraction, agit dans tous les globes célestes, elle agit sans doute
sur toutes les parties de ces globes [22]; car, si les corps
s'attirent en raison de leurs masses, ce ne peut être qu'en
raison de la quantité de leurs parties; et si ce pouvoir est
logé dans le tout, il l'est sans doute dans la moitié, il l'est
dans le quart, dans la huitième partie, ainsi jusqu'à l'infini.
De plus, si ce pouvoir n'était pas également dans chaque
partie, il y aurait toujours quelques côtés du globe qui
graviteraient plus que les autres, ce qui n'arrive pas. Donc
ce pouvoir existe réellement dans toute la matière, et dans
les plus petites particules de la matière.

Ainsi, voilà l'attraction qui est le grand ressort qui fait mouvoir toute la nature[23].

Newton avait bien prévu, après avoir démontré l'existence de ce principe, qu'on se révolterait contre ce seul nom. Dans plus d'un endroit de son livre il précautionne son lecteur contre l'attraction même, il l'avertit de ne la[g] pas confondre avec les qualités occultes des anciens, et de se contenter de connaître qu'il y a dans tous les corps une force centrale qui agit d'un bout de l'univers à l'autre sur les corps les plus proches et sur les plus éloignés, suivant les lois immuables de la mécanique.

Il est étonnant qu'après les protestations solennelles de ce grand philosophe, M. Sorin[24] et M. de Fontenelles, qui eux-mêmes méritent ce nom, lui aient reproché nettement les chimères du péripatétisme[25] : M. Sorin, dans les Mémoires de l'Académie de 1709, et M. de Fontenelle, dans l'Éloge même de M. Newton.

Presque tous les Français, savants et autres, ont répété ce reproche. On entend dire partout : « Pourquoi Newton ne s'est-il pas servi du mot d'impulsion, que l'on comprend si bien, plutôt que du terme d'attraction, que l'on ne comprend pas ? »

Newton aurait pu répondre à ces critiques : « Premièrement, vous n'entendez pas plus le mot d'impulsion que celui d'attraction, et, si vous ne concevez pas pourquoi un corps tend vers le centre d'un autre corps, vous n'imaginez pas plus par quelle vertu un corps en peut pousser un autre.

« Secondement, je n'ai pas pu admettre l'impulsion ; car il faudrait, pour cela, que j'eusse connu qu'une matière céleste pousse, en effet, les planètes ; or, non seulement je ne connais point cette matière, mais j'ai prouvé qu'elle n'existe pas[26].

« Troisièmement, je ne me sers du mot d'attraction que pour exprimer un effet que j'ai découvert dans la nature, effet certain et indisputable d'un principe inconnu, qualité inhérente dans la matière, dont de plus habiles que moi trouveront, s'ils peuvent, la cause[27].

— Que nous [a] avez-vous donc appris, insiste-t-on encore, et pourquoi tant de calculs pour nous dire ce que vous-même ne comprenez pas?

— Je vous ai appris, pourrait continuer Newton, que la mécanique des forces centrales fait peser tous les corps à proportion de leur matière, que ces forces centrales font seules mouvoir les planètes et les comètes dans des proportions marquées. Je vous démontre qu'il est impossible qu'il y ait une autre cause de la pesanteur et du mouvement de tous les corps célestes; car, les corps graves tombant sur la terre selon la proportion démontrée des forces centrales, et les planètes achevant leurs cours suivant ces mêmes proportions, s'il y avait encore un autre pouvoir qui agît sur tous ces corps, il augmenterait leurs vitesses ou changerait leurs directions. Or, jamais aucun de ces corps n'a un seul degré de mouvement, de vitesse, de détermination qui ne soit démontré être l'effet des forces centrales. Donc il est impossible qu'il y ait un autre principe. »

Qu'il me soit permis de faire encore parler un moment Newton. Ne sera-t-il pas bien reçu à dire : « Je suis dans un cas bien différent des anciens. Ils voyaient, par exemple, l'eau monter dans les pompes, et ils disaient : « L'eau monte « parce qu'elle a horreur du vide. » Mais moi je suis dans le cas de celui qui aurait remarqué le premier que l'eau monte dans les pompes, et qui laisserait à d'autres le soin d'expliquer la cause de cet effet [28]. L'anatomiste qui a dit le premier que le bras se remue parce que les muscles se contractent, enseigna aux hommes une vérité incontestable; lui en aura-t-on moins d'obligation parce qu'il n'a pas su pourquoi les muscles se contractent? La cause du ressort de l'air est inconnue, mais celui qui a découvert ce ressort [29] a rendu un grand service à la physique. Le ressort que j'ai découvert était plus caché, plus universel; ainsi, on doit m'en savoir plus de gré. J'ai découvert une nouvelle propriété de la matière [30], un des secrets du Créateur; j'en ai calculé, j'en ai démontré les effets; peut-on me chicaner sur le nom que je lui donne?

« Ce sont les tourbillons qu'on peut appeler une qualité

occulte, puisqu'on n'a jamais prouvé leur existence. L'attraction, au contraire, est une chose réelle, puisqu'on en démontre les effets, et qu'on en calcule les proportions. La cause de cette cause est dans le sein de Dieu. *Procedes huc, et non ibis amplius* [81].»

## SEIZIÈME LETTRE [1]

### *Sur l'optique de M. Newton*

Un nouvel univers a été découvert par les philosophes du dernier siècle, et ce monde nouveau était d'autant plus difficile à connaître qu'on ne se doutait pas même qu'il existât. Il semblait aux plus sages que c'était une témérité d'oser seulement songer qu'on pût deviner par quelles lois les corps célestes se meuvent, et comment la lumière agit.

Galilée, par ses découvertes astronomiques, Képler, par ses calculs, Descartes, au moins dans sa Dioptrique, et Newton, dans tous ses ouvrages, ont vu la mécanique des ressorts du monde. Dans la géométrie, on a assujetti l'infini au calcul. La circulation du sang [2] dans les animaux et de la sève dans les végétables a changé pour nous la nature. Une nouvelle manière d'exister a été donnée aux corps dans la machine pneumatique. Les objets se sont rapprochés de nos yeux à l'aide des télescopes. Enfin, ce que Newton a découvert sur la lumière est digne de tout ce que la curiosité des hommes pouvait attendre de plus hardi après tant de nouveautés.

Jusqu'à Antonio de Dominis [3], l'arc-en-ciel avait paru un miracle inexplicable; ce philosophe devina que c'était un effet nécessaire de la pluie et du soleil. Descartes rendit son nom immortel par l'explication mathématique de ce phénomène si naturel; il calcula les réflexions et les réfractions de la lumière dans les gouttes de pluie, et cette sagacité eut alors quelque chose de divin.

Mais qu'aurait-il dit si on lui avait fait connaître qu'il se trompait sur la nature de la lumière; qu'il n'avait aucune raison d'assurer que c'était un corps globuleux; qu'il est faux que cette matière, s'étendant par tout l'univers, n'attende, pour être mise en action, que d'être poussée par le soleil, ainsi qu'un long bâton qui agit à un bout quand il est pressé par l'autre; qu'il est très vrai qu'elle est dardée par le soleil, et qu'enfin la lumière est transmise du soleil à la terre en près de sept minutes, quoiqu'un boulet de canon, conservant toujours sa vitesse, ne puisse faire ce chemin qu'en vingt-cinq années?

Quel eût été son étonnement si on lui avait dit : « Il est faux que la lumière se réfléchisse directement en rebondissant sur les parties solides du corps; il est faux que les corps soient transparents quand ils ont des pores larges; et il viendra un homme qui démontrera ces paradoxes, et qui anatomisera un seul rayon de lumière avec plus de dextérité que le plus habile artiste ne dissèque le corps humain ! »

Cet homme est venu. Newton, avec le seul secours du prisme [4], a démontré aux yeux que la lumière est un amas de rayons colorés qui, tous ensemble, donnent la couleur blanche. Un seul rayon est divisé par lui en sept rayons, qui viennent tous se placer sur un linge ou sur un papier blanc dans leur ordre, l'un au-dessus de l'autre et à d'inégales distances. Le premier est couleur de feu; le second, citron [5]; le troisième, jaune; le quatrième, vert; le cinquième, bleu; le sixième, indigo; le septième, violet. Chacun de ces rayons, tamisé ensuite par cent autres prismes, ne changera jamais la couleur qu'il porte, de même qu'un or épuré ne change plus dans les creusets. Et, pour surabondance de preuve que chacun de ces [a] rayons élémentaires porte en soi ce qui fait sa couleur à nos yeux, prenez un petit morceau de bois jaune, par exemple, et exposez-le au rayon couleur de feu : ce bois se teint à l'instant en couleur de feu; exposez-le au rayon vert : il prend la couleur verte; et ainsi du reste.

Quelle est donc la cause des couleurs dans la nature? Rien autre chose que la disposition des corps à réfléchir les rayons d'un certain ordre et à absorber tous les autres. Quelle est cette secrète disposition? Il démontre que c'est uniquement l'épaisseur des petites parties constituantes dont un corps est composé. Et comment se fait cette réflexion? On pensait que c'était parce que les rayons rebondissaient, comme une balle, sur la surface d'un corps solide⁶. Point du tout. Newton enseigne aux philosophes étonnés que les corps ne sont opaques que parce que leurs pores sont larges, que la lumière se réfléchit à nos yeux du sein de ces pores mêmes, que, plus les pores d'un corps sont petits, plus le corps est transparent⁷: ainsi le papier, qui réfléchit la lumière quand il est sec, la transmet quand il est huilé, parce que l'huile, remplissant ses pores, les rend beaucoup plus petits.

C'est là qu'examinant l'extrême porosité des corps, chaque partie ayant ses pores, et chaque partie de ses parties ayant les siens, il fait voir qu'on n'est point assuré qu'il y ait un pouce cubique de matière solide dans l'univers⁸ : tant notre esprit est éloigné de concevoir ce que c'est que la matière!

Ayant ainsi décomposé la lumière, et ayant porté la sagacité de ses découvertes jusqu'à démontrer le moyen de connaître la couleur composée par les couleurs primitives, il fait voir que ces rayons élémentaires, séparés par le moyen du prisme, ne sont arrangés dans leur ordre que parce qu'elles sont réfractées ᵇ en cet ordre même⁹. Et c'est cette propriété, inconnue jusqu'à lui, de se rompre dans cette proportion, c'est cette réfraction inégale des rayons, ce pouvoir de réfracter le rouge moins que la couleur orangée, etc., qu'il nomme réfrangibilité¹⁰.

Les rayons les plus réflexibles sont les plus réfrangibles; de là il fait voir que le même pouvoir cause la réflexion et la réfraction de la lumière.

Tant de merveilles ne sont que le commencement de ses découvertes. Il a trouvé le secret de voir les vibrations et les secousses de la lumière, qui vont et viennent sans fin, et qui transmettent la lumière ou la réfléchissent selon l'épaisseur des parties qu'elles rencontrent. Il a osé calculer l'épaisseur des particules d'air nécessaire entre deux verres posés l'un sur l'autre, l'un plat, l'autre convexe d'un côté, pour opérer telle transmission ou réflexion, et pour faire telle ou telle couleur.

De toutes ces combinaisons il trouve en quelle proportion la lumière agit sur les corps et les corps agissent sur elle.

Il a si bien vu la lumière qu'il a déterminé à quel point l'art de l'augmenter et d'aider nos yeux par des télescopes doit se borner [c].

Descartes, par une noble confiance bien pardonnable à l'ardeur que lui donnaient les commencements d'un art presque découvert par lui, Descartes [11] espérait voir dans les astres, avec des lunettes d'approche, des objets aussi petits que ceux qu'on discerne sur la terre.

Newton a montré qu'on ne peut plus perfectionner les lunettes, à cause de cette réfraction et de cette réfrangibilité même qui, en nous rapprochant les objets, écartent trop les rayons élémentaires; il a calculé, dans ces verres, la proportion de l'écartement des rayons rouges et des rayons bleus; et, portant la démonstration dans des choses dont on ne soupçonnait pas même l'existence, il examine les inégalités que produit la figure du verre, et celle que fait la réfrangibilité. Il trouve que, le verre objectif de la lunette étant convexe d'un côté et plat de l'autre, si le côté plat est tourné vers l'objet, le défaut qui vient de la construction et de la position du verre est cinq mille fois moindre que le défaut qui vient par la réfrangibilité; et qu'ainsi ce n'est pas la figure des verres qui fait qu'on ne peut perfectionner les lunettes d'approche, mais qu'il faut s'en prendre à la nature [d] même de la lumière.

Voilà pourquoi il inventa un télescope [12] qui montre les objets par réflexion, et non point par réfraction. Cette nouvelle sort de lunette est très difficile à faire, et n'est pas d'un usage bien aisé; mais on dit, en Angleterre, qu'un télescope de réflexion de cinq pieds fait le même effet qu'une lunette d'approche de cent pieds.

## DIX-SEPTIÈME LETTRE

*Sur l'infini et sur la chronologie* [1]

Le labyrinthe et l'abîme de l'infini est aussi une carrière nouvelle parcourue par Newton, et on tient de lui le fil avec lequel on s'y peut conduire.

Descartes se trouve encore son précurseur dans cette étonnante nouveauté; il allait à grands pas dans sa géométrie jusque vers l'infini, mais il s'arrêta sur le bord. M. Wallis [2], vers le milieu du dernier siècle, fut le premier qui réduisit une fraction, par une division perpétuelle, à une suite infinie.

Milord Brouncker [3] se servit de cette suite pour carrer l'hyperbole.

Mercator [4] publia une démonstration de cette quadrature. Ce fut à peu près dans ce temps que Newton, à l'âge de vingt-trois ans, avait inventé une méthode générale pour faire sur toutes les courbes ce qu'on venait d'essayer sur l'hyperbole.

C'est cette méthode de soumettre par tout l'infini au calcul algébrique, que l'on appelle calcul différentiel ou des fluxions et calcul intégral. C'est l'art de nombrer et de mesurer avec exactitude ce dont on ne peut pas même concevoir l'existence.

En effet, ne croiriez-vous pas qu'on veut se moquer de vous, quand on vous dit qu'il y a des lignes infiniment grandes qui forment un angle infiniment petit?

Qu'une droite qui est droite tant qu'elle est finie, changeant infiniment peu [a] de direction, devient courbe infinie; qu'une courbe peut devenir infiniment moins courbe?

Qu'il y a des carrés d'infini, des cubes d'infini, et des infinis d'infini, dont le pénultième n'est rien par rapport au dernier?

Tout cela, qui paraît d'abord l'excès de la déraison, est, en effet, l'effort de la finesse et de l'étendue de l'esprit humain, et la méthode de trouver des vérités qui étaient jusqu'alors inconnues.

Cet édifice si hardi est même fondé sur des idées simples. Il s'agit de mesurer la diagonale d'un carré, d'avoir l'aire d'une courbe, de trouver une racine carrée à un nombre qui n'en a point dans l'arithmétique ordinaire.

Et, après tout, tant d'ordres d'infinis ne doivent pas plus révolter l'imagination que cette proposition si connue, qu'entre un cercle et une tangente on peut toujours faire passer des courbes; ou cette autre, que la matière est toujours divisible. Ces deux vérités sont depuis longtemps démontrées, et ne sont pas plus compréhensibles que le reste.

On a disputé longtemps à Newton l'invention de ce fameux calcul. M. Leibnitz a passé en Allemagne pour l'inventeur des différences que Newton appelle fluxions, et Bernoulli [5] a revendiqué le calcul intégral; mais l'honneur de la première découverte a demeuré à Newton, et il est resté aux autres la gloire d'avoir pu faire douter entre eux et lui.

C'est ainsi que l'on contesta à Hervey la découverte de la circulation du sang; à M. Perrault, celle de la circulation de la sève. Hartsœker et Leuvenhœck [b] se sont contestés l'honneur d'avoir vu le premier les petits vermisseaux dont nous sommes faits. Ce même Hartsoeker a disputé à M. Huyghens [6] l'invention d'une nouvelle manière de calculer l'éloignement d'une étoile fixe. On ne sait encore quel philosophe trouva le problème de la roulette.

Quoi qu'il en soit, c'est par cette géométrie de l'infini que Newton est parvenu aux plus sublimes connaissances.

Il me reste à vous parler d'un autre ouvrage plus à la portée du genre humain, mais qui se sent toujours de cet esprit créateur que Newton portait dans toutes ses recherches. C'est une chronologie [7] toute nouvelle; car, dans tout ce qu'il entreprenait, il fallait qu'il changeât les idées reçues par les autres hommes.

Accoutumé à débrouiller des chaos, il a voulu porter au moins quelque lumière dans celui de ces fables anciennes confondues avec l'histoire, et fixer une chronologie incertaine. Il est vrai qu'il n'y a point de famille, de ville, de nation qui ne cherche à reculer son origine. De plus, les premiers historiens sont les plus négligents à marquer les dates. Les livres étaient moins communs mille fois qu'aujourd'hui; par conséquent, étant moins exposés à la critique, on trompait le monde plus impunément; et, puisqu'on a évidemment supposé des faits, il est assez probable qu'on a aussi supposé des dates.

En général, il parut à Newton que le monde était de cinq cent ans plus jeune que les chronologistes ne le disent; il fonde son idée sur le cours ordinaire de la nature et sur les observations astronomiques.

On entend ici, par le cours de la nature, le temps de chaque génération des hommes. Les Égyptiens s'étaient servis les premiers de cette manière incertaine de compter. Quand ils voulurent écrire les commencements de leur histoire, ils comptaient trois cent quarante et une générations depuis Ménès [8] jusqu'à Séthon [9]; et, n'ayant pas de dates fixes, ils évaluèrent trois générations à cent ans. Ainsi, ils comptaient du règne de Ménès au règne de Séthon onze mille trois cent quarante années.

Les Grecs, avant de compter par olympiades, suivirent la méthode des Égyptiens, et étendirent même un peu la durée des générations, poussant chaque génération jusqu'à quarante années.

Or, en cela, les Égyptiens et les Grecs se trompèrent dans leur calcul. Il est bien vrai que, selon le cours ordinaire de la nature, trois générations font environ cent à six-vingt ans; mais il s'en faut bien que trois règnes tiennent ce nombre d'années. Il est très évident qu'en général les hommes vivent plus longtemps que les rois ne règnent. Ainsi, un homme qui voudra écrire l'histoire sans avoir de dates précises, et qui saura qu'il y a eu neuf rois chez une nation, aura grand tort s'il compte trois cent ans pour ces neuf rois. Chaque génération est d'environ trente-six ans, chaque règne est environ de vingt, l'un portant l'autre. Prenez les trente rois d'Angleterre, depuis Guillaume le Conquérant jusqu'à Georges Ier; ils ont régné six cents quarante-huit ans, ce qui, réparti sur les trente rois, donne à

chacun vingt et un an et demi de règne. Soixante-trois rois
de France ont régné, l'un portant l'autre, chacun à peu près
vingt ans. Voilà le cours ordinaire de la nature. Donc les
anciens se sont trompés quand ils ont égalé, en général, la
durée des règnes à la durée des générations; donc ils ont
trop compté; donc il est à propos de retrancher un peu de
leur calcul.

Les observations astronomiques semblent prêter encore
un plus grand secours à notre philosophe; il en paraît plus
fort en combattant sur son terrain.

Vous savez, Monsieur, que la terre, outre son mouvement annuel, qui l'emporte autour du soleil, d'occident en
orient, dans l'espace d'une année, a encore une révolution
singulière, tout à fait inconnue jusqu'à ces derniers temps.
Ses pôles ont un mouvement très lent de rétrogradation
d'orient en occident, qui fait que, chaque jour, leur position
ne répond pas précisément aux mêmes points du ciel. Cette
différence, insensible en une année, devient assez forte avec
le temps, et, au bout de soixante et douze ans, on trouve
que la différence est d'un degré, c'est-à-dire de la trois cent
soixantième partie de tout le ciel. Ainsi, après soixante et
douze années, le colure de l'équinoxe du printemps, qui
passait par une fixe, répond à une autre fixe. De là vient que
le soleil, au lieu d'être dans la partie du ciel où était le Bélier
du temps d'Hipparque, se trouve répondre à cette partie du
ciel où était le Taureau, et les Gémeaux sont à la place où le
Taureau était alors. Tous les signes ont changé de place;
cependant, nous retenons toujours la manière de parler des
anciens; nous disons que le soleil est dans le Bélier au
printemps, par la même condescendance que nous disons
que le soleil tourne.

Hipparque [10] fut le premier, chez les Grecs, qui s'aperçut
de quelques changements dans les constellations par
rapport aux équinoxes, ou plutôt qui l'apprit des Égyptiens.
Les philosophes attribuèrent ce mouvement aux étoiles;
car alors on était bien loin d'imaginer une telle révolution
dans la terre : on la croyait en tous sens immobile. Ils
créèrent donc un ciel où ils attachèrent toutes les étoiles, et

donnèrent à ce ciel un mouvement particulier qui le faisait avancer vers l'orient, pendant que toutes les étoiles semblaient faire leur route journalière d'orient en occident. A cette erreur ils en ajoutèrent une seconde, bien plus essentielle; ils crurent que le ciel prétendu des étoiles fixes avançait vers l'orient d'un degré en cent années. Ainsi, ils se trompèrent dans leur calcul astronomique aussi bien que dans leur système physique. Par exemple, un astronome aurait dit alors : « L'équinoxe du printemps a été, du temps d'un tel observateur, dans un tel signe, à une telle étoile; il a fait deux degrés de chemin depuis cet observateur jusqu'à nous; or, deux degrés valent deux cent ans; donc cet observateur vivait deux cent ans avant moi. » Il est certain qu'un astronome qui eût raisonné ainsi se serait trompé justement de cinquante-quatre ans. Voilà pourquoi les anciens, doublement trompés, composèrent leur grande année du monde, c'est-à-dire, de la révolution de tout le ciel, d'environ trente-six mille ans. Mais les modernes savent que cette révolution imaginaire du ciel des étoiles n'est autre chose que la révolution des pôles de la terre, qui se fait en vingt-cinq mille neuf cent années. Il est bon de remarquer ici, en passant, que Newton, en déterminant la figure de la terre, a très heureusement expliqué la raison de cette révolution.

Tout ceci posé, il reste, pour fixer la chronologie, de voir par quelle étoile le colure de l'équinoxe coupe aujourd'hui l'écliptique au printemps, et de savoir s'il ne se trouve point quelque ancien qui nous ait dit en quel point l'écliptique était coupé de son temps par le même colure des équinoxes.

Clément Alexandrin rapporte que Chiron [11], qui était de l'expédition des Argonautes, observa les constellations au temps de cette fameuse expédition, et fixa l'équinoxe du printemps au milieu du Bélier, l'équinoxe de l'automne au milieu de la Balance, le solstice de notre été au milieu du Cancer, et le solstice d'hiver au milieu du Capricorne.

Longtemps après l'expédition des Argonautes [12] et un an avant la guerre du Péloponèse, Méton [13] observa que le point du solstice d'été passait par le huitième degré du Cancer.

Or, chaque signe du zodiaque est de trente degrés. Du temps de Chiron, le solstice était à la moitié du signe, c'est-à-dire au quinzième degré; un an avant la guerre du Péloponèse, il était au huitième : donc il avait retardé de sept degrés. Un degré vaut soixante et douze ans : donc, du commencement de la guerre du Péloponèse à l'entreprise des Argonautes, il n'y a que sept fois soixante et douze ans, qui font cinq cents quatre ans, et non pas sept cent années, comme le disaient les Grecs. Ainsi, en comparant l'état du ciel d'aujourd'hui à l'état où il était alors, nous voyons que l'expédition des Argonautes doit être placée environ neuf cent ans avant Jésus-Christ, et non pas environ quatorze cent ans; et que, par conséquent, le monde est moins vieux d'environ cinq cent ans qu'on ne pensait. Par là, toutes les époques sont rapprochées, et tout s'est fait plus tard qu'on ne le dit. Je ne sais si ce système ingénieux fera une grande fortune, et si on voudra se résoudre, sur ces idées, à réformer la chronologie du monde. Peut-être les savants trouveraient-ils que c'en serait trop d'accorder à un même homme l'honneur d'avoir perfectionné à la fois la physique, la géométrie et l'histoire : ce serait une espèce de monarchie universelle, dont l'amour-propre s'accommode malaisément. Aussi, dans le temps que de très grands philosophes l'attaquaient sur l'attraction, d'autres combattaient son système chronologique [14]. Le temps, qui devrait faire voir à qui la victoire est due, ne fera peut-être que laisser la dispute plus indécise [e].

## DIX-HUITIÈME LETTRE

### Sur la tragédie

Les Anglais avaient déjà un théâtre, aussi bien que les Espagnols, quand les Français n'avaient que des tréteaux [1]. Shakespeare, qui passait pour le Corneille [2] des Anglais [a], fleurissait à peu près dans le temps de Lope de Vega. Il créa le théâtre. Il avait un génie plein de force et de fécondité, de naturel et de sublime, sans la moindre étincelle de bon goût et sans la moindre connaissance des règles ². Je vais vous dire une chose hasardée, mais vraie : c'est que le mérite de cet auteur a perdu le théâtre anglais. Il y a de si belles scènes, des morceaux si grands et si terribles répandus dans ses farces monstrueuses qu'on appelle tragédies, que ces ᵇ pièces ont toujours été jouées avec un grand succès. Le temps, qui seul fait la réputation des hommes, rend, à la fin, leurs défauts respectables. La plupart des idées bizarres et gigantesques de cet auteur ont acquis au bout de deux cents ans ᶜ le droit de passer pour sublimes. Les auteurs modernes l'ont presque tous copié; mais ce qui réussissait dans Shakespeare, est sifflé chez eux, et vous croyez bien que la vénération qu'on a pour cet ancien augmente à mesure qu'on méprise les modernes. On ne fait pas réflexion qu'il ne faudrait pas l'imiter, et le mauvais succès de ses copistes fait seulement qu'on le croit inimitable.

Vous savez que, dans la tragédie du *More de Venise*, pièce très touchante, un mari étrangle sa femme sur le théâtre, et quand la pauvre femme est étranglée, elle s'écrie qu'elle meurt très injustement. Vous n'ignorez pas que, dans *Hamlet*, des fossoyeurs creusent une fosse en buvant, en chantant des vaudevilles, et en faisant sur les têtes de mort qu'ils rencontrent des plaisanteries convenables à gens de leur métier. Mais ce qui vous surprendra, c'est qu'on a imité ces sottises sous le règne de Charles II, qui était celui de la politesse et l'âge d'or des beaux-arts.

Otway, dans sa *Venise sauvée*, introduit le sénateur Antonio et la courtisane Naki au milieu des horreurs de la conspiration du marquis de Bedmar. Le vieux sénateur Antonio fait, auprès de sa courtisane, toutes les singeries d'un vieux débauché impuissant et hors du bon sens; il contrefait le taureau et le chien, il mord les jambes de sa maîtresse, qui lui donne des coups de pied et des coups de fouet. On a retranché de la pièce d'Otway ces bouffonneries, faites pour la plus vile canaille; mais on a laissé dans le *Jules César* de Shakespeare les plaisanteries des cordonniers et des savetiers romains introduits sur la scène avec Brutus et Cassius. C'est que la sottise d'Otway est moderne, et que celle de Shakespeare est ancienne.

Vous vous plaindrez sans doute que ceux qui, jusqu'à présent, vous ont parlé du théâtre anglais, et surtout de ce fameux Shakespeare, ne vous aient encore fait voir que ses erreurs, et que personne n'ait traduit aucun de ces endroits frappants qui demandent grâce pour toutes ses fautes. Je vous répondrai qu'il est bien aisé de rapporter en prose les erreurs d'un poète, mais très difficile de traduire ses beaux vers. Tous les grimauds qui s'érigent en critiques des écrivains célèbres compilent des volumes. J'aimerais mieux deux pages qui nous fissent connaître quelques beautés; car je maintiendrai toujours, avec les gens de bon goût, qu'il y a plus à profiter dans douze vers d'Homère et de Virgile que dans toutes les critiques qu'on a faites de ces deux grands hommes.

J'ai hasardé de traduire quelques morceaux des meilleurs poètes anglais : en voici un de Shakespeare. Faites grâce à la copie en faveur de l'original; et souvenez-vous toujours, quand vous voyez une traduction, que vous ne voyez qu'une faible estampe d'un beau tableau.

J'ai choisi le monologue de la tragédie d'*Hamlet*, qui est su de tout le monde et qui commence par ce vers :

To be or not to be, that is the question.

C'est Hamlet, Prince de Danemark, qui parle :

Demeure ; il faut choisir, et passer à l'instant
De la vie à la mort, ou de l'être au néant.
Dieux cruels ! s'il en est, éclairez mon courage.
Faut-il vieillir courbé sous la main qui m'outrage,
Supporter ou finir mon malheur et mon sort?
Qui suis-je? qui m'arrête? et qu'est-ce que la mort?
C'est la fin de nos maux, c'est mon unique asile;
Après de longs transports, c'est un sommeil tranquille ;
On s'endort, et tout meurt. Mais un affreux réveil
Doit succéder peut-être aux douceurs du sommeil.
On nous menace, on dit que cette courte vie

De tourments éternels est aussitôt suivie.
O mort ! moment fatal ! affreuse éternité !
Tout cœur à ton seul nom se glace, épouvanté.
Eh ! qui pourrait, sans toi, supporter cette vie,
De nos prêtres menteurs bénir l'hypocrisie,
D'une indigne maîtresse encenser les erreurs,
Ramper sous un ministre, adorer ses hauteurs,
Et montrer les langueurs de son âme abattue
A des amis ingrats qui détournent la vue?
La mort serait trop douce en ces extrémités ;
Mais le scrupule parle, et nous crie : « Arrêtez. »
Il défend à nos mains cet heureux homicide,
Et d'un héros guerrier fait un chrétien timide, etc.

Ne croyez pas que j'aie rendu ici l'anglais mot pour mot [4]; malheur aux faiseurs de traductions littérales, qui, en traduisant chaque parole, énervent le sens ! C'est bien là qu'on peut dire que la lettre tue, et que l'esprit vivifie [5].

Voici encore un passage d'un fameux tragique anglais, Dryden, poète du temps de Charles II, auteur plus fécond que judicieux, qui aurait une réputation sans mélange s'il n'avait fait que la dixième partie de ses ouvrages, et dont le grand défaut est d'avoir voulu être universel [6].

Ce morceau commence ainsi :

*When I consider life, 'tis all a cheat.*
*Yet fool'd by hope, men favour the deceit* [7].

De desseins en regrets et d'erreurs en desirs
Les mortels insensés promènent leur folie.
Dans les malheurs présents, dans l'espoir des plaisirs,
Nous ne vivons jamais, nous attendons la vie.
Demain, demain, dit-on, va combler tous nos vœux ;
Demain vient, et nous laisse encor plus malheureux.
Quelle est l'erreur, hélas ! du soin qui nous dévore?
Nul de nous ne voudrait recommencer son cours :
De nos premiers moments nous maudissons l'aurore,
Et de la nuit qui vient nous attendons encore
Ce qu'ont en vain promis les plus beaux de nos jours, etc. [d]

C'est dans ces morceaux détachés que les tragiques anglais ont jusqu'ici excellé; leurs pièces, presque toutes barbares, dépourvues de bienséance, d'ordre, de vraisemblance, ont des lueurs étonnantes au milieu de cette nuit. Le style est trop ampoulé, trop hors de la nature, trop copié des écrivains hébreux si remplis de l'enflure asiatique; mais aussi il faut avouer que les échasses du style figuré, sur lesquelles la langue anglaise est guindée, élèvent aussi l'esprit bien haut, quoique par une marche irrégulière[6].

Le premier Anglais qui ait fait une pièce raisonnable et écrite d'un bout à l'autre avec élégance est l'illustre M. Addison. Son *Caton d'Utique*[8] est un chef-d'œuvre pour la diction et pour la beauté des vers. Le rôle de Caton est, à mon gré, fort au-dessus de celui de Cornélie dans le *Pompée* de Corneille; car Caton est grand sans enflure, et Cornélie, qui d'ailleurs n'est pas un personnage nécessaire, vise quelquefois au galimatias. Le Caton de M. Addison me paraît le plus beau personnage qui soit sur aucun théâtre, mais les autres rôles de la pièce n'y répondent pas, et cet ouvrage si bien écrit est défiguré par une intrigue froide d'amour, qui répand sur la pièce une langueur qui la tue[7].

La coutume d'introduire de l'amour à tort et à travers dans les ouvrages dramatiques passa de Paris à Londres, vers l'an 1660[9], avec nos rubans et nos perruques. Les femmes, qui parent les spectacles, comme ici, ne veulent plus souffrir qu'on leur parle d'autre chose que d'amour. Le sage Addison eut la molle complaisance de plier la sévérité de son caractère aux mœurs de son temps, et gâta un chef-d'œuvre pour avoir voulu plaire.

Depuis lui, les pièces sont devenues plus régulières, le peuple plus difficile, les auteurs plus corrects et moins hardis. J'ai vu des pièces nouvelles fort sages, mais froides. Il semble que les Anglais n'aient été faits jusqu'ici que pour produire des beautés irrégulières. Les monstres brillants de Shakespeare plaisent mille fois plus que la sagesse moderne. Le génie poétique des Anglais ressemble, jusqu'à présent, à un arbre touffu planté par la nature, jetant au hazard mille rameaux, et croissant inégalement et avec force; il meurt, si vous voulez forcer sa nature et le tailler en arbre des jardins de Marly[9].

# DIX-NEUVIÈME LETTRE

*Sur la comédie*

Je ne sais comment le sage et ingénieux M. de Muralt [1], dont nous avons les Lettres sur les Anglais et sur les Français, s'est borné, en parlant de la comédie, à critiquer un comique nommé Shadwell [2]. Cet auteur était assez méprisé de son temps; il n'était point le poète des honnêtes gens; ses pièces, goûtées pendant quelques représentations par le peuple, étaient dédaignées par tous les gens de bon goût, et ressemblaient à tant de pièces que j'ai vues, en France, attirer la foule et révolter les lecteurs, et dont on a pu dire :

Tout Paris les condamne, et tout Paris les court.

M. de Muralt aurait dû, ce semble, nous parler d'un auteur excellent qui vivait alors : c'était M. Wicherley [3], qui fut longtemps l'amant déclaré de la maîtresse [4] la plus illustre de Charles II. Cet homme, qui passait sa vie dans le plus grand monde, en connaissait parfaitement les vices et les ridicules, et les peignait du pinceau le plus ferme et des couleurs les plus vraies.

Il a fait un misanthrope [5], qu'il a imité de Molière. Tous les traits de Wicherley sont plus forts et plus hardis que ceux de notre misanthrope [a]; mais aussi ils ont moins de finesse et de bienséance. L'auteur anglais a corrigé le seul défaut qui soit dans la pièce de Molière; ce défaut est le manque d'intrigue et d'intérêt. La pièce anglaise est intéressante, et l'intrigue en est ingénieuse, elle est trop hardie sans doute pour nos mœurs. C'est un capitaine de vaisseau plein de valeur, de franchise, et de mépris pour le genre humain. Il a un ami sage et sincère dont il se défie, et une maîtresse dont il est tendrement aimé, sur laquelle il ne daigne pas jeter les yeux; au contraire, il a mis toute sa confiance dans un faux ami qui est le plus indigne homme qui respire, et il a donné son cœur à la plus coquette et à la plus perfide de toutes les femmes. Il est bien assuré que cette femme est une Pénélope, et ce faux ami un Caton. Il part pour s'aller battre contre les Hollandais, et laisse tout son argent, ses pierreries et tout ce qu'il a au monde à cette femme de bien, et recommande cette femme elle-même à cet ami fidèle, sur lequel il compte si fort. Cependant, le véritable honnête homme dont il se défie tant s'embarque avec lui; et la maîtresse qu'il n'a pas seulement daigné regarder se déguise en page, et fait le voyage sans que le capitaine s'aperçoive de son sexe de toute la campagne.

Le capitaine, ayant fait sauter son vaisseau dans un combat, revient à Londres, sans secours, sans vaisseau et sans argent, avec son page et son ami, ne connaissant ni l'amitié de l'un, ni l'amour de l'autre. Il va droit chez la perle des femmes, qu'il compte retrouver avec sa cassette et sa fidélité : il la retrouve mariée avec l'honnête fripon à qui il s'était confié, et on ne lui a pas plus gardé son dépôt que le reste. Mon homme a toutes les peines du monde à croire qu'une femme de bien puisse faire de pareils tours; mais, pour l'en convaincre mieux, cette honnête dame devient amoureuse du petit page, et veut le prendre à force. Mais, comme il faut que justice se fasse et que, dans une pièce de théâtre, le vice soit puni et la vertu récompensée, il se trouve, à fin *b* de compte, que le capitaine se met à la place du page, couche avec son infidèle, fait cocu son traître ami, lui donne un bon coup d'épée au travers du corps, reprend sa cassette et épouse son page. Vous remarquerez qu'on a encore lardé cette pièce d'une comtesse de Pimbesche *c*, vieille plaideuse, parente du capitaine, laquelle est bien la plus plaisante créature et le meilleur caractère qui soit au théâtre.

Wicherley a encore tiré de Molière une pièce non moins singulière et non moins hardie : c'est une espèce d'*École des Femmes* *7*.

Le principal personnage *8* de la pièce est un drôle à bonnes fortunes, la terreur des maris de Londres, qui, pour être plus sûr de son fait, s'avise de faire courir le bruit que, dans sa dernière maladie, les chirurgiens ont trouvé à propos de le faire eunuque. Avec cette belle réputation, tous les maris lui amènent leurs femmes, et le pauvre homme n'est plus embarrassé que du choix. Il donne surtout la préférence à une petite campagnarde qui a beaucoup d'innocence et de tempérament, et qui fait son mari cocu avec une bonne foi qui vaut mieux que la malice des dames les plus expertes. Cette pièce n'est pas, si vous voulez, l'école des bonnes mœurs, mais, en vérité, c'est l'école de l'esprit et [c] du bon comique.

Un chevalier Vanbrugh [9] a fait des comédies encore plus plaisantes, mais moins ingénieuses. Ce chevalier était un homme de plaisir; par-dessus cela, poète et architecte. On prétend qu'il écrivait comme il bâtissait, un peu grossièrement [d]. C'est lui qui a bâti ce fameux château de Blenheim, pesant et durable monument de notre malheureuse bataille d'Hochstedt. Si les appartements étaient seulement aussi larges que les murailles sont épaisses, ce château serait assez commode [10].

On a mis dans l'épitaphe de Vanbrugh qu'on *souhaitait que la terre ne lui fût point légère, attendu que, de son vivant, il l'avait si inhumainement chargée.*

Ce chevalier, ayant fait un tour en France avant la guerre de 1701, fut mis à la Bastille [11], et y resta quelque temps, sans avoir jamais pu savoir ce qui lui avait attiré cette distinction de la part de notre ministère. Il fit une comédie à la Bastille; et ce qui est à mon sens fort étrange, c'est qu'il n'y a dans cette pièce aucun trait contre le pays dans lequel il essuya cette violence.

Celui de tous les Anglais qui a porté le plus loin la gloire du théâtre comique est feu M. Congrève [12]. Il n'a fait que peu de pièces, mais toutes sont excellentes dans leur genre. Les règles du théâtre y sont rigoureusement observées. Elles sont pleines de caractères nuancés avec une extrême finesse. On n'y essuie pas la moindre [e] mauvaise plaisanterie; vous y voyez partout le langage des honnêtes gens avec des actions de fripon : ce qui prouve qu'il connaissait bien son monde, et qu'il vivait dans ce qu'on appelle la bonne compagnie. Il était infirme et presque mourant quand je l'ai connu. Il avait un défaut : c'était de ne pas assez estimer son premier métier d'auteur, qui avait fait sa réputation et sa fortune. Il me parlait de ses ouvrages comme de bagatelles au-dessous de lui, et me dit, à la première conversation, de ne le voir que sur le pied d'un gentilhomme qui vivait très uniment; je lui répondis que, s'il avait eu le malheur de n'être qu'un gentilhomme comme un autre, je ne le serais jamais venu voir, et je fus très choqué de cette vanité si mal placée.

Ses pièces sont les plus spirituelles et les plus exactes; celles de Vanbrugh, les plus gaies, et celles de Wicherley, les plus fortes.

Il est à remarquer qu'aucun de ces beaux esprits n'a mal parlé de Molière. Il n'y a que les mauvais auteurs [13] anglais qui aient dit du mal de ce grand homme. Ce sont les mauvais musiciens d'Italie qui méprisent Lully [14], mais un Buononcini [15] l'estime et lui rend justice, de même qu'un Mead [16] fait cas d'un Helvétius [17] et d'un Silva [18].

L'Angleterre a encore de bons poètes comiques, tels que le chevalier Steele [19] et M. Cibber [20], excellent comédien et d'ailleurs poète du roi, titre qui paraît ridicule, mais qui ne laisse pas de donner mille écus de rente et de beaux privilèges. Notre grand Corneille n'en a pas eu tant.

Au reste, ne me demandez pas que j'entre ici dans le moindre détail de ces pièces anglaises dont je suis si grand partisan, ni que je vous rapporte un bon mot ou une plaisanterie des Wicherleys ' et des Congrèves; on ne rit point dans une traduction. Si vous voulez connaître la comédie anglaise, il n'y a d'autre moyen pour cela, que d'aller à Londres, d'y rester trois ans, d'apprendre bien l'anglais et de voir la comédie tous les jours. Je n'ai pas grand plaisir en lisant Plaute et Aristophane : pourquoi? c'est que je ne suis ni Grec ni Romain. La finesse des bons mots, l'allusion, l'à-propos, tout cela est perdu pour un étranger.

Il n'en est pas de même dans la tragédie. Il n'est question, chez elle, que de grandes passions et de sottises héroïques consacrées par de vieilles erreurs de fable ou d'histoire. *Œdipe*, *Électre* appartiennent aux Espagnols, aux Anglais et à nous, comme aux Grecs. Mais la bonne comédie est la peinture parlante des ridicules d'une nation; et, si vous ne connaissez pas la nation à fonds *, vous ne pouvez juger de la peinture.

## VINGTIÈME LETTRE

### *Sur les seigneurs qui cultivent les lettres*

Il a été un temps, en France, où les beaux-arts étaient cultivés par les premiers de l'État. Les courtisans surtout s'en mêlaient, malgré la dissipation, le goût des riens, la passion pour l'intrigue, toutes divinités du pays.

Il me paraît qu'on est actuellement à la Cour, dans tout un autre goût que celui des * lettres. Peut-être dans peu de temps la mode de penser reviendra-t-elle : un roi n'a qu'à vouloir; on fait de cette nation-ci tout ce qu'on veut. En Angleterre communément on pense, et les lettres y sont plus en honneur qu'en France *. Cet avantage est une suite nécessaire de la forme de leur gouvernement. Il y a, à Londres, environ huit cent personnes qui ont le droit de parler en public et de soutenir les intérêts de la nation. Environ cinq ou six mille prétendent au même honneur à leur tour. Tout le reste s'érige en juge de ceux-ci, et chacun peut faire imprimer ce qu'il pense sur les affaires publiques. Ainsi, toute la nation est dans la nécessité de s'instruire. On n'entend parler que des gouvernements d'Athènes et de Rome; il faut bien, malgré qu'on en ait, lire les auteurs qui en ont traité. Cette étude conduit naturellement aux belles-lettres. En général, les hommes ont l'esprit de leur état. Pourquoi d'ordinaire nos magistrats, nos avocats, nos médecins et beaucoup d'ecclésiastiques ont-ils plus de lettres, de goût et d'esprit que l'on n'en trouve dans toutes les autres professions? C'est que réellement leur état est d'avoir l'esprit cultivé, comme celui d'un marchand est de connaître son négoce. Il n'y a pas longtemps qu'un seigneur anglais fort jeune [1] me vint voir à Paris, en revenant d'Italie.

* *L'Auteur écrivait cela en* 1727 [b].

Il avait fait en vers une description de ce pays-là, aussi
poliment écrite que tout ce qu'ont fait le comte de Rochester
et nos Chaulieux *, nos Sarrasins * et nos Chapelles *.

La traduction que j'en ai faite est si loin d'atteindre à la
force et à la bonne plaisanterie de l'original, que je suis
obligé d'en demander sérieusement pardon à l'auteur et à
ceux qui entendent l'anglais. Cependant, comme je n'ai pas
d'autre moyen de faire connaître les vers de Milord..., les
voici dans ma langue :

> Qu'ai-je donc vu dans l'Italie ?
> Orgueil, astuce et pauvreté,
> Grands compliments, peu de bonté
> Et beaucoup de cérémonie,
> L'extravagante comédie
> Que souvent l'Inquisition *
> Veut qu'on nomme religion,
> Mais qu'ici nous nommons folie.
> La nature, en vain bienfaisante,
> Veut enrichir ces lieux charmants ;
> Des prêtres la main désolante
> Étouffe ses plus beaux présents.
> Les Monsignors, soi-disant grands,
> Seuls dans leurs palais magnifiques,
> Y sont d'illustres fainéants,
> Sans argent et sans domestiques.
> Pour les petits, sans liberté,
> Martyrs du joug qui les domine,
> Ils ont fait vœu de pauvreté,
> Priant Dieu par oisiveté,
> Et toujours jeûnant par famine.
> Ces beaux lieux, du pape bénis,
> Semblent habités par les diables,
> Et les habitants misérables
> Sont damnés dans le paradis *.

Peut-être dira-t-on que ces vers sont d'un hérétique *;
mais on traduit tous les jours, et même assez mal, ceux
d'Horace et de Juvénal, qui avaient le malheur d'être païens.
Vous savez bien qu'un traducteur ne doit pas répondre des
sentiments de son auteur; tout ce qu'il peut faire, c'est de

---

* *Il entend sans doute les farces que certains prédicateurs jouent dans les places
publiques.*

prier Dieu pour sa conversion, et c'est ce que je ne manque pas de faire pour celle du Milord.

## VINGT ET UNIÈME LETTRE

### *Sur le comte de Rochester et M. Waller*

Tout le monde connaît de réputation le comte de Rochester[1]. M. de Saint-Évremond[2] en a beaucoup parlé; mais il ne nous a fait connaître du fameux Rochester que l'homme de plaisir, l'homme à bonnes fortunes. Je voudrais faire connaître en lui l'homme de génie et le grand poète. Entre autres ouvrages qui brillaient de cette imagination ardente qui n'appartenait qu'à lui, il a fait quelques satires sur les mêmes sujets que notre célèbre Despréaux avait choisis. Je ne sais rien de plus utile, pour se perfectionner le goût, que la comparaison des grands génies qui se sont exercés sur les mêmes matières.

Voici comme M. Despréaux parle contre la raison humaine, dans sa satire sur l'homme[3] :

> Cependant, à le voir, plein de vapeurs légères,
> Soi-même se bercer de ses propres chimères,
> Lui seul de la nature est la base et l'appui,
> Et le dixième ciel ne tourne que pour lui.
> De tous les animaux il est ici le maître ;
> Qui pourrait le nier, poursuis-tu? Moi, peut-être :
> Ce maître prétendu qui leur donne des lois,
> Ce roi des animaux, combien a-t-il de rois?

Voici à peu près comme s'exprime le comte de Rochester, dans sa satire sur l'homme; mais il faut que le lecteur se ressouvienne toujours que ce sont ici des traductions libres de poètes anglais, et que la gêne de notre versification et les bienséances délicates de notre langue ne peuvent donner l'équivalent de la licence impétueuse du style anglais.

> Cet esprit que je hais, cet esprit plein d'erreur,
> Ce n'est pas ma raison, c'est la tienne, docteur ;
> C'est ta raison frivole, inquiète, orgueilleuse,
> Des sages animaux rivale dédaigneuse,

Qui croit entre eux et l'ange occuper le milieu,
Et pense être ici-bas l'image de son Dieu,
Vil atome importun, qui croit, doute, dispute,
Rampe, s'élève, tombe, et nie encor sa chute ;
Qui nous dit : « Je suis libre,» en nous montrant ses fers,
Et dont l'œil trouble et faux croit percer l'univers.
Allez, révérends fous, bienheureux fanatiques !
Compilez bien l'amas de vos riens scolastiques !
Pères de visions, et d'énigmes sacrés,
Auteurs du labyrinthe où vous vous égarez,
Allez obscurément éclaircir vos mystères,
Et courez dans l'école adorer vos chimères !
Il est d'autres erreurs : il est de ces dévots
Condamnés par eux-même à l'ennui du repos.
Ce mystique encloîtré, fier de son indolence,
Tranquille au sein de Dieu, qu'y peut-il faire ? Il pense.
Non, tu ne penses point, misérable, tu dors,
Inutile à la terre et mis au rang des morts ;
Ton esprit énervé croupit dans ta mollesse ;
Réveille-toi, sois homme, et sors de ton ivresse.
L'homme est né pour agir, et tu prétends penser !

Que ces idées soient vraies ou fausses, il est toujours certain qu'elles sont exprimées avec une énergie qui fait le poète.

Je me garderai bien d'examiner la chose en philosophe, et de quitter ici le pinceau pour le compas. Mon unique but, dans cette lettre, est de faire connaître le génie des poètes anglais, et je vais continuer sur ce ton.

On a beaucoup entendu parler du célèbre Waller [4] en France. MM. de La Fontaine, Saint-Évremond et Bayle ont fait son éloge; mais on ne connaît de lui que son nom. Il eut à peu près à Londres la même réputation que Voiture [5] eut à Paris, et je crois qu'il la méritait mieux. Voiture vint dans un temps où l'on sortait de la barbarie, et où l'on était encore dans l'ignorance. On voulait avoir de l'esprit, et on n'en avait pas encore. On cherchait des tours au lieu de pensées : les faux brillants se trouvent plus aisément que les pierres précieuses. Voiture, né avec un génie frivole et facile, fut le premier qui brilla dans cette aurore de la littérature française. S'il était venu après les grands hommes qui ont illustré le siècle de Louis XIV, ou il aurait été

inconnu, ou l'on n'aurait parlé de lui que pour le mépriser,
ou il aurait corrigé son style. M. Despréaux le loue, mais
c'est dans ses premières satires; c'est dans le temps où le
goût de Despréaux n'était pas encore formé : il était jeune,
et dans l'âge où l'on juge des hommes par la réputation, et
non pas par eux-mêmes. D'ailleurs, Despréaux était
souvent bien injuste dans ses louanges et dans ses censures.
Il louait Segrais [6], que personne ne lit; il insultait Quinault [7],
que tout le monde sait par cœur; et il ne dit rien de La
Fontaine. Waller, meilleur que Voiture, n'était pas encore
parfait. Ses ouvrages galants respirent la grâce; mais la
négligence les fait languir, et souvent les pensées fausses
les défigurent. Les Anglais n'étaient pas encore parvenus de
son temps à écrire avec correction. Ses ouvrages sérieux
sont pleins d'une vigueur qu'on n'attendrait pas de la
mollesse de ses autres pièces. Il a fait un Éloge funèbre de
Cromwell, qui, avec ses défauts, passe pour un chef-
d'œuvre. Pour entendre cet ouvrage, il faut savoir que
Cromwell mourut le jour d'une tempête extraordinaire.
  La pièce commence ainsi :

> Il n'est plus ; c'en est fait ; soumettons-nous au sort :
> Le ciel a signalé ce jour par des tempêtes,
> Et la voix du tonnerre, éclatant sur nos têtes,
>     Vient d'annoncer sa mort.
> Par ses derniers soupirs il ébranle cette île,
> Cette île que son bras fit trembler tant de fois,
>     Quand, dans le cours de ses exploits,
>     Il brisait la tête des rois
> Et soumettait un peuple à son joug seul docile.
> Mer, tu t'en es troublée. O mer ! tes flots émus
> Semblent dire en grondant aux plus lointains rivages
> Que l'effroi de la terre, et ton maître, n'est plus.
> Tel au ciel autrefois s'envola Romulus,
> Tel il quitta la terre au milieu des orages,
> Tel d'un peuple guerrier il reçut les hommages :
> Obéi dans sa vie, à sa mort adoré,
> Son palais fut un temple, etc. [8]

C'est à propos de cet Éloge de Cromwell que Waller fit
au roi Charles II cette réponse, qu'on trouve dans le diction-

naire de Bayle[9]. Le roi, pour qui Waller venait, selon l'usage
des rois et des poètes, de présenter une pièce farcie de
louanges, lui reprocha qu'il avait fait mieux pour Cromwell.
Waller répondit : « Sire, nous autres poètes, nous réussissons
mieux dans les fictions que dans les vérités. » Cette réponse
n'était pas si sincère que celle de l'ambassadeur hollandais,
qui, lorsque le même roi se plaignait que l'on avait moins
d'égard pour lui que pour Cromwell, répondit : « Ah! sire,
ce Cromwell était tout autre chose. »

Mon but n'est pas de faire un commentaire sur le caractère de Waller ni de personne. Je ne considère les gens après
leur mort que par leurs ouvrages; tout le reste est pour moi
anéanti. Je remarque seulement que Waller, né à la Cour[10],
avec soixante mille livres de rente, n'eut jamais ni le sot
orgueil ni la nonchalance d'abandonner son talent. Les
comtes de Dorset[11] et de Roscommon[12], les deux ducs de
Buckingham[13], milord Halifax[14] et tant d'autres n'ont pas
cru déroger en devenant de très grands poètes et d'illustres
écrivains. Leurs ouvrages leur font plus d'honneur que
leur nom. Ils ont cultivé les lettres comme s'ils en eussent
attendu leur fortune. Ils ont, de plus, rendu les arts respectables aux yeux du peuple, qui, en tout, a besoin d'être mené
par les grands, et qui pourtant se règle moins sur eux en
Angleterre qu'en aucun lieu du monde.

## VINGT-DEUXIÈME LETTRE

### Sur M. Pope et quelques autres poètes fameux

Je voulais vous parler de M. Prior[1], un des plus aimables
poètes d'Angleterre, que vous avez vu à Paris plénipotentiaire et envoyé extraordinaire en 1712[a]. Je comptais vous
donner aussi quelque idée des poésies de milord Roscommon, de milord Dorset, etc.; mais je sens qu'il me
faudrait faire un gros livre, et qu'après bien de la peine, je
ne vous donnerais qu'une idée fort imparfaite de tous ces
ouvrages. La poésie est une espèce de musique : il faut
l'entendre pour en juger. Quand je vous traduis quelques

morceaux de ces poésies étrangères, je vous note imparfaitement leur musique, mais je ne puis exprimer le goût de leur chant.

Il y a surtout un poème anglais que je désespérerais de vous faire connaître; il s'appelle *Hudibras*[2]. Le sujet est la guerre civile et la secte des Puritains tournée en ridicule. C'est *Don Quichotte*, c'est notre *Satire Ménippée*[3] fondus ensemble. C'est, de tous les livres que j'ai jamais lus, celui où j'ai trouvé le plus d'esprit[4]; mais c'est aussi le plus intraduisible. Qui croirait qu'un livre qui saisit tous les ridicules du genre humain et qui a plus de pensées que de mots ne peut souffrir la traduction? C'est que presque tout y fait allusion à des aventures particulières. Le plus grand ridicule tombe principalement sur les théologiens, que peu de gens du monde entendent. Il faudrait à tout moment un commentaire, et la plaisanterie expliquée cesse d'être plaisanterie : tout commentateur de bons mots est un sot[b].

Voilà pourquoi on n'entendra jamais bien en France les livres de l'ingénieux docteur Swift[5], qu'on appelle le Rabelais d'Angleterre. Il a l'honneur d'être prêtre comme Rabelais, et de se moquer de tout comme lui; mais on lui fait grand tort, selon mon petit sens, de l'appeler de ce nom. Rabelais, dans[c] son extravagant et inintelligible livre, a répandu une extrême gaieté et une plus grande impertinence; il a prodigué l'érudition, les ordures et l'ennui. Un bon conte de deux pages est acheté par des volumes de sottises. Il n'y a que quelques personnes d'un goût bizarre qui se piquent d'entendre et d'estimer tout cet ouvrage. Le reste de la nation rit des plaisanteries de Rabelais et méprise le livre. On le regarde comme le premier des bouffons; on est fâché qu'un homme qui avait tant d'esprit en ait fait un si misérable usage; c'est un philosophe ivre, qui n'a écrit que dans le temps de son ivresse.

M. Swift est Rabelais dans son bon sens, et vivant en bonne compagnie. Il n'a pas, à la vérité, la gaieté du premier, mais il a toute la finesse, la raison, le choix, le bon goût qui manque à notre curé de Meudon. Ses vers sont d'un goût singulier et presque inimitable; la bonne plaisanterie est son partage en vers et en prose; mais, pour le bien entendre, il faut faire un petit voyage dans son pays [d].

Vous pouvez plus aisément vous former quelque idée de M. Pope; c'est, je crois, le poète le plus élégant, le plus correct et, ce qui est encore beaucoup, le plus harmonieux qu'ait eu l'Angleterre. Il a réduit les sifflements aigres de la trompette anglaise aux sons doux de la flûte. On peut le traduire, parce qu'il est extrêmement clair, et que ses sujets, pour la plupart, sont généraux et du ressort de toutes les nations.

On connaîtra bientôt en France son *Essai sur la Critique*[6], par la traduction en vers qu'en fait M. l'abbé du Resnel [7].

Voici un morceau de son poème de *la Boucle de cheveux* [8], que je viens de traduire avec ma liberté ordinaire : car, encore une fois, je ne sais rien de pis que de traduire un poète mot pour mot.

> Umbriel à l'instant, vieux gnome rechigné,
> Va, d'une aile pesante et d'un air renfrogné,
> Chercher, en murmurant, la caverne profonde
> Où, loin des doux rayons que répand l'œil du monde,
> La déesse aux vapeurs a choisi son séjour.
> Les tristes aquilons y sifflent à l'entour,
> Et le souffle malsain de leur aride haleine
> Y porte aux environs la fièvre et la migraine.
> Sur un riche sofa, derrière un paravent,
> Loin des flambeaux, du bruit, des parleurs et du vent,
> La quinteuse déesse incessamment repose,
> Le cœur gros de chagrins, sans en savoir la cause,
> N'ayant pensé jamais, l'esprit toujours troublé,
> L'œil chargé, le teint pâle et l'hypocondre enflé.
> La médisante Envie est assise auprès d'elle,
> Vieux spectre féminin, décrepite pucelle,
> Avec un air dévot déchirant son prochain,
> Et chansonnant les gens l'Évangile à la main.
> Sur un lit plein de fleurs négligemment penchée,
> Une jeune beauté non loin d'elle est couchée :
> C'est l'Affectation, qui grasseye en parlant,
> Écoute sans entendre, et lorgne en regardant,
> Qui rougit sans pudeur, et rit de tout sans joie,
> De cent maux différents prétend qu'elle est la proie
> Et, pleine de santé sous le rouge et le fard,
> Se plaint avec mollesse, et se pâme avec art,

Si vous lisiez ce morceau dans l'original, au lieu de le lire dans cette faible traduction, vous le compareriez à la description de la Mollesse dans *le Lutrin*[9].

En voilà bien honnêtement pour les poètes anglais. Je vous ai touché un petit mot de leurs philosophes. Pour de bons historiens, je ne leur en connais pas encore; il a fallu qu'un Français[10] ait écrit leur histoire. Peut-être le génie anglais, qui est ou froid ou impétueux, n'a pas encore saisi cette éloquence naïve et cet air noble et simple de l'histoire. Peut-être aussi l'esprit de parti, qui fait voir trouble, a décrédité tous leurs historiens : la moitié de la nation est toujours l'ennemie de l'autre[11]. J'ai trouvé des gens qui m'ont assuré que milord Marlborough était un poltron[12], et que M. Pope était un sot[13], comme, en France, quelques Jésuites trouvent Pascal un petit esprit, et quelques Jansénistes disent que le P. Bourdaloue[14] n'était qu'un bavard. Marie Stuart est une sainte héroïne, pour les Jacobites; pour les autres, c'est une débauchée, une adultère, une homicide. Ainsi, en Angleterre, on a des factums[15] et point d'histoire. Il est vrai qu'il y a, à présent, un M. Gordon[16], excellent traducteur de Tacite, très capable d'écrire l'histoire de son pays, mais M. Rapin de Thoyras l'a prévenu. Enfin, il me paraît que les Anglais n'ont point de si bons historiens que nous, qu'ils n'ont point de véritables tragédies, qu'ils ont des comédies charmantes, des morceaux de poésie admirables et des philosophes qui devraient être les précepteurs du genre humain.

Les Anglais ont beaucoup profité des ouvrages de notre langue. Nous devrions, à notre tour, emprunter d'eux, après leur avoir prêté. Nous ne sommes venus, les Anglais et nous, qu'après les Italiens, qui, en tout, ont été nos maîtres, et que nous avons surpassés en quelque chose. Je ne sais à laquelle des trois nations il faudra donner la préférence; mais heureux celui qui sait sentir leurs différents mérites[c].

# VINGT-TROISIÈME LETTRE

*Sur la considération qu'on doit aux gens de lettres*

Ni en Angleterre ni en aucun pays du monde on ne trouve des établissements en faveur des beaux-arts comme en France. Il y a presque partout des Universités; mais c'est en France seule qu'on trouve ces utiles encouragements pour l'astronomie, pour toutes les parties des mathématiques, pour celle de la médecine, pour les recherches de l'antiquité, pour la peinture, la sculpture et l'architecture. Louis XIV s'est immortalisé par toutes ces fondations, et cette immortalité ne lui a pas coûté deux cent mille francs par an [1].

J'avoue que c'est un de mes étonnements que le Parlement d'Angleterre, qui s'est avisé de promettre vingt mille guinées à celui qui ferait l'impossible découverte des longitudes [2], n'ait jamais pensé à imiter Louis XIV dans sa magnificence envers les arts.

Le mérite trouve, à la vérité, en Angleterre, d'autres récompenses plus honorables pour la nation. Tel est le respect que ce peuple a pour les talents, qu'un homme de mérite y fait toujours fortune. M. Addison, en France, eût été de quelque Académie, et aurait pu obtenir, par le crédit de quelque femme, une pension de douze cent livres, ou plutôt on lui aurait fait des affaires [a], sous prétexte qu'on aurait aperçu, dans sa tragédie de *Caton*, quelques traits contre le portier d'un homme en place. En Angleterre, il a été Secrétaire d'État [3]. M. Newton était intendant des monnaies du royaume. M. Congrève avait une charge importante [4]. M. Prior a été plénipotentiaire. Le docteur Swift est doyen d'Irlande, et y est beaucoup plus considéré que le primat [5]. Si la religion de M. Pope ne lui permet pas d'avoir une place [6], elle n'empêche pas au [b] moins que sa traduction d'Homère ne lui ait valu deux cents mille francs. J'ai vu longtemps en France l'auteur de *Rhadamiste* [7] prêt de mourir de faim; et le fils d'un des plus grands hommes que la France ait eu, et qui commençait à marcher sur les traces de son père, était réduit à la misère sans M. Fagon [8]. Ce qui encourage le plus les arts en Angleterre, c'est la considération où ils sont. Le portrait du premier ministre se trouve sur la cheminée de son cabinet; mais j'ai vu celui de M. Pope dans vingt maisons.

M. Newton était honoré de son vivant, et l'a été après sa mort comme il devait l'être. Les principaux de la nation se sont disputés l'honneur de porter le poêle à son convoi [9]. Entrez à Westminster. Ce ne sont pas les tombeaux des rois qu'on y admire; ce sont les monuments que la reconnaissance de la nation a érigés aux plus grands hommes qui ont contribué à sa gloire. Vous y voyez leurs statues, comme on voyait dans Athènes celles des Sophocles et des Platons; et je suis persuadé que la seule vue de ces glorieux monuments a excité plus d'un esprit et a formé plus d'un grand homme.

On a même reproché aux Anglais d'avoir été trop loin dans les honneurs qu'ils rendent au simple mérite, on a trouvé à redire qu'ils aient enterré dans Westminster la célèbre comédienne Mlle. Oldfield [10] à peu près avec les mêmes honneurs qu'on a rendus à M. Newton. Quelques-uns ont prétendu qu'ils avaient affecté d'honorer à ce point la mémoire de cette actrice, afin de nous faire sentir davantage la barbare et lâche injustice qu'ils nous reprochent, d'avoir jeté à la voirie le corps de Mlle. Lecouvreur.

Mais je puis vous assurer que les Anglais, dans la pompe funèbre de Mlle. Oldfield, enterrée dans leur Saint-Denis [11], n'ont rien consulté que leur goût; ils sont bien loin d'attacher l'infamie à l'art des Sophocles et des Euripides, et de retrancher du corps de leurs citoyens ceux qui se dévouent à réciter devant eux des ouvrages dont leur nation se glorifie.

Du temps de Charles Ier, et dans le commencement de ces [c] guerres civiles commencées par des rigoristes fanatiques qui eux-mêmes en furent enfin les victimes, on écrivait beaucoup contre les spectacles [12], d'autant plus que Charles Ier et sa femme, fille de notre Henri le Grand, les aimaient extrêmement.

Un docteur nommé Prynne [13], scrupuleux à toute ou-
trance, qui se serait cru damné s'il avait porté une soutane
au lieu d'un manteau court [d], et qui aurait voulu que la
moitié des hommes eût massacré l'autre pour la gloire de
Dieu et la *propaganda fide*, s'avisa d'écrire un fort mauvais
livre contre d'assez bonnes comédies qu'on jouait tous les
jours très innocemment devant le roi et la reine. Il cita
l'autorité des rabbins et quelques passages de saint Bona-
venture, pour prouver que l'*Œdipe* de Sophocle était
l'ouvrage du Malin, que Térence était excommunié *ipso
facto*; et il ajouta que sans doute Brutus, qui était un
Janséniste très sévère n'avait assassiné César que parce que
César, qui était grand prêtre, avait composé une tragédie
d'*Œdipe*; enfin, il dit que tous ceux qui assistaient à un
spectacle étaient des excommuniés qui reniaient leur
chrême et leur baptême. C'était outrager le roi et toute la
famille royale. Les Anglais respectaient alors Charles Ier; ils
ne voulurent pas souffrir qu'on parlât d'excommunier ce
même prince à qui ils firent depuis couper la tête. M.
Prynne fut cité devant la Chambre étoilée, condamné à
voir son beau livre brûlé par la main du bourreau, et lui, à
avoir les oreilles coupées. Son procès se voit dans les actes
publics.

On se garde bien, en Italie, de flétrir l'opéra et d'excommunier le signor Senesino [14] ou la signora Cuzzon [15]. Pour
moi, j'oserais souhaiter qu'on pût supprimer en France je
ne sais quels mauvais livres qu'on a imprimés contre nos
spectacles [16]. Car, lorsque les Italiens et les Anglais apprennent que nous flétrissons de la plus grande infamie un art
dans lequel nous excellons, que l'on excommunie des personnes gagées par le roi, que l'on condamne comme impie un
spectacle représenté chez des religieux et dans les couvents [17],
qu'on déshonore des jeux où Louis XIV et Louis XV ont
été acteurs, qu'on déclare œuvre du démon des pièces
revues [e] par les magistrats les plus sévères et représentées
devant une reine vertueuse [18]; quand, dis-je, des étrangers
apprennent cette insolence, ce manque de respect à l'autorité
royale, cette barbarie gothique qu'on ose nommer sévérité

chrétienne, que voulez-vous qu'ils pensent de notre nation? Et comment peuvent-ils concevoir, ou que nos lois autorisent un art déclaré si infâme, ou qu'on ose marquer de tant d'infamie un art autorisé par les lois, récompensé par les souverains, cultivé par les plus grands hommes et admiré des nations; et qu'on trouve chez le même libraire la déclamation du P. Le Brun [19] contre nos spectacles, à côté des ouvrages immortels des Racines, des Corneilles, des Molières, etc.?

# VINGT-QUATRIÈME LETTRE

## *Sur les Académies*

Les Anglais ont eu, longtemps avant nous, une Académie des Sciences; mais elle n'est pas si bien réglée que la nôtre, et cela par la seule raison peut-être qu'elle est plus ancienne. Car, si elle avait été formée après l'Académie de Paris, elle en aurait adopté quelques sages lois et eût perfectionné les autres.

La Société Royale [1] de Londres manque des deux choses les plus nécessaires aux hommes, de récompenses et de règles. C'est une petite fortune sûre, à Paris, pour un géomètre, pour un chimiste, qu'une place à l'Académie; au contraire, il en coûte [2], à Londres, pour être de la Société Royale. Quiconque dit, en Angleterre: « J'aime les arts, » et [a] veut être de la Société, en est dans l'instant. Mais, en France, pour être membre et pensionnaire de l'Académie, ce n'est pas assez d'être amateur; il faut être savant, et disputer la place contre des concurrents d'autant plus redoutables qu'ils sont animés par la gloire, par l'intérêt, par la difficulté même, et par cette inflexibilité d'esprit que donne d'ordinaire l'étude opiniâtre des sciences de calcul.

L'Académie des Sciences est sagement bornée à l'étude de la nature, et, en vérité, c'est un champ assez vaste pour occuper cinquante ou soixante personnes. Celle [b] de Londres mêle indifféremment la littérature à la physique.

Il me semble qu'il est mieux d'avoir une Académie parti-
culière pour les belles-lettres, afin que rien ne soit confondu,
et qu'on ne voie point une dissertation sur les coiffures
des Romaines à côté d'une centaine de courbes nouvelles.

Puisque la Société de Londres a peu d'ordre et nul
encouragement, et que celle de Paris est sur un pied tout
opposé, il n'est pas étonnant que les mémoires de notre
Académie soient supérieurs aux leurs : des soldats bien
disciplinés et bien payés doivent, à la longue, l'emporter
sur des volontaires. Il est vrai que la Société Royale a eu un
Newton, mais elle ne l'a pas produit; il y avait même peu
de ses confrères qui l'entendissent; un génie comme M.
Newton appartenait à toutes les Académies de l'Europe,
parce que toutes avaient beaucoup à apprendre de lui $^c$.

Le fameux docteur Swift forma le dessein, dans les dernières années du règne de la reine Anne, d'établir une
Académie pour la langue, à l'exemple de l'Académie française $^3$. Ce projet était appuyé par le comte d'Oxford, grand
Trésorier, et encore plus par le vicomte Bolingbroke,
Secrétaire d'État, qui avait le don de parler sur-le-champ
dans le Parlement avec autant de pureté que Swift écrivait
dans son cabinet, et qui aurait été le protecteur et l'ornement de cette Académie. Les membres qui la devaient
composer étaient des hommes dont les ouvrages dureront
autant que la langue anglaise : c'étaient le docteur Swift,
M. Prior, que nous avons vu ici ministre public et qui, en
Angleterre, a la même réputation que La Fontaine a parmi
nous; c'étaient M. Pope, le Boileau d'Angleterre, M.
Congrève, qu'on peut en appeler le Molière ; plusieurs
autres, dont les noms m'échappent ici, auraient tous fait
fleurir cette compagnie dans sa naissance. Mais la Reine
mourut subitement; les Whigs se mirent dans la tête de
faire pendre $^{4\ d}$ les protecteurs de l'Académie, ce qui,
comme vous croyez bien, fut mortel aux belles-lettres. Les
membres de ce corps auraient eu un grand avantage sur les
premiers qui composèrent l'Académie française; car Swift,
Prior, Congrève, Dryden, Pope, Addison, etc., avaient fixé
la langue anglaise par leurs écrits, au lieu que $^e$ Chapelain,

Colletet, Cassaigne, Faret, Perrin⁵, Cotin, vos premiers Académiciens étaient l'opprobre de votre⁹ nation, et que leurs noms sont devenus si ridicules que, si quelque auteur passable avait le malheur de s'appeler Chapelain ou Cotin, il serait obligé de changer de nom. Il aurait fallu surtout que l'Académie anglaise se proposât des occupations toutes différentes de la nôtre. Un jour, un bel esprit de ce pays-là me demanda les Mémoires de l'Académie française. « Elle n'écrit point de Mémoires, lui répondis-je; mais elle a fait imprimer soixante ou quatre-vingt volumes de compliments. » Il en parcourut un ou deux; il ne put jamais entendre ce style, quoiqu'il entendît fort bien tous nos bons auteurs. « Tout ce que j'entrevois, me dit-il, dans ces beaux discours, c'est que le récipiendaire, ayant assuré que son prédécesseur était un grand homme, que le cardinal de Richelieu était un très grand homme, le chancelier Séguier un assez grand homme, Louis XIV un plus que grand homme, le directeur lui répond la même chose, et ajoute que le récipiendaire pourrait bien aussi être un espèce de grand homme, et que, pour lui, directeur, il n'en quitte pas sa part. »

Il est aisé de voir par quelle fatalité presque tous ces discours ont fait si peu d'honneur à ce corps : *vitium est temporis potius quam hominis.* L'usage s'est insensiblement établi que tout Académicien répéterait ces éloges à sa réception. Ç'a été une espèce de loi d'ennuyer le public. Si on cherche ensuite pourquoi les plus grands génies qui sont entrés dans ce corps ont fait quelque fois les plus mauvaises harangues, la raison en est encore bien aisée; c'est qu'ils ont voulu briller, c'est qu'ils ont voulu traiter nouvellement une matière toute usée. La nécessité de parler, l'embarras de n'avoir rien à dire et l'envie d'avoir de l'esprit sont trois choses capables de rendre ridicule même le plus grand homme. Ne pouvant trouver de pensées nouvelles, ils ont cherché des tours nouveaux, et ont parlé sans penser, comme des gens qui mâcheraient à vide, et feraient semblant de manger en périssant d'inanition.

Au lieu que c'est une loi dans l'Académie française de

faire imprimer tous ces discours, par lesquels seuls elle est connue, ce devrait être une loi de ne les imprimer pas.

L'Académie des Belles-Lettres s'est proposée un but plus sage et plus utile : c'est de présenter au public un recueil de Mémoires remplis de recherches et de critiques curieuses. Ces mémoires sont déjà estimés chez les étrangers. On souhaiterait seulement que quelques matières y fussent plus approfondies, et qu'on n'en eût point traité d'autres. On se serait, par exemple, fort bien passé de je ne sais quelle dissertation sur les prérogatives de la main droite sur la main gauche, et quelques autres recherches qui, sous un titre moins ridicule, n'en sont guère moins frivoles.

L'Académie des Sciences, dans ses recherches plus difficiles et d'une utilité plus sensible, embrasse la connaissance de la nature et la perfection des arts. Il est à croire que des études si profondes et si suivies, des calculs si exacts, des découvertes si fines, des vues si grandes, produiront enfin quelque chose qui servira au bien de l'univers.

Jusqu'à présent, comme nous l'avons déjà observé ensemble, c'est dans les siècles les plus barbares que se [h] sont faites les plus utiles découvertes. Il semble que le partage des temps les plus éclairés et des Compagnies les plus savantes soit de raisonner sur ce que des ignorants ont inventé. On sait aujourd'hui, après les longues disputes de M. Huyghens et de M. Renaud, la détermination de l'angle le plus avantageux d'un gouvernail de vaisseau avec la quille [6]; mais Christophe Colomb avait découvert l'Amérique sans rien soupçonner de cet angle.

Je suis bien loin d'inférer de là qu'il faille s'en tenir seulement à une pratique aveugle; mais il serait heureux que les physiciens et les géomètres joignissent, autant qu'il est possible, la pratique à la spéculation. Faut-il que ce qui fait le plus d'honneur à l'esprit humain soit souvent ce qui est le moins utile? Un homme, avec les quatre règles d'arithmétique et du bon sens, devient un grand négociant, un Jacques Cœur [7], un Delmet [8], un Bernard [9], tandis qu'un pauvre algébriste passe sa vie à chercher dans les nombres des rapports et des propriétés étonnantes, mais sans usage, et qui ne lui apprendront pas ce que c'est que le change. Tous les arts sont à peu près dans ce cas; il y a un point, passé lequel les recherches ne sont plus que pour la curiosité. Ces vérités ingénieuses et inutiles ressemblent à des étoiles qui, placées trop loin de nous, ne ⁱ donnent point de clarté.

Pour l'Académie française, quel service ne rendrait-elle pas aux lettres, à la langue et à la nation, si, au lieu de faire imprimer tous les ans des compliments, elle faisait imprimer les bons ouvrages du siècle de Louis XIV, épurés de toutes les fautes de langage qui s'y sont glissées? Corneille et Molière en sont pleins, La Fontaine en fourmille. Celles qu'on ne pourrait pas corriger seraient au moins marquées. L'Europe, qui lit ces auteurs, apprendrait par eux notre langue avec sureté. Sa pureté serait à jamais fixée. Les bons livres français, imprimés avec ce soin aux dépens du roi, seraient un des plus glorieux monuments de la nation. J'ai ouï dire que M. Despréaux avait fait autrefois cette proposition, et qu'elle a été renouvelée par un homme dont l'esprit, la sagesse et la saine critique sont connus ¹⁰; mais cette idée a eu le sort de beaucoup d'autres projets utiles, d'être approuvée et d'être négligée ᶦ.

## VINGT-CINQUIÈME LETTRE

### Sur les Pensées de M. Pascal

Je vous envoie les remarques critiques que j'ai faites depuis longtemps sur les *Pensées* de M. Pascal. Ne me comparez point ici, je vous prie, à Ézéchias, qui voulut faire brûler tous les livres de Salomon. Je respecte le génie et l'éloquence de M. Pascal; mais, plus je les respecte, plus je suis persuadé qu'il aurait lui-même corrigé beaucoup de ces *Pensées*, qu'il avait jetées au hasard sur le papier, pour les examiner ensuite : et c'est en admirant son génie que je combats quelques-unes de ses idées.

Il me paraît qu'en général l'esprit dans lequel M. Pascal écrivit ces *Pensées*, était de montrer l'homme dans un jour odieux. Il s'acharne à nous peindre tous méchants et malheureux. Il écrit contre la nature humaine à peu près comme il écrivait contre les Jésuites. Il impute à l'essence de notre nature ce qui n'appartient qu'à certains hommes. Il dit éloquemment des injures au genre humain. J'ose prendre le parti de l'humanité contre ce misanthrope sublime; j'ose assurer que nous ne sommes ni si méchants ni si malheureux qu'il le dit. Je suis, de plus, très persuadé que, s'il avait suivi, dans le livre qu'il méditait, le dessein qui paraît dans ses *Pensées*, il aurait fait un livre plein de paralogismes éloquents et de faussetés admirablement déduites. Je crois même que tous ces livres qu'on a faits depuis peu pour prouver la religion chrétienne, sont plus capables de scandaliser que d'édifier. Ces auteurs prétendent-ils en savoir plus que Jésus-Christ et les Apôtres? C'est vouloir soutenir un chêne en l'entourant de roseaux; on peut écarter ces roseaux inutiles sans craindre de faire tort à l'arbre.

J'ai choisi avec discrétion quelques pensées de Pascal : je mets les réponses au bas. C'est à vous à juger si j'ai tort ou raison [a].

I

« *Les grandeurs et les misères de l'homme sont tellement visibles qu'il faut nécessairement que la véritable religion nous enseigne qu'il y a en lui quelque grand principe de grandeur, et en même temps quelque grand principe de misère. Car il faut que la véritable religion connaisse à fond notre nature, c'est-à-dire qu'elle connaisse tout ce qu'elle a de grand et tout ce qu'elle a de misérable, et la raison de l'un et de l'autre. Il faut encore qu'elle nous rende raison des étonnantes contrariétés qui s'y rencontrent.* »

Cette manière de raisonner paraît fausse et dangereuse : car la fable de Prométhée et de Pandore, les Androgynes de Platon, et les dogmes des Siamois, etc. rendraient aussi bien raison de ces contrariétés apparentes. La religion chrétienne n'en demeurera pas moins vraie, quand même on n'en tirerait pas ces conclusions ingénieuses, qui ne peuvent servir qu'à faire briller l'esprit.

Le christianisme n'enseigne que la simplicité, l'humanité, la charité ; vouloir le réduire à la métaphysique, c'est vouloir en faire une source d'erreurs [a].

## II

« *Qu'on examine sur cela toutes les religions du monde, et qu'on voie s'il y en a une autre que la chrétienne qui y satisfasse.*

*Sera-ce celle qu'enseignaient les philosophes qui nous proposent pour tout bien un bien qui est en nous? Est-ce là le vrai bien? Ont-ils trouvé le remède à nos maux? Est-ce avoir guéri la présomption de l'homme que de l'avoir égalé à Dieu? Et ceux qui nous ont égalés aux bêtes et qui nous ont donné les plaisirs de la terre pour tout bien, ont-ils apporté le remède à nos concupiscences?* »

Les philosophes n'ont point enseigné de religion ; ce n'est pas leur philosophie qu'il s'agit de combattre. Jamais philosophe ne s'est dit inspiré de Dieu, car, dès lors il eût cessé d'être philosophe, et il eût fait le prophète. Il ne s'agit pas de savoir si Jésus-Christ doit l'emporter sur Aristote ; il s'agit de prouver que la religion de Jésus-Christ est la véritable, et que celles de Mahomet, des païens, et toutes les autres sont fausses [a].

## III

« *Et cependant, sans ce mystère le plus incompréhensible de tous, nous sommes incompréhensibles à nous-mêmes. Le nœud de notre condition prend ses retours et ses plis dans l'abîme du péché originel, de sorte que l'homme est plus inconcevable sans ce mystère que ce mystère n'est inconcevable à l'homme.* »

Est-ce raisonner que de dire : *L'homme est inconcevable sans ce mystère inconcevable?* Pourquoi vouloir aller plus loin que l'Écriture? N'y a-t-il pas de la témérité à croire qu'elle a besoin d'appui, et que ces idées philosophiques peuvent lui en donner ? [a]

Qu'aurait répondu M. Pascal à un homme qui lui aurait dit : « Je sais que le mystère du péché originel est l'objet de ma foi et non de ma raison. Je conçois fort bien sans mystère ce que c'est que l'homme ; je vois qu'il vient

au monde comme les autres animaux ; que l'accouchement
des mères est plus douloureux à mesure qu'elles sont plus
délicates ; que quelquefois des femmes et des animaux
femelles meurent dans l'enfantement ; qu'il y a quelquefois
des enfants mal organisés qui vivent privés d'un ou
deux sens et de la faculté du raisonnement ; que ceux qui
sont le mieux organisés sont ceux qui ont les passions les
plus vives ; que l'amour de soi-même est égal chez tous les
hommes, et qu'il leur est aussi nécessaire que les cinq sens ;
que cet amour-propre nous est donné de Dieu pour la
conservation de notre être, et qu'il nous a donné la religion
pour régler cet amour-propre ; que nos idées sont justes ou
inconséquentes, obscures ou lumineuses, selon que nos
organes sont plus ou moins solides, plus ou moins déliés, et
selon que nous sommes plus ou moins passionnés ; que
nous dépendons en tout de l'air qui nous environne, des
aliments que nous prenons, et que, dans tout cela, il n'y a
rien de contradictoire. L'homme n'est point une énigme,
comme vous vous le figurez, pour avoir le plaisir de la
deviner. L'homme paraît être à sa place dans la nature,
supérieur aux animaux, auxquels il est semblable par les
organes, inférieur à d'autres êtres, auxquels il ressemble
probablement par la pensée. Il est, comme tout ce que nous
voyons, mêlé de mal et de bien, de plaisir et de peine ; il
est pourvu de passions pour agir, et de raison pour gouverner ses actions. Si l'homme était parfait, il serait Dieu.
Et ces prétendues contrariétés, que vous appelez contradictions, sont les ingrédients nécessaires qui entrent dans
le composé de l'homme, qui est ce qu'il doit être [b].»

## IV

« *Suivons nos mouvements, observons-nous nous-mêmes, et
voyons si nous n'y trouverons pas les caractères vivants de ces deux
natures.*

*Tant de contradictions se trouveraient-elles dans un sujet simple?*

*Cette duplicité de l'homme est si visible qu'il y en a qui ont
pensé que nous avions deux âmes, un sujet simple leur paraissant*

*incapable de telles et si soudaines variétés, d'une présomption démesurée à un horrible abattement de cœur. »*

ᵃ Nos diverses volontés ne sont point des contradictions dans la nature, et l'homme n'est point un sujet simple. Il est composé d'un nombre innombrable d'organes : si un seul de ses organes est un peu altéré, il est nécessaire qu'il change toutes les impressions du cerveau, et que l'animal ait de nouvelles pensées et de nouvelles volontés. Il est très vrai que nous sommes tantôt abattus de tristesse, tantôt enflés de présomption : et cela doit être quand nous nous trouvons dans des situations opposées. Un animal que son maître caresse et nourrit, et un autre qu'on égorge lentement et avec adresse pour en faire une dissection, éprouvent des sentiments bien contraires ; aussi faisons-nous ; et les différences qui sont en nous sont si peu contradictoires qu'il serait contradictoire, qu'elles n'existassent pas.

Les fous qui ont dit que nous avions deux âmes pouvaient, par la même raison, nous en donner trente ou quarante ; car un homme, dans une grande passion, a souvent trente ou quarante idées différentes de la même chose, et doit nécessairement les avoir, selon que cet objet lui paraît sous différentes faces.

Cette prétendue *duplicité* de l'homme est une idée aussi absurde que métaphysique. J'aimerais autant dire que le chien, qui mord et qui caresse, est double ; que la poule, qui a tant de soin de ses petits, et qui ensuite les abandonne jusqu'à les méconnaître, est double ; que la glace qui représente des objets différents, est double ; que l'arbre, qui est tantôt chargé, tantôt dépouillé de feuilles, est double. J'avoue que l'homme est inconcevable ; mais tout le reste de la nature l'est aussi, et il n'y a pas plus de contradictions apparentes dans l'homme que dans tout le reste.

### V

*« Ne parier point que Dieu est, c'est parier qu'il n'est pas. Lequel prendrez-vous donc? Pesons le gain et la perte, en prenant le parti de croire que Dieu est. Si vous gagnez, vous gagnez tout ; si*

*vous perdez, vous ne perdez rien. Pariez donc qu'il est, sans hésiter.
— Oui, il faut gager ; mais je gage peut-être trop. — Voyons,
puisqu'il y a pareil hasard de gain et de perte, quand vous n'auriez
que deux vies à gagner pour une, vous pourriez encore gager. »*

Il est évidemment faux de dire : « *Ne point parier que Dieu
est, c'est parier qu'il n'est pas* » ; car celui qui doute et demande à s'éclairer ne parie assurément ni pour ni contre.

D'ailleurs, cet article paraît un peu indécent et puérile ;
cette idée de jeu, de perte et de gain ne convient point à la
gravité du sujet.

De plus, l'intérêt que j'ai à croire une chose n'est pas une
preuve de l'existence de cette chose. Je vous donnerai, me
dites-vous, l'empire du monde si je crois que vous ayez
raison. Je souhaite alors, de tout mon cœur, que vous ayez
raison ; mais, jusqu'à ce que vous me l'ayez prouvé, je ne
puis vous croire.

« Commencez, pourrait-on dire à M. Pascal, par convaincre ma raison. J'ai intérêt, sans doute, qu'il y ait un
Dieu. Mais si, dans votre système, Dieu n'est venu que pour
si peu de personnes ; si le petit nombre des élus est si
effrayant ; si je ne puis rien du tout par moi-même, dites-
moi, je vous prie, quel intérêt j'ai à vous croire? N'ai-je pas
un intérêt visible à être persuadé du contraire? De quel front
osez-vous me montrer un bonheur infini, auquel, d'un
million d'hommes, à peine un seul a droit d'aspirer? Si vous
voulez me convaincre, prenez-vous-y d'une autre façon, et
n'allez pas tantôt me parler de jeu, de hasard, de pari, de
croix et de pile, et tantôt m'effrayer par les épines que vous
semez sur le chemin que je veux et que je dois suivre. Votre
raisonnement ne servirait qu'à faire des athées, si la voix de
toute la nature ne nous criait qu'il y a un Dieu, avec
autant de force que ces subtilités ont de faiblesse. »

## VI

*« En voyant l'aveuglement et la misère de l'homme et ces contra-
riétés étonnantes qui se découvrent dans sa nature, et regardant tout
l'univers muet, et l'homme sans lumière, abandonné à lui-même, et
comme égaré dans ce recoin de l'univers, sans savoir qui l'y a mis,*

*ce qu'il y est venu faire, ce qu'il y deviendra en mourant, j'entre en effroi comme un homme qu'on aurait porté endormi dans une île déserte et effroyable, et qui s'éveillerait sans connaître où il est et sans avoir aucun moyen d'en sortir ; et sur cela j'admire comment on n'entre pas en désespoir d'un si misérable état.* »

En lisant cette réflexion, je reçois une lettre d'un de mes amis qui demeure dans un pays fort éloigné. Voici ses paroles :

« Je suis ici comme vous m'y avez laissé, ni plus gai, ni plus triste, ni plus riche, ni plus pauvre, jouissant d'une santé parfaite, ayant tout ce qui rend la vie agréable, sans amour, sans avarice, sans ambition et sans envie, et, tant que tout cela durera, je m'appellerai hardiment un homme très heureux. »

Il y a beaucoup d'hommes aussi heureux que lui. Il en est des hommes comme des animaux ; tel chien couche et mange avec sa maîtresse ; tel autre tourne la broche et est tout aussi content ; tel autre devient enragé, et on le tue. Pour moi, quand je regarde Paris ou Londres, je ne vois aucune raison pour entrer dans ce désespoir dont parle M. Pascal ; je vois une ville qui ne ressemble en rien à une île déserte, mais peuplée, opulente, policée, et où les hommes sont heureux autant que la nature humaine le comporte. Quel est l'homme sage qui sera prêt à se pendre parce qu'il ne sait pas comme on voit Dieu face à face, et que sa raison ne peut débrouiller le mystère de la Trinité? [a] Il faudrait autant se désespérer de n'avoir pas quatre pieds et deux ailes.

Pourquoi nous faire horreur de notre être? Notre existence n'est point si malheureuse qu'on veut nous le faire accroire. Regarder l'univers comme un cachot, et tous les hommes comme des criminels qu'on va exécuter, est l'idée d'un fanatique. Croire que le monde est un lieu de délices où l'on ne doit avoir que du plaisir, c'est la rêverie d'un Sybarite. Penser que la terre, les hommes et les animaux sont ce qu'ils doivent être dans l'ordre de la Providence, est, je crois, d'un homme sage.

L.P.—6

### VII

« (*Les Juifs pensent*) *que Dieu ne laissera pas éternellement les autres peuples dans ces ténèbres ; qu'il viendra un libérateur pour tous ; qu'ils sont au monde pour l'annoncer ; qu'ils sont formés exprès pour être les hérauts de ce grand avènement, et pour appeler tous les peuples à s'unir à eux dans l'attente du libérateur.* »

Les Juifs ont toujours attendu un libérateur ; mais leur libérateur est pour eux et non pour nous. Ils attendent un Messie qui rendra les Juifs maîtres des chrétiens ; et nous espérons que le Messie réunira un jour les Juifs aux chrétiens : ils pensent précisément sur cela tout le contraire de ce que nous pensons.

### VIII

« *La loi par laquelle ce peuple est gouverné est tout ensemble la plus ancienne loi du monde, la plus parfaite, et la seule qui ait toujours été gardée sans interruption dans un État. C'est ce que Philon, Juif, montre en divers lieux, et Josèphe admirablement contre Appion, où il fait voir qu'elle est si ancienne que le nom même de loi n'a été connu des plus anciens que plus de mille ans après, en sorte qu'Homère, qui a parlé de tant de peuples, ne s'en est jamais servi. Et il est aisé de juger de la perfection de cette loi par sa simple lecture, où l'on voit qu'on y a pourvu à toutes choses avec tant de sagesse, tant d'équité, tant de jugement, que les plus anciens législateurs grecs et romains en ayant quelque lumière en ont emprunté leurs principales lois : ce qui paraît par celles qu'ils appellent des douze tables, et par les autres preuves que Josèphe en donne.* »

Il est très faux que la loi des Juifs soit la plus ancienne ; puisque, avant Moïse, leur législateur, ils demeuraient en Égypte, le pays de la terre le plus renommé pour ses sages lois.

Il est très faux que le nom de loi n'ait été connu qu'après Homère. Il parle des lois de Minos. Le mot de loi est dans Hésiode. Et quand le nom de loi ne se trouverait ni dans Hésiode ni dans Homère, cela ne prouverait rien. Il y avait des rois et des juges ; donc il y avait des lois.

Il est encore très faux que les Grecs et les Romains aient pris des lois des Juifs. Ce ne peut être dans les commencements de leurs républiques ; car alors ils ne pouvaient connaître les Juifs ; ce ne peut être dans le temps de leur grandeur, car alors ils avaient pour ces barbares un mépris connu de toute la terre.

## IX

« *Ce peuple est encore admirable en sincérité. Ils gardent avec amour et fidélité le livre où Moïse déclare qu'ils ont toujours été ingrats envers Dieu, et qu'il sait qu'ils le seront encore plus après sa mort ; mais qu'il appelle le ciel et la terre à témoin contre eux, qu'il le leur a assez dit ; qu'enfin Dieu, s'irritant contre eux, les dispersera par tous les peuples de la terre ; que, comme ils l'ont irrité en adorant des dieux qui n'étaient point leurs dieux, il les irritera en appelant un peuple qui n'était point son peuple. Cependant ce livre, qui les déshonore en tant de façons, ils le conservent aux dépens de leur vie : c'est une sincérité qui n'a point d'exemple dans le monde, ni sa racine dans la nature.* »

Cette sincérité a partout des exemples, et n'a sa racine que dans la nature. L'orgueil de chaque Juif est intéressé à croire que ce n'est point sa détestable politique, son ignorance des arts, sa grossièreté qui l'a perdu, mais que c'est la colère de Dieu qui le punit. Il pense avec satisfaction qu'il a fallu des miracles pour l'abattre, et que sa nation est toujours la bien-aimée du Dieu qui la châtie.

Qu'un prédicateur monte en chaire, et dise aux Français : « Vous êtes des misérables, qui n'avez ni cœur ni conduite, vous avez été battus à Hochstedt et à Ramillies, parce que vous n'avez pas su vous défendre », il se fera lapider. Mais s'il dit : « Vous êtes des catholiques chéris de Dieu ; vos péchés infâmes avaient irrité l'Éternel, qui vous livra aux hérétiques à Hochstedt et à Ramillies ; mais, quand vous êtes revenus au Seigneur, alors il a béni votre courage à Denain » ; ces paroles le feront aimer de l'auditoire.

## X

« *S'il y a un Dieu, il ne faut aimer que lui, et non les créatures.* »
Il faut aimer, et très tendrement, les créatures ; il faut
aimer sa patrie, sa femme, son père, ses enfants ; et il faut
si bien les aimer que Dieu nous les fait aimer malgré nous.
Les principes contraires ne sont propres qu'à faire de barbares raisonneurs *a*.

## XI

« *Nous naissons injustes ; car chacun tend à soi. Cela est contre
tout ordre. Il faut tendre au général ; et la pente vers soi est le
commencement de tout désordre en guerre, en police, en économie, etc.* »
Cela est selon tout ordre. Il est aussi impossible qu'une
société puisse se former et subsister sans amour-propre,
qu'il serait impossible de faire des enfants sans concupiscence, de songer à se nourrir sans appétit, etc. C'est l'amour
de nous même qui assiste l'amour des autres ; c'est par nos
besoins mutuels que nous sommes utiles au genre humain ;
c'est le fondement de tout commerce ; c'est l'éternel lien
des hommes. Sans lui, il n'y aurait pas eu un art inventé, ni
une société de dix personnes formée. C'est cet amour-
propre, que chaque animal a reçu de la nature, qui nous
avertit de respecter celui des autres. La loi dirige cet amour-
propre, et la religion le perfectionne. Il est bien vrai que
Dieu aurait pu faire des créatures uniquement attentives au
bien d'autrui. Dans ce cas, les marchands auraient été aux
Indes par charité, et le maçon eût scié de la pierre pour
faire plaisir à son prochain. Mais Dieu a établi les choses
autrement : n'accusons point l'instinct qu'il nous donne, et
faisons-en l'usage qu'il commande.

## XII

« (*Le sens caché des prophéties*) *ne pouvait induire en erreur, et
il n'y avait qu'un peuple aussi charnel que celui-là qui s'y pût
méprendre.*
*Car, quand les biens sont promis en abondance, qui les empêchait*

*d'entendre les véritables biens, sinon leur cupidité, qui déterminait ce sens aux biens de la terre ?* »

En bonne foi, le peuple le plus spirituel de la terre l'aurait-il entendu autrement ? Ils étaient esclaves des Romains ; ils attendaient un libérateur qui les rendrait victorieux et qui ferait respecter Jérusalem dans tout le monde. Comment, avec les lumières de leur raison, pouvaient-ils voir ce vainqueur, ce monarque dans Jésus pauvre et mis en croix? Comment pouvaient-ils entendre, par le nom de leur capitale, une Jérusalem céleste, eux à qui le *Décalogue* n'avait pas seulement parlé de l'immortalité de l'âme? Comment un peuple si attaché à sa loi pouvait-il, sans une lumière supérieure, reconnaître dans les prophéties, qui n'étaient pas leur loi, un Dieu caché sous la figure d'un Juif circoncis, qui, par sa religion nouvelle, a détruit et rendu abominable la circoncision et le sabbat, fondements sacrés de la loi judaïque? Pascal, né parmi les Juifs, s'y serait mépris comme eux. Encore une fois ª, adorons Dieu sans vouloir percer dans l'obscurité de ses mystères.

### XIII

« *Le temps du premier avènement de Jésus-Christ est prédit. Le temps du second ne l'est point, parce que le premier devait être caché, au lieu que le second doit être éclatant et tellement manifeste que ses ennemis mêmes le reconnaîtront.* »

Le temps du second avènement de Jésus-Christ a été prédit encore plus clairement que le premier. M. Pascal avait apparemment oublié que Jésus-Christ, dans le chapitre 21 de saint Luc, dit expressément : « Lorsque vous verrez une armée environner Jérusalem, sachez que la désolation est proche... Jérusalem sera foulée aux pieds, et il y aura des signes dans le soleil et dans la lune et dans les étoiles ; les flots de la mer feront un très grand bruit ;... les vertus des cieux seront ébranlées ; et alors ils verront le fils de l'homme, qui viendra sur une nuée avec une grande puissance et une grande majesté. »

Ne voilà-t-il pas le second avènement prédit distincte-

ment? Mais, si cela n'est point arrivé encore, ce n'est point
à nous d'oser interroger la Providence ª.


## XIV

« *Le Messie, selon les Juifs charnels, doit être un grand prince
temporel. Selon les chrétiens charnels, il est venu nous dispenser*
d'aimer Dieu, *et nous donner des sacrements qui* opèrent tout
*sans nous. Ni l'un ni l'autre n'est la religion chrétienne ni juive.* »

Cet article est bien plutôt un trait de satire qu'une
réflexion chrétienne. On voit que c'est aux Jésuites qu'on
en veut ici. Mais, en vérité, aucun Jésuite a-t-il jamais dit
que Jésus-Christ est *venu nous dispenser* d'aimer Dieu? La
dispute sur l'amour de Dieu est une pure dispute de mots,
comme la plupart des autres querelles scientifiques qui ont
causé des haines si vives et des malheurs si affreux.

Il y a encore un autre défaut dans cet article. C'est qu'on
y suppose que l'attente d'un Messie était un point de
religion chez les Juifs : c'était seulement une idée consolante
répandue parmi cette nation. Les Juifs espéraient un libérateur, mais il ne leur était pas ordonné d'y croire comme
article de foi. Toute leur religion était renfermée dans le
livre de la loi. Les prophètes n'ont jamais été regardés par
les Juifs comme législateurs.


## XV

« *Pour examiner les prophéties, il faut les entendre, car, si l'on
croit qu'elles n'ont qu'un sens, il est sûr que le Messie ne sera point
venu ; mais, si elles ont deux sens, il est sûr qu'il sera venu en
Jésus-Christ.* »

La religion chrétienne est si véritable qu'elle n'a pas besoin
de preuves douteuses ; or, si quelque chose pouvait
ébranler les fondements de cette sainte et raisonnable
religion, c'est ce sentiment de M. Pascal. Il veut que
tout ait deux sens dans l'Écriture. Mais un homme qui
aurait le malheur d'être incrédule pourrait lui dire : « Celui
qui donne deux sens à ses paroles veut tromper les hommes,
et cette duplicité est toujours punie par les lois ; comment

donc pouvez-vous, sans rougir, admettre dans Dieu ce
qu'on punit et ce qu'on déteste dans les hommes ? Que dis-
je ? avec quel mépris et avec quelle indignation ne traitez-
vous pas les oracles des païens, parce qu'ils avaient deux
sens ! Ne pourrait-on pas dire plutôt que les prophéties qui
regardent directement Jésus-Christ n'ont qu'un sens, comme
celle de Daniel, de Michée et autres ? Ne pourrait-on pas
même dire que, quand nous n'aurions aucune intelligence
des prophéties, la religion n'en serait pas moins prouvée [a].

### XVI

« *La distance infinie des corps aux esprits figure la distance
infiniment plus infinie des esprits à la charité ; car elle est sur-
naturelle.* »

Il est à croire que M. Pascal n'aurait pas employé ce
galimatias dans son ouvrage, s'il avait eu le temps de le faire.

### XVII

« *Les faiblesses les plus apparentes sont des forces à ceux qui
prennent bien les choses. Par exemple, les deux généalogies de
saint Mathieu et de saint Luc. Il est visible que cela n'a pas été fait
de concert.* »

Les éditeurs des *Pensées* de Pascal auraient-ils dû imprimer
cette Pensée, dont l'exposition seule est peut-être capable de
faire tort à la religion ? A quoi bon dire que ces généalogies,
ces points fondamentaux de la religion chrétienne, se con-
trarient, sans dire en quoi elles peuvent s'accorder ? Il fallait
présenter l'antidote avec le poison. Que penserait-on d'un
avocat qui dirait : « Ma partie se contredit, mais cette
faiblesse est une force, pour ceux qui savent bien prendre les
choses ? » [a]

### XVIII

« *Qu'on ne nous reproche donc plus le manque de clarté, puisque
nous en faisons profession ; mais que l'on reconnaisse la vérité de la
religion dans l'obscurité même de la religion, dans le peu de lumière*

*que nous en avons, et dans l'indifférence que nous avons de la connaître.* »

Voilà d'étranges marques de vérité qu'apporte Pascal! Quelles autres marques a donc le mensonge? Quoi! il suffirait pour être cru, de dire : *Je suis obscur, je suis inintelligible*! Il serait bien plus sensé de ne présenter aux yeux que les lumières de la foi, au lieu de ces ténèbres d'érudition.

## XIX

« *S'il n'y avait qu'une religion, Dieu serait trop manifeste.* »

Quoi! vous dites que, s'il n'y avait qu'une religion, Dieu serait trop manifeste! Eh! oubliez-vous que vous dites, à chaque page, qu'un jour, il n'y aura qu'une religion? Selon vous, Dieu sera donc alors trop manifeste.

## XX

« *Je dis que la religion juive ne consistait en aucune de ces choses, mais seulement en l'amour de Dieu, et que Dieu réprouvait toutes les autres choses.* »

Quoi! Dieu réprouvait tout ce qu'il ordonnait lui-même avec tant de soin aux Juifs, et dans un détail si prodigieux! N'est-il pas plus vrai de dire que la loi de Moïse consistait, et dans l'amour et dans le culte? Ramener tout à l'amour de Dieu sent bien moins l'amour de Dieu que la haine que tout Janséniste a pour son prochain Moliniste.

## XXI

« *La chose la plus importante à la vie, c'est le choix d'un métier ; le hasard en dispose. La coutume fait les maçons, les soldats, les couvreurs.* »

Qui peut donc déterminer les soldats, les maçons et tous les ouvriers mécaniques, sinon ce qu'on appelle hasard et la coutume? Il n'y a que les arts de génie auxquels on se détermine de soi-même. Mais, pour les métiers que tout le monde peut faire, il est très naturel et très raisonnable que la coutume en dispose.

### XXII

« *Que chacun examine sa pensée ; il la trouvera toujours occupée au passé et à l'avenir. Nous ne pensons presque point au présent ; et, si nous y pensons, ce n'est que pour en prendre la lumière pour disposer l'avenir. Le présent n'est jamais notre but ; le passé et le présent sont nos moyens ; le seul avenir est notre objet.* »

Il faut, bien loin de se plaindre, remercier l'auteur ᵃ de la nature de ce qu'il nous donne cet instinct qui nous emporte sans cesse vers l'avenir. Le trésor le plus précieux de l'homme est cette *espérance* qui nous adoucit nos chagrins, et qui nous peint des plaisirs futurs dans la possession des plaisirs présents. Si les hommes étaient assez malheureux pour ne s'occuper que du présent, on ne sèmerait point, on ne bâtirait point, on ne planterait point, on ne pourvoirait à rien : on manquerait de tout au milieu de cette fausse jouissance. Un esprit comme M. Pascal pouvait-il donner dans un lieu commun aussi faux que celui-là? La nature a établi que chaque homme jouirait du présent en se nourrissant, en faisant des enfants, en écoutant des sons agréables, en occupant sa faculté de penser et de sentir, et qu'en sortant de ces états, souvent au milieu de ces états même, il penserait au lendemain, sans quoi il périrait de misère aujourd'hui ᵇ.

### XXIII

« *Mais, quand j'y ai regardé de plus près, j'ai trouvé que cet éloignement que les hommes ont du repos et de demeurer avec eux-mêmes, vient d'une cause bien effective, c'est-à-dire du malheur naturel de notre condition faible et mortelle, et si misérable que rien ne nous peut consoler lorsque rien ne nous empêche d'y penser, et que nous ne voyons que nous.* »

Ce mot *ne voir que nous* ne forme aucun sens.

Qu'est-ce qu'un homme qui n'agirait point, et qui est supposé se contempler? Non seulement je dis que cet homme serait un imbécile, inutile à la société, mais je dis que cet homme ne peut exister. Car, que ᵃ contemplerait-il ? son corps, ses pieds, ses mains, ses cinq sens? Ou il serait un

L.P.—6*

idiot, ou bien il ferait usage de tout cela. Resterait-il à contempler sa faculté de penser? Mais il ne peut contempler cette faculté qu'en l'exerçant. Ou il ne pensera à rien, ou bien il pensera aux idées qui lui sont déjà venues, ou il en composera de nouvelles ; or il ne peut avoir d'idées que du dehors. Le voilà donc nécessairement occupé ou de ses sens ou de ses idées ; le voilà donc hors de soi ou imbécile.

Encore une fois, il est impossible à la nature humaine de rester dans cet engourdissement imaginaire ; il est absurde de le penser ; il est insensé d'y prétendre. L'homme est né pour l'action, comme le feu tend en haut et la pierre en bas. N'être point occupé et n'exister pas est la même chose pour l'homme. Toute la différence consiste dans les occupations douces ou tumultueuses, dangereuses ou utiles.

## XXIV

« *Les hommes ont un instinct secret qui les porte à chercher le divertissement et l'occupation au dehors, qui vient du ressentiment de leur misère continuelle, et ils ont un autre instinct secret, qui reste de la grandeur de leur première nature, qui leur fait connaître que le bonheur n'est en effet que dans le repos.* »

Cet instinct secret étant le premier principe et le fondement nécessaire de la société, il vient plutôt de la bonté de Dieu, et il est plutôt l'instrument de notre bonheur qu'il n'est le ressentiment de notre misère. Je ne sais pas ce que nos premiers pères faisaient dans le paradis terrestre ; mais, si chacun d'eux n'avait pensé qu'à soi, l'existence du genre humain était bien hasardée. N'est-il pas absurde de penser qu'ils avaient des sens parfaits, c'est-à-dire des instruments d'action parfaits, uniquement pour la contemplation? Et n'est-il pas plaisant que des têtes pensantes puissent imaginer que la paresse est un titre de grandeur, et l'action, un rabaissement de notre nature?

## XXV

« *C'est pourquoi, lorsque Cinéas disait à Pyrrhus, qui se proposait de jouir du repos avec ses amis après avoir conquis une grande partie du monde, qu'il ferait mieux d'avancer lui-même son bonheur en jouissant dès lors de ce repos sans l'aller chercher par tant de fatigues, il lui donnait un conseil qui recevait de grandes difficultés, et qui n'était guère plus raisonnable que le dessein de ce jeune ambitieux. L'un et l'autre supposait que l'homme se pût contenter de soi-même et de ses biens présents, sans remplir le vide de son cœur d'espérances imaginaires : ce qui est faux. Pyrrhus ne pouvait être heureux ni devant ni après avoir conquis le monde. »*

L'exemple de Cinéas est bon dans les satires de Despréaux, mais non dans un livre philosophique. Un roi sage peut être heureux chez lui ; et de ce qu'on nous donne Pyrrhus pour un fou, cela ne conclut rien pour le reste des hommes.

XXVI

*« On doit donc reconnaître que l'homme est si malheureux, qu'il s'ennuierait même sans aucune cause étrangère d'ennui, par le propre état de sa condition. »*

Au contraire, l'homme est si heureux en ce point, et nous avons tant d'obligation à l'auteur de la nature, qu'il a attaché l'ennui à l'inaction, afin de nous forcer par là à être utiles au prochain et à nous même.

XXVII

*« D'où vient que cet homme qui a perdu depuis peu son fils unique et qui, accablé de procès et de querelles, était ce matin si troublé, n'y pense plus maintenant ? Ne vous en étonnez pas ; il est tout occupé à voir par où passera un cerf que ses chiens poursuivent avec ardeur depuis six heures. Il n'en faut pas davantage pour l'homme, quelque plein de tristesse qu'il soit. Si l'on peut gagner sur lui de le faire entrer en quelque divertissement, le voilà heureux pendant ce temps-là. »*

Cet homme fait à merveille ; la dissipation est un remède plus sûr contre la douleur que le quinquina contre la fièvre. Ne blâmons point en cela la nature, qui est toujours prête à nous secourir.

## XXVIII

« *Qu'on s'imagine un nombre d'hommes dans les chaînes, et tous condamnés à la mort, dont les uns étant chaque jour égorgés à la vue des autres, ceux qui restent voient leur propre condition dans celle de leurs semblables, et, se regardant les uns les autres avec douleur et sans espérance, attendent leur tour : c'est l'image de la condition des hommes.* »

Cette comparaison assurément n'est pas juste. Des malheureux enchaînés, qu'on égorge l'un après l'autre, sont malheureux non seulement parce qu'ils souffrent, mais encore parce qu'ils éprouvent ce que les autres hommes ne souffrent pas. Le sort naturel d'un homme n'est ni d'être enchaîné ni d'être égorgé ; mais tous les hommes sont faits, comme les animaux et les plantes, pour croître, pour vivre un certain temps, pour produire leur semblable et pour mourir. On peut, dans une satire, montrer l'homme tant qu'on voudra du mauvais côté ; mais, pour peu qu'on se serve de sa raison, on avouera que, de tous les animaux, l'homme est le plus parfait, le plus heureux, et celui qui vit le plus longtemps. Au lieu donc de nous étonner et de nous plaindre du malheur et de la brièveté de la vie, nous devons nous étonner et nous féliciter de notre bonheur et de sa durée. A ne raisonner qu'en philosophe, j'ose dire qu'il y a bien de l'orgueil et de la témérité à prétendre que, par notre nature, nous devons être mieux que nous ne sommes *a*.

## XXIX

« *Les sages, parmi les païens qui ont dit qu'il n'y a qu'un Dieu, ont été persécutés, les Juifs haïs, les chrétiens encore plus.* »

Ils ont été quelquefois persécutés, de même que le serait aujourd'hui un homme qui viendrait enseigner l'adoration d'un Dieu, indépendante du culte reçu. Socrate n'a pas été condamné pour avoir dit : *Il n'y a qu'un Dieu*, mais pour s'être élevé contre le culte extérieur du pays, et pour s'être fait des ennemis puissants fort mal à propos. A l'égard des Juifs, ils étaient haïs, non parce qu'ils ne croyaient qu'un Dieu, mais parce qu'ils haïssaient ridiculement les autres nations, parce que c'étaient des barbares qui massacraient sans pitié leurs ennemis vaincus, parce que ce vil peuple, superstitieux, ignorant, privé des arts, privé du commerce, méprisait les peuples les plus policés. Quant aux chrétiens, ils étaient haïs des païens parce qu'ils tendaient à abattre la religion et l'empire, dont ils vinrent enfin à bout, comme les protestants se sont rendus les maîtres dans les mêmes pays où ils furent longtemps haïs, persécutés et massacrés.

XXX

« *Les défauts de Montagne sont grands. Il est plein de mots sales et déshonnêtes. Cela ne vaut rien. Ses sentiments sur l'homicide volontaire et sur la mort sont horribles.* »

Montagne parle en philosophe, non en chrétien. Il dit le pour et le contre de l'homicide volontaire. Philosophiquement parlant, quel mal fait à la société un homme qui la quitte quand il ne peut plus la servir? Un vieillard a la pierre et souffre des douleurs insupportables. On lui dit : « Si vous ne vous faites tailler, vous allez mourir ; si l'on vous taille, vous pourrez encore radoter, baver et traîner pendant un an, à charge à vous-même et aux vôtres. » Je suppose que le bonhomme prenne alors le parti de n'être plus à charge à personne. Voilà à peu près le cas que Montagne expose.

XXXI

« *Combien les lunettes nous ont-elles découvert d'astres qui n'étaient point pour nos philosophes d'auparavant? On attaquait hardiment l'Ecriture sur ce qu'on y trouve en tant d'endroits du grand nombre des étoiles. Il n'y en a que mille vingt-deux, disait-on ; nous le savons.* »

Il est certain que la sainte Écriture, en matière de physique, s'est toujours proportionnée aux idées reçues ; ainsi, elle suppose que la terre est immobile, que le soleil marche, etc. Ce n'est point du tout par un raffinement d'astronomie qu'elle dit que les étoiles sont innombrables, mais pour s'accorder aux idées vulgaires. En effet, quoique nos yeux ne découvrent qu'environ mille vingt-deux étoiles, cependant, quand on regarde le ciel fixement, la vue éblouie croit alors en voir une infinité. L'Écriture parle donc selon ce préjugé vulgaire, car elle ne nous a pas été donnée pour faire de nous des physiciens ; et il y a grande apparence que Dieu ne révéla ni à Habacuc, ni à Baruch, ni à Michée qu'un jour un Anglais nommé Flamstead mettrait dans son catalogue plus de sept mille étoiles aperçues avec le télescope [a].

### XXXII

« *Est-ce courage à un homme mourant d'aller dans la faiblesse et dans l'agonie, affronter un Dieu tout-puissant et éternel?* »

Cela n'est jamais arrivé ; et ce ne peut être que dans un violent transport au cerveau qu'un homme dise : « Je crois un Dieu, et je le brave. »

### XXXIII

« *Je crois volontiers les histoires dont les témoins se font égorger.* »

La difficulté n'est pas seulement de savoir si on croira des témoins qui meurent pour soutenir leur déposition, comme ont fait tant de fanatiques, mais encore si ces témoins sont effectivement morts pour cela, si on a conservé leurs dépositions, s'ils ont habité les pays où on dit qu'ils sont morts. Pourquoi Josèphe, né dans le temps de la mort du Christ, Josèphe, ennemi d'Hérode, Josèphe, peu attaché au judaïsme, n'a-t-il pas dit un mot de tout cela? Voilà ce que M. Pascal eût débrouillé avec succès, comme ont fait depuis tant d'écrivains éloquents.

### XXXIV

« *Les sciences ont deux extrémités qui se touchent. La première est la pure ignorance naturelle où se trouvent tous les hommes en naissant. L'autre extrémité est celle où arrivent les grandes âmes qui, ayant parcouru tout ce que les hommes peuvent savoir,* » *trouvent qu'ils ne savent rien, et se rencontrent dans cette même ignorance d'où ils étaient partis.* »

Cette pensée est un pur sophisme ; et la fausseté consiste dans ce mot d'*ignorance* qu'on prend en deux sens différents. Celui qui ne sait ni lire ni écrire est un ignorant ; mais un mathématicien, pour ignorer les principes cachés de la nature, n'est pas au point d'ignorance dont il était parti quand il commença à apprendre à lire. M. Newton ne savait pas pourquoi l'homme remue son bras quand il le veut, mais il n'en était pas moins savant sur le reste. Celui qui ne sait pas l'hébreu, et qui sait le latin, est savant par comparaison avec celui qui ne sait que le français.

### XXXV

« *Ce n'est pas être heureux que de pouvoir être réjoui par le divertissement ; car il vient d'ailleurs et de dehors ; et ainsi il est dépendant, et par conséquent sujet à être troublé par mille accidents qui font les afflictions inévitables.* »

ᵃ Celui-là est actuellement heureux, qui a du plaisir, et ce plaisir ne peut venir que de dehors ; nous ne pouvons avoir de sensations ni d'idées que par les objets extérieurs, comme nous ne pouvons nourrir notre corps qu'en y faisant entrer des substances étrangères qui se changent en la nôtre.

### XXXVI

« *L'extrême esprit est accusé de folie, comme l'extrême défaut : rien ne passe pour bon que la médiocrité.* »

Ce n'est point l'extrême esprit, c'est l'extrême vivacité et volubilité de l'esprit qu'on accuse de folie. L'extrême esprit est l'extrême justesse, l'extrême finesse, l'extrême étendue, opposée diamétralement à la folie.

L'extrême *défaut d'esprit* est un manque de conception, un vide d'idées ; ce n'est point la folie, c'est la stupidité. La folie est un dérangement dans les organes, qui fait voir plusieurs objets trop vite, ou qui arrête l'imagination sur un seul avec trop d'application et de violence. Ce n'est point non plus la médiocrité qui passe pour bonne, c'est l'éloignement des deux vices opposés, c'est ce qu'on appelle *juste milieu*, et non *médiocrité* ᵃ.

## XXXVII

« *Si notre condition était véritablement heureuse, il ne faudrait pas nous divertir d'y penser.* »

Notre condition est précisément de penser aux objets extérieurs, avec lesquels nous avons un rapport nécessaire. Il est faux qu'on puisse divertir un homme de penser à la condition humaine ; car, à quelque chose qu'il applique son esprit, il l'applique à quelque chose de lié nécessairement à la condition humaine. Et, encore une fois, penser à soi, avec abstraction des choses naturelles, c'est ne penser à rien, je dis à rien du tout : qu'on y prenne bien garde.

Loin d'empêcher un homme de penser à sa condition, on ne l'entretient jamais que des agréments de sa condition. On parle à un savant de réputation et de science ; à un prince, de ce qui a rapport à sa grandeur ; à tout homme on parle de plaisir.

## XXXVIII

« *Les grands et les petits ont mêmes accidents, mêmes fâcheries et mêmes passions ; mais les uns sont au haut de la roue, et les autres près du centre, et ainsi moins agités par les mêmes mouvements.* »

Il est faux que les petits soient moins agités que les grands ; au contraire, leurs désespoirs sont plus vifs parce qu'ils ont moins de ressource. De cent personnes qui se tuent à Londres, il y en a quatre-vingt dix-neuf du bas peuple, et à peine une d'une condition relevée. La comparaison de la roue est ingénieuse et fausse.

## XXXIX

« *On n'apprend pas aux hommes à être honnêtes gens, et on leur apprend tout le reste ; et cependant ils ne se piquent de rien tant que de cela ; ainsi ils ne se piquent de savoir que la seule chose qu'ils n'apprennent point.* »

On apprend aux hommes à être honnêtes gens, et, sans
cela, peu parviendraient à l'être. Laissez votre fils prendre,
dans son enfance, tout ce qu'il trouvera sous sa main : à
quinze ans, il volera sur le grand chemin ; louez-le d'avoir
dit un mensonge : il deviendra faux témoin ; flattez sa
concupiscence : il sera sûrement débauché. On apprend tout
aux hommes, la vertu, la religion.

### XL

« *Le sot projet que Montagne a eu de se peindre! Et cela, non
pas en passant et contre ses maximes, comme il arrive à tout le
monde de faillir, mais par ses propres maximes et par un dessein
premier et principal. Car, de dire des sottises par hasard et par
faiblesse, c'est un mal ordinaire ; mais d'en dire à dessein, c'est ce
qui n'est pas supportable, et d'en dire de telles que celle-là.* »

Le charmant projet que Montagne a eu de se peindre
naïvement, comme il a fait! Car il a peint la nature humaine.
Et le pauvre projet de Nicole, de Malebranche, de Pascal,
de décrier Montagne! [a]

### XLI

« *Lorsque j'ai considéré d'où vient qu'on ajoute tant de foi à tant
d'imposteurs qui disent qu'ils ont des remèdes, jusqu'à mettre souvent sa vie entre leurs mains, il m'a paru que la véritable cause est
qu'il y a de vrais remèdes ; car il ne serait pas possible qu'il y en
eût tant de faux, et qu'on y donnât tant de créance, s'il n'y en avait
de véritables. Si jamais il n'y en avait eu, et que tous les maux
eussent été incurables, il est impossible que les hommes se fussent
imaginés qu'ils en pourraient donner, et encore plus, que tant
d'autres eussent donné créance à ceux qui se fussent vantés d'en
avoir : de même que, si un homme se vantait d'empêcher de mourir,
personne ne le croirait, parce qu'il n'y a aucun exemple de cela.
Mais, comme il y a eu quantité de remèdes qui se sont trouvés
véritables par la connaissance même des plus grands hommes, la
créance des hommes s'est pliée par là, parce que, la chose ne pouvant
être niée en général (puisqu'il y a des effets particuliers qui sont
véritables), le peuple, qui ne peut pas discerner lesquels d'entre ces*

*effets particuliers sont les véritables, les croit tous. De même, ce qui fait qu'on croit tant de faux effets de la lune, c'est qu'il y en a de vrais, comme le flux de la mer.*

*Ainsi, il me paraît aussi évidemment qu'il n'y a tant de faux miracles, de fausses révélations, de sortilèges, que parce qu'il y en a de vrais. »*

[a] Il me semble que la nature humaine n'a pas besoin du vrai pour tomber dans le faux. On a imputé mille fausses influences à la lune avant qu'on imaginât le moindre rapport véritable avec le flux de la mer. Le premier homme qui a été malade a cru, sans peine, le premier charlatan. Personne n'a vu de loups-garous ni de sorciers, et beaucoup y ont cru. Personne n'a vu de transmutation de métaux, et plusieurs ont été ruinés par la créance de la pierre philosophale. Les Romains, les Grecs, tous les païens ne croyaient-ils donc aux faux miracles dont ils étaient inondés que parce qu'ils en avaient vu de véritables?

### XLII

« *Le port règle ceux qui sont dans un vaisseau ; mais où trouverons-nous ce point dans la morale ?* »

Dans cette seule maxime reçue de toutes les nations : « Ne faites pas à autrui ce que vous ne voudriez pas qu'on vous fît. »

### XLIII

« *Ferox gens nullam esse vitam sine armis putat. Ils aiment mieux la mort que la paix ; les autres aiment mieux la mort que la guerre. Toute opinion peut être préférée à la vie, dont l'amour paraît si fort et si naturel.* »

C'est des Catalans que Tacite a dit cela. Mais il n'y en a point dont on ait dit et dont on puisse dire : « Elle aime mieux la mort que la guerre. »

### XLIV

« *A mesure qu'on a plus d'esprit, on trouve qu'il y a plus d'hommes originaux. Les gens du commun ne trouvent pas de différence entre les hommes.* »

Il y a très peu d'hommes vraiment originaux ; presque tous se gouvernent, pensent et sentent par l'influence de la coutume et de l'éducation. Rien n'est si rare qu'un esprit qui marche dans une route nouvelle. Mais, parmi cette foule d'hommes qui vont de compagnie, chacun a de petites différences dans la démarche, que les vues fines aperçoivent.

### XLV

« *Il y a donc deux sortes d'esprit, l'un, de pénétrer vivement et profondément les conséquences des principes, et c'est là l'esprit de justesse ; l'autre, de comprendre un grand nombre de principes sans les confondre, et c'est là l'esprit de géométrie.* »

L'usage veut, je crois, aujourd'hui, qu'on appelle *esprit géométrique* l'esprit méthodique et conséquent.

### XLVI

« *La mort est plus aisée à supporter sans y penser, que la pensée de la mort sans péril.* »

On ne peut pas dire qu'un homme supporte la mort aisément ou malaisément, quand il n'y pense point du tout. Qui ne sent rien, ne supporte rien.

### XLVII

« *Nous supposons que tous les hommes conçoivent et sentent de la même sorte les objets qui se présentent à eux ; mais nous le supposons bien gratuitement, car nous n'en avons aucune preuve. Je vois bien qu'on applique les mêmes mots dans les mêmes occasions, et que, toutes les fois que deux hommes voient, par exemple, de la neige, ils expriment tous deux la vue de ce même objet par les mêmes mots, en disant l'un et l'autre qu'elle est blanche. Et de cette conformité d'application on tire une puissante conjecture d'une conformité d'idée ; mais cela n'est pas absolument convaincant, quoiqu'il y ait bien à parier pour l'affirmative.* »

Ce n'était pas la couleur blanche qu'il fallait apporter en preuve. Le blanc, qui est un assemblage de tous les rayons, paraît éclatant à tout le monde, éblouit un peu à la longue, fait à tous les yeux le même effet. Mais on pourrait dire que peut-être les autres couleurs ne sont pas aperçues de tous les yeux de la même manière.

### XLVIII

« *Tout notre raisonnement se réduit à céder au sentiment.* »

Notre raisonnement se réduit à céder au  sentiment en fait de goût, non en fait de science.

### XLIX

« *Ceux qui jugent d'un ouvrage par règle sont à l'égard des autres comme ceux qui ont une montre à l'égard de ceux qui n'en ont point. L'un dit : « Il y a deux heures que nous sommes ici » ; l'autre dit : « Il n'y a que trois quarts d'heure. » Je regarde ma montre ; je dis à l'un : « Vous vous ennuyez » ; et à l'autre : « Le temps ne vous dure guère. »* »

En ouvrages de goût, en musique, en poésie, en peinture, c'est le goût qui tient lieu de montre ;  et celui qui n'en juge que par règles en juge mal.

### L

« *César était trop vieux, ce me semble, pour s'aller amuser à conquérir le monde. Cet amusement était bon à Alexandre ; c'était un jeune homme qu'il était difficile d'arrêter ; mais César devait être plus mûr.* »

L'on s'imagine d'ordinaire qu'Alexandre et César sont sortis de chez eux dans le dessein de conquérir la terre ; ce n'est point cela. Alexandre succéda à Philippe dans le généralat de la Grèce, et fut chargé de la juste entreprise de venger les Grecs des injures du roi de Perse. Il battit l'ennemi commun, et continua ses conquêtes jusqu'à l'Inde, parce que le royaume de Darius s'étendait jusqu'à l'Inde, de même que le duc de Marlborough serait venu jusqu'à Lyon sans le maréchal de Villars.

A l'égard de César, il était un des premiers de la république ; il se brouilla avec Pompée, comme les Jansénistes avec les Molinistes ; et alors, ce fut à qui s'exterminerait. Une seule bataille, où il n'y eut pas dix mille hommes de tués, décida de tout.

Au reste, la pensée de M. Pascal est peut-être fausse en tout sens : il fallait la maturité de César pour se démêler de tant d'intrigues ; et il est étonnant qu'Alexandre, à son âge, ait renoncé au plaisir pour faire une guerre si pénible.

### LI

« *C'est une plaisante chose à considérer, de ce qu'il y a des gens dans le monde qui, ayant renoncé à toutes les lois de Dieu et de la nature, s'en sont faites eux-mêmes auxquelles ils obéissent exactement, comme, par exemple, les voleurs, etc.* »

Cela est encore plus utile que plaisant à considérer ; car cela prouve que nulle société d'hommes ne peut subsister un seul jour sans règles.

### LII

« *L'homme n'est ni ange ni bête ; et le malheur veut que qui veut faire l'ange, fait la bête.* »

Qui veut détruire les passions au lieu de les régler, veut faire l'*ange*.

### LIII

« *Un cheval ne cherche point à se faire admirer de son compagnon. On voit bien entre eux quelque sorte d'émulation à la course, mais c'est sans conséquence ; car, étant à l'étable, le plus pesant et le plus mal taillé ne cède pas, pour cela, son avoine à l'autre. Il n'en est pas de même parmi les hommes ; leur vertu ne se satisfait pas d'elle-même, et ils ne sont pas contents s'ils n'en tirent avantage contre les autres.* »

L'homme le plus mal taillé ne cède pas non plus son pain à l'autre, mais le plus fort l'enlève au plus faible ; et, chez les animaux et chez les hommes, les gros mangent les petits [a].

### LIV

« *Si l'homme commençait par s'étudier lui-même, il verrait combien il est incapable de passer outre. Comment se pourrait-il faire qu'une partie connût le tout ? Il aspirera peut-être à connaître au moins les parties avec lesquelles il a de la proportion ; mais les parties du monde ont toutes un tel rapport et un tel enchaînement l'une avec l'autre, que je crois impossible de connaître l'une sans l'autre et sans le tout.* »

Il ne faudrait point détourner l'homme de chercher ce qui lui est utile, par cette considération qu'il ne peut tout connaître.

> Non possis oculo [a] quantum contendere Lynceus,
> Non tamen idcirco contemnas lippus inungi.

Nous connaissons beaucoup de vérités : nous avons trouvé beaucoup d'inventions utiles. Consolons-nous de ne pas savoir les rapports qui peuvent être entre une araignée et l'anneau de Saturne, et continuons à examiner ce qui est à notre portée.

### LV

« *Si le foudre tombait sur les lieux bas, les poètes et ceux qui ne savent raisonner que sur les choses de cette nature manqueraient de preuves.* »

Une comparaison n'est preuve ni en poésie ni en prose : elle sert en poésie d'embellissement, et, en prose, elle sert à éclaircir et à rendre les choses plus sensibles. Les poètes qui ont comparé les malheurs des grands à la foudre qui frappe les montagnes feraient des comparaisons contraires, si le contraire arrivait.

### LVI

« *C'est cette composition d'esprit et de corps qui a fait que presque tous les philosophes ont confondu les idées des choses, et attribué aux corps ce qui n'appartient qu'aux esprits, et aux esprits ce qui ne peut convenir qu'aux corps.* »

Si nous savions ce que c'est qu'*esprit*, nous pourrions nous plaindre de ce que les philosophes lui ont attribué ce qui ne lui appartient pas. Mais nous ne connaissons ni l'esprit ni le corps ; nous n'avons aucune idée de l'un, et nous n'avons que des idées très imparfaites de l'autre ; donc nous ne pouvons savoir quelles sont leurs limites.

### LVII

« *Comme on dit* beauté poétique, *on devrait dire aussi* beauté géométrique *et* beauté médicinale. *Cependant, on ne le dit point ; et la raison en est qu'on sait bien quel est l'objet de la géométrie, et quel est l'objet de la médecine, mais on ne sait pas en quoi consiste l'agrément qui est l'objet de la poésie ; on ne sait ce que c'est que ce modèle naturel qu'il faut imiter ; et, à faute de cette connaissance, on a inventé de certains termes bizarres :* siècle d'or, merveille de nos jours, fatal laurier, bel astre, *etc. ; et on appelle ce jargon* beauté poétique. *Mais qui s'imaginera une femme vêtue sur ce modèle, verra une jolie demoiselle toute couverte de miroirs et de chaînes de laiton.* »

Cela est très faux ; on ne doit point dire *beauté géométrique* ni *beauté médicinale,* parce qu'un théorème et une purgation n'affectent point les sens agréablement, et qu'on ne donne le nom de beauté qu'aux choses qui charment les sens, comme la musique, la peinture, l'éloquence, la poésie, l'architecture régulière, etc.

La raison qu'apporte M. Pascal est toute aussi fausse. On sait très bien en quoi consiste l'objet de la poésie ; il consiste à peindre avec force, netteté, délicatesse et harmonie ; la poésie est l'éloquence harmonieuse. Il fallait que M. Pascal eût bien peu de goût pour dire que *fatal laurier, bel astre* et autres sottises sont des beautés poétiques ; et il fallait que les éditeurs de ces *Pensées* fussent des personnes bien peu versées dans les belles-lettres pour imprimer une réflexion si indigne de son illustre auteur.

[LVIII

« *On ne passe point dans le monde pour se connaître en vers, si l'on n'a mis l'enseigne de poète, ni pour être habile en mathématiques, si l'on n'a mis celle de mathématicien : mais les vrais honnêtes gens ne veulent point d'enseigne.* »

A ce compte, il serait donc mal d'avoir une profession, un talent marqué, et d'y exceller? Virgile, Homère, Corneille, Newton, le marquis de L'Hospital, mettaient une enseigne. Heureux celui qui réussit dans un art, et qui se connaît aux autres!

LIX

« *Le peuple a les opinions très saines : par exemple, d'avoir choisi le divertissement et la chasse plutôt que la poésie, etc.* »

Il semble que l'on ait proposé au peuple de jouer à la boule ou de faire des vers. Non ; mais ceux qui ont des organes grossiers cherchent des plaisirs où l'âme n'entre pour rien ; et ceux qui ont un sentiment plus délicat veulent des plaisirs plus fins : il faut que tout le monde vive.

LX

« *Quand l'univers écraserait l'homme, il serait encore plus noble que ce qui le tue, parce qu'il sait qu'il meurt ; et l'avantage que l'univers a sur lui, l'univers n'en sait rien.* »

Que veut dire ce mot *noble*? Il est bien vrai que ma pensée est autre chose, par exemple, que le globe du soleil ; mais est-il bien prouvé qu'un animal, parce qu'il a quelques pensées, est plus *noble* que le soleil qui anime tout ce que nous connaissons de la nature? Est-ce à l'homme à en décider? Il est juge et partie. On dit qu'un ouvrage est supérieur à un autre quand il a coûté plus de peine à l'ouvrier et qu'il est d'un usage plus utile ; mais en a-t-il moins coûté au Créateur de faire le soleil que de pétrir un petit animal haut d'environ cinq pieds, qui raisonne bien ou mal? Qui est le plus utile au monde, ou de cet animal ou de l'astre qui éclaire tant de globes? Et en quoi quelques idées reçues dans un cerveau sont-elles préférables à l'univers matériel?

### LXI

« *Qu'on choisisse telle condition qu'on voudra, et qu'on y assemble tous les biens et les satisfactions qui semblent pouvoir contenter un homme ; si celui qu'on aura mis en cet état est sans occupation et sans divertissement, et qu'on le laisse faire réflexion sur ce qu'il est, cette félicité languissante ne le soutiendra pas.* »

Comment peut-on assembler tous les biens et toutes les satisfactions autour d'un homme, et le laisser en même temps sans occupation et sans divertissement? N'est-ce pas là une contradiction bien sensible?

### LXII

« *Qu'on laisse un roi tout seul, sans aucune satisfaction des sens, sans aucun soin dans l'esprit, sans compagnie, penser à soi tout à loisir, et l'on verra qu'un roi qui se voit est un homme plein de misères, et qui les ressent comme les autres.* »

Toujours le même sophisme. Un roi qui se recueille pour penser est alors très occupé ; mais, s'il n'arrêtait sa pensée que sur soi en disant à soi-même : « Je règne, » et rien de plus, ce serait un idiot.

### LXIII

« *Toute religion qui ne reconnaît pas Jésus-Christ est notoirement fausse, et les miracles ne lui peuvent de rien servir.* »

Qu'est-ce qu'un miracle? Quelque idée qu'on s'en puisse former, c'est une chose que Dieu seul peut faire. Or, on suppose ici que Dieu peut faire des miracles pour le soutien d'une fausse religion. Ceci mérite bien d'être approfondi : chacune de ces questions peut fournir un volume.

### LXIV

« *Il est dit : « Croyez à l'Église » ; mais il n'est pas dit : « Croyez aux miracles, »* à cause que le dernier est naturel, et non pas le premier. L'un avait besoin de précepte, et non pas l'autre.* »

Voici, je pense, une contradiction. D'un côté, les miracles, en certaines occasions, ne doivent servir de rien ; et, de l'autre, on doit croire si *a* nécessairement aux miracles, c'est une preuve si convaincante, qu'il n'a pas même fallu recommander cette preuve. C'est assurément dire le pour et le contre.

### LXV

« *Je ne vois pas qu'il y ait plus de difficulté de croire à la résurrection des corps et à l'enfantement de la Vierge qu'à la création. Est-il plus difficile de reproduire un homme que de le produire ?* »

On peut trouver, par le seul raisonnement, des preuves de la création. Car, en voyant que la matière n'existe pas par elle-même et n'a pas le mouvement par elle-même, etc., on parvient à connaître qu'elle doit être nécessairement créée. Mais on ne parvient point, par le raisonnement, à voir qu'un corps toujours changeant doit être ressuscité un jour, tel qu'il était dans le temps même qu'il changeait. Le raisonnement ne conduit point non plus à voir qu'un homme doit naître sans germe. La création est donc un objet de la raison ; mais les deux autres miracles sont un objet de la foi.

### Ce 10 *mai* 1738

J'ai lu, depuis peu, des *Pensées* de Pascal qui n'avaient point encore paru. Le P. Desmolets les a eues écrites de la main de cet illustre auteur, et on les a *a* fait imprimer. Elles me paraissent confirmer ce que j'ai dit, que ce grand génie avait jeté au hasard toutes ces idées, pour en réformer une partie et employer l'autre, etc.

Parmi ces dernières pensées, que les éditeurs des *Œuvres* de Pascal avaient rejetées du recueil, il me paraît qu'il y en a beaucoup qui méritent d'être conservées. En voici quelques-unes que ce grand homme eût dû, ce me *b* semble, corriger.

I

« *Toutes les fois qu'une proposition est inconcevable, il ne la faut pas nier à cette marque, mais en examiner le contraire, et, si on le trouve manifestement faux, on peut affirmer le contraire, tout incompréhensible qu'il est.* »

Il me semble qu'il est évident que les deux contraires peuvent être faux. Un bœuf vole au sud avec des ailes, un bœuf vole au nord sans ailes ; vingt mille anges ont tué hier vingt mille hommes, vingt mille hommes ont tué hier vingt mille anges : ces propositions contraires sont évidemment fausses.

II

« *Quelle vanité que la peinture, qui attire l'admiration par la ressemblance des choses dont on n'admire pas les originaux!* »

Ce n'est pas dans la bonté du caractère d'un homme que consiste assurément le mérite de son portrait ; c'est dans la ressemblance. On admire César en un sens, et sa statue ou son image sur toile en un autre sens.

III

« *Si les médecins n'avaient des soutanes et des mules, si les docteurs n'avaient des bonnets carrés et des robes très amples, ils n'auraient jamais eu la considération qu'ils ont dans le monde.* »

Au contraire, les médecins n'ont cessé d'être ridicules, n'ont acquis une vraie considération que depuis qu'ils ont quitté ces livrées de la pédanterie ; les docteurs ne sont reçus dans le monde, parmi les honnêtes gens, que quand ils sont sans bonnet carré et sans arguments.

Il y a même des pays où la magistrature se fait respecter sans pompe. Il y a des rois chrétiens très bien obéis, qui négligent la cérémonie du sacre et du couronnement. A mesure que les hommes acquièrent plus de lumière, l'appareil devient plus inutile ; ce n'est guère que pour le bas peuple qu'il est encore quelquefois nécessaire ; *ad populum phaleras.*

IV

« *Selon ces lumières naturelles, s'il y a un Dieu, il est infiniment incompréhensible, puisque, n'ayant ni parties ni bornes, il n'a aucun rapport à nous : nous sommes donc incapables de connaître ni ce qu'il est ni s'il est.* »

Il est étrange que M. Pascal ait cru qu'on pouvait deviner le péché originel par la raison, et qu'il dise qu'on ne peut connaître par la raison si Dieu est. C'est apparemment la lecture de cette pensée qui engagea le P. Hardouin à mettre Pascal dans sa liste ridicule des athées. Pascal eût manifestement rejeté cette idée, puisqu'il la combat en d'autres endroits. En effet, nous sommes obligés d'admettre des choses que nous ne concevons pas ; *j'existe, donc quelque chose existe de toute éternité,* est une proposition évidente. Cependant, comprenons-nous l'éternité?

## V

« *Croyez-vous qu'il soit impossible que Dieu soit infini sans parties? Oui. Je veux donc vous faire voir une chose infinie et indivisible : c'est un point se mouvant partout d'une vitesse infinie ; car il est en tous lieux et tout entier dans chaque endroit.*»

Il y a là quatre faussetés palpables :

1° Qu'un point mathématique existe seul.

2° Qu'il se meuve à droite et à gauche en même temps.

3° Qu'il se meuve d'une vitesse infinie ; car il n'y a vitesse si grande qui ne puisse être augmentée.

4° Qu'il soit tout entier partout.

## VI

« *Homère a fait un roman qu'il donne pour tel. Personne ne doutait que Troie et Agamemnon n'avaient non plus été que la pomme d'or.* »

Jamais aucun écrivain n'a révoqué en doute la guerre de Troie. La fiction de la pomme d'or ne détruit pas la vérité du fonds du sujet. L'ampoule apportée par une colombe, et l'oriflamme par un ange n'empêchent pas que Clovis n'ait, en effet, régné en France.

## VII

« *Je n'entreprendrai pas de prouver ici, par des raisons naturelles, ou l'existence de Dieu ou la Trinité ou l'immortalité de l'âme, parce que je ne me sentirais pas assez fort pour trouver dans la nature de quoi convaincre des athées endurcis.* »

Encore une fois, est-il possible que ce soit Pascal qui ne se sente pas assez fort pour prouver l'existence de Dieu?

## VIII

« *Les opinions relâchées plaisent tant aux hommes naturellement qu'il est étrange qu'elles leur déplaisent.* »

L'expérience ne prouve-t-elle pas, au contraire, qu'on n'a de crédit sur l'esprit des peuples qu'en leur proposant le difficile, l'impossible même à faire et à croire? Les stoïciens furent respectés parce qu'ils écrasaient la nature humaine. Ne proposez que des choses raisonnables ; tout le monde répond : « Nous en savions autant ; ce n'est pas la peine d'être inspiré pour être commun. » Mais commandez des choses dures, impraticables ; peignez la divinité toujours armée de foudres ; faites couler le sang devant ses autels ; vous serez écouté de la multitude, et chacun dira de vous : « Il faut qu'il ait bien raison, puisqu'il débite si hardiment des choses si étranges. »]

Je ne vous envoie point mes autres remarques sur les *Pensées* de M. Pascal, qui entraîneraient des discussions trop longues. C'est assez d'avoir cru apercevoir quelques erreurs d'inattention dans ce grand génie ; c'est une consolation, pour un esprit aussi borné que le mien, d'être bien persuadé que les plus grands hommes se trompent, comme le vulgaire [a].

# VARIANTS

The following variants are selected from Lanson's complete critical apparatus. In order to facilitate reference, his sigla have been adhered to, except in the case of the Jore (*J*), the Thieriot (*T*), and the English (*E*) editions. For full titles and descriptions of the editions collated, see Lanson I, p. xv ff.

LETTERS, London, Davis and Lyon, 1733 . . . . . . . *Ang.* 33 (= *E*)
LETTRES, Amsterdam, Lucas [Rouen, Jore], 1734 . . . . . . 34 (= *J*)
   „   Basle [Londres], 1734 . . . . . . . . 34ᵃ (= *T*)
   „   Amsterdam, Desbordes, 1739 . . . . . . . 39
ŒUVRES, Amsterdam, Ledet et Cie, 1738-9 . . . . . . . 39ᵇ
   „   Genève, Bousquet, 1742 . . . . . . . 42ᵃ
   „   Londres [Trévoux], Nourse, 1746 . . . . . . 46
   „   Dresde, Walther, 1748 . . . . . . . . 48
   „   [Paris, Lambert], 1751 . . . . . . . . 51
   „   Dresde, Walther, 1752 . . . . . . . . 52
   „   [Genève, Cramer], 1756 . . . . . . . 56
   „   [reprint of 56], 1770 . . . . . . . . 70
   „   Genève, Cramer, et Paris, Bastien, 1768 ff. . . . . . 71
   „   Neufchatel, Paris, Panckoucke, 1771 . . . . . 71ᵃ
LA HENRIADE, etc. [Geneve, Cramer et Bardin], 1775 . . . . . 75
ŒUVRES COMPLÈTES, Imprimerie de la Soc. litt. typographique, Kehl, 1784 et 1785-9 K

Unless there is an indication to the contrary, the rejected readings of *J* are unsupported.

    I:  (*a*) que tous les Sacrements étoient tous *J* — (*b*) plurier, *a form created by analogy with* singulier *and long in use, but replaced in* 70-*K by* pluriel — (*c*) appela *J* —
    II:  (*a*) leva *J* — (*b*) bien. Alors, ouvrant un livre de sa secte, il lut avec emphase ces paroles : A Dieu *in editions other than J* — (*c*) forme (*not* formes) *in the majority of early editions* —
   III:  (*a*) Licester *J* — (*b*) le] ce *J* — (*c*) ils en eurent *J and all editions before* 1775 —
   IV:  (*a*) alla *J* — (*b*) bien *repeated in J* — (*c*) *T and* 35 *and* 39 *begin a new sentence with* Après *and place a comma after* II. *Lanson* (I, 49 *note*) *points out that this punctuation corresponds with the facts, but that Jore's punctuation (copied by later editions) may be attributed to forgetfulness on the part of Voltaire.* — (*d*) *This paragraph appears only in J. Beginning with* 56, *there appears in its place the following :* Ce fut sous le règne de Charles II qu'ils obtinrent le noble privilége de ne jamais jurer, et d'être crus en Justice sur leur parole. Le Chancelier homme d'esprit leur parla ainsi : « Mes amis, Jupiter ordonna un jour que toutes les bêtes de somme vinssent se faire ferrer. Les ânes représentérent que leur loi ne le permettait pas. — Eh bien, dit Jupiter, on ne vous ferrera point; mais au premier faux pas que vous ferez, vous aurez cent coups d'étrivières ».
    V:  (*a*) ils se sont *J* — (*b*) mais…Paris *in J only* —
   VI:  (*a*) français *lacking in J only*; sprightly French graduate *E* — (*b*) vivent toutes assez *J* —

VII: (*a*) notre ami (Rabelais) apelle *J and a* 1737 *reprint of J* — (*b*)
Cantorbéry. Car, lorsque la reine Anne voulut lui donner ce Poste,
un Docteur nommé Gibson qui avoit sans doute ses raisons, dit à
la Reine : «Madame, Mr. Clarke est le plus savant & le plus honnête
homme du Royaume, il ne lui manque qu'une chose. — Et quoi?
dit la Reine. — C'est d'être Chrétien, » dit le Docteur bénévole. Je
crois que Clarke s'est 39⁴-*K* — (*c*) etc.] et *J* —

VIII: (*a*) p. autrefois r. *in all editions except J* — (*b*) 39⁴ *bas :* qui fut et avec
raison traité *and a footnote referring to Charles Premier :* Monarque
digne d'un meilleur sort, *which Voltaire, when correcting the edition,
embodied in the text, at the same time transferring the words* et avec
raison *after* en France. — (*c*) *After* jugez, 42 *adds :* La France a sa
S. Barthélemy, la Sicile ses Vêpres, la Hollande le massacre des
Dewit, les Espagnols leurs barbaries Américaines. La fureur des
Anglais est d'une autre espéce : ils égorgent avec le poignard de la
loi : on a vû les femmes de Henri VIII, la Reine Marie Stuard, le
roi Charles I envoyez sur l'échaffaut par des furieux tranquilles,
revêtus du manteau de la Justice; les crimes, comme les vertus,
tiennent du terroir qui influe sur la nature humaine.

IX: (*a*) *The editions hesitate between* lairs, lairds, *and* lords — (*b*) m.]
Nord *J* — (*c*) favorisé *in most of the other editions* — (*d*) évaluées]
enclavées *J* —

X: (*a*) *This paragraph is replaced from* 56 *onwards by the following :*
Depuis le malheur de Cartage aucun peuple ne fut puissant à la
fois par le commerce et par les armes, jusqu'au temps où Vénise
donna cet exemple. Les Portugais pour avoir passé le Cap de
Bonne-Espérance ont quelque temps été de Grands Seigneurs sur
les Côtes de l'Inde, & jamais redoutables en Europe. Les Provinces-
Unies n'ont été guerrières que malgré elles; & ce n'est pas comme
*unies* entre elles, mais comme *unies* avec l'Angleterre, qu'elles ont
prêté la main pour tenir la balance de l'Europe au commencement
du dix-huitiéme siécle.

Cartage, Vénise et Amsterdam ont été puissantes; mais elles ont
fait comme ceux qui parmi nous ayant amassé de l'argent par le
négoce, en achètent des terres Seigneuriales. Ni Cartage, ni Vénise,
ni la Hollande, ni aucun peuple n'a commencé par être guerrier, &
même conquérant, pour finir par être marchand. Les Anglais sont
les seuls : ils se sont battus longtemps avant de savoir compter.
Ils ne savaient pas, quand ils gagnaient les batailles d'Azincour, de
Crecy, & de Poitiers qu'ils pouvaient vendre beaucoup de bled, &
fabriquer de beaux draps qui leur vaudraient bien davantage. Ces
seules connaissances ont augmenté, enrichi, fortifié la nation.
Londres était pauvre et agreste lors qu'*Edouard III* conquérait la
moitié de la France. C'est uniquement parce que les Anglais sont
devenus négotians que Londres l'emporte sur Paris par l'étendue
de la ville et le nombre des Citoyens; qu'ils peuvent mettre en mer
deux-cent vaisseaux de guerre, & soudoyer des Rois alliés. Les
peuples d'Ecosse sont nés guerriers et spirituels. D'où vient que
leur pays est devenu, sous le nom d'*union*, une Province d'Angleterre? C'est que l'Ecosse n'a que du charbon, & que l'Angleterre
a de l'étain fin, de belles laines, d'excellents bleds, des manufactures
et des compagnies de commerce.

(*b*) cinq] cinquante *J* — (*c*) Toumsond *J* — (*d*) leur quartier *J and editions before* 1739 —

XI:    (*a*) concluent *J* — (*b*) mouroit *J* — (*c*) Wostley-Montaigu *J*, *which repeats the mistake throughout the letter* — (*d*) dix] vingt *J* — (*e*) 52 *and subsequent editions add :* Il y a quelques années qu'un missionnaire jésuite ayant lû cette lettre (*var.* cet article) et se trouvant dans un canton de l'Amérique où la petite vérole faisait (*var.* exerçait), des ravages affreux, s'avisa de faire inoculer tous les petits sauvages qu'il batisoit ; ils lui durent ainsi la vie présente et la vie éternelle : quels dons pour des sauvages !
*To this* 56 *and subsequent editions further add :*
    Un Evêque de Vorcester a depuis peu prêché à Londres l'inoculation ; il a démontré en Citoyen combien cette pratique avait conservé de sujets à l'Etat ; il l'a recommandée en Pasteur charitable. On prêcherait à Paris contre cette invention salutaire, comme on a écrit vingt ans contre les expériences de Neuton : tout prouve que les Anglais sont plus Philosophes et plus hardis que nous. Il faut bien du tems pour qu'une certaine raison et un certain courage d'esprit franchissent le pas de Calais.
    Il ne faut pourtant pas s'imaginer que depuis Douvres jusqu'aux isles Orcades on ne trouve que des Philosophes ; l'espèce contraire compose toujours le grand nombre. L'inoculation fut d'abord combattue à Londres ; et, longtems avant que l'Evêque de Vorcester annonçât cet Evangile en chaire, un Curé s'était avisé de prêcher contre ; il dit que Job avait été inoculé par le diable. Ce Predicateur était fait pour être Capucin, il n'était guères digne d'être né en Angleterre. Le préjugé monta donc en chaire le premier, et la raison n'y monta qu'ensuite : c'est la marche ordinaire de l'esprit humain.

XII:   (*a*) étoient les étrangers *all editions except J* — (*b*) ce que des fous en bonnet quarré enseignoient sous le nom de philosophie dans les petites-maisons appelées Colléges 48(*corr.*), 51-K — (*c*) devons la pluspart des arts *all editions except J* — (*d*) P. fils d'un Juif converti, qui *all editions except J* —

XIII:  (*a*) E, 39ᵃ-K (*except* 51) *have the plural* — (*b*) qui en fait *J* — (*c*) 48 (*corr.*) *continues with the words* voici comme je m'y prendrois *followed by the two passages printed below. In* 51 *and* 52 *the two passages replace the rest of the letter and are introduced by the phrases* voici ce que je dirois *and* voici à peu près comment je m'y prendrois *respectively.* 56–75ᵃ *end the letter with the words* la trempe *and simply print the two passages under the titles* Sur l'ame *and* De la tolérance, ou que les philosophes ne peuvent jamais nuire.


                              [1]


    Je suppose une douzaine de bons Philosophes dans une Isle, où ils n'ont jamais vû que des végétaux. Cette Isle, & sur-tout douze bons Philosophes, sont fort difficiles à trouver ; mais enfin cette fiction est permise. Ils admirent cette vie qui circule dans les fibres des plantes, qui semble se perdre & ensuite se renouveller ; & ne sachant pas trop comment les plantes naissent, comment elles prennent leur nourriture et leur accroissement, ils appellent cela

une *ame végétative.* — Qu'entendez-vous par ame végétative? leur
dit-on. — C'est un mot, répondent-ils, qui sert à exprimer le
ressort inconnu par lequel tout cela s'opère. — Mais ne voyez-vous
pas, leur dit un Méchanicien, que tout cela se fait naturellement par
des poids, des leviers, des roues, des poulies? — Non, diront nos
Philosophes, s'ils sont éclairés. Il y a dans cette végétation autre
chose que des mouvements ordinaires; il y a un pouvoir secret
qu'ont toutes les plantes, d'attirer à elles sans aucune impulsion ce
suc qui les nourrit; & ce pouvoir, qui n'est explicable par aucune
méchanique, est un don que Dieu a fait à la matiére & dont ni vous
ni moi ne comprenons la nature.

Ayant ainsi bien disputé, nos raisonneurs découvrent enfin des
animaux. Oh, oh, disent-ils, après un long examen, voilà des êtres
organisés comme nous! Ils ont incontestablement de la mémoire,
& souvent plus que nous. Ils ont nos passions; ils ont de la
connaissance; ils font entendre tous leurs besoins; ils perpétuent
comme nous leur espéce.

Nos Philosophes disséquent quelques uns de ces êtres, ils y
trouvent un cœur, une cervelle. Quoi! disent-ils, l'Auteur de ces
machines qui ne fait rien en vain, leur auroit-il donné tous les
organes de sentiment pour qu'ils n'eussent point de sentiment? il
serait absurde de le penser. Il y a certainement en eux quelque
chose que nous appellons aussi *ame*, faute de mieux; quelque
chose qui éprouve des sensations, & qui a une certaine mesure
d'idées. Mais ce principe, quel est-il? Est-ce quelque chose
d'absolument différent de la matiére? est-ce un esprit pur? est-ce
un être mitoyen, entre la matiére que nous ne connaissons guéres &
l'esprit pur que nous ne connaissons pas ? est-ce une propriété
donnée de Dieu à la matiére organisée?

Ils font alors des expériences sur des insectes, sur des vers de
terre; ils les coupent en plusieurs parties, & ils sont étonnés de
voir qu'au bout de quelque tems il vient des têtes à toutes ces
parties coupées; le même animal se reproduit, & tire de sa destruction même de quoi se multiplier. A-t-il plusieurs ames, qui attendent
pour animer ces parties reproduites, qu'on ait coupé la tête au
premier tronc? Il ressemble aux Arbres qui repoussent des branches
& qui se reproduisent de bouture; ces arbres ont-ils plusieurs
ames? il n'y a pas d'apparence; donc il est très-probable que
l'ame de ces bêtes est d'une autre espéce que ce que nous appellons
*ame végétative* dans les plantes; que c'est une faculté d'un ordre
supérieur, que Dieu a daigné donner à certaines portions de
matiére; c'est une nouvelle preuve de sa puissance; c'est un
nouveau sujet de l'adorer.

Un homme violent & mauvais raisonneur, entend ce discours
& leur dit : « Vous êtes des scélérats dont il faudroit brûler les
corps pour le bien de vos ames; car vous niez l'immortalité de
l'ame de l'homme. » Nos Philosophes se regardent tous étonnés :
l'un d'eux lui répond avec douceur : « Pourquoi nous brûler si vite?
Sur quoi avez-vous pû penser que nous ayons l'idée que votre
cruelle ame est mortelle? — Sur ce que vous croyez, reprend
l'autre, que Dieu a donné aux brutes, qui sont organisés comme
nous, la faculté d'avoir des sentimens et des idées. Or cette ame

des bêtes périt avec elles, donc vous croyez que l'ame des hommes périt aussi. »

Le Philosophe répond : « Nous ne sommes point du tout sûrs que ce que nous appellons *ame* dans les animaux, périsse avec eux, nous savons très bien que la matiére ne périt pas, & nous croyons qu'il se peut faire que Dieu ait mis dans les animaux quelque chose qui conservera toujours, si Dieu le veut, la faculté d'avoir des idées. Nous n'assurons pas, à beaucoup prés, que la chose soit ainsi, car il n'appartient guéres aux hommes d'être si confians; mais nous n'osons borner la puissance de Dieu. Nous disons qu'il est trés-probable que les bêtes, qui sont matiére, ont reçu de lui la propriété de l'intelligence. Nous découvrons tous les jours des propriétés de la matiére, c'est-à-dire, des présens de Dieu dont auparavant nous n'avions pas d'idées ; nous avions d'abord défini la matiére une substance étendue ; ensuite nous avons reconnu qu'il falloit lui ajoûter la solidité, quelque tems après il a fallu admettre que cette matiére a une force, qu'on nomme force d'inertie, après cela nous avons été tous étonnés d'être obligés d'avouer que la matiére gravite. Quand nous avons voulu pousser plus loin nos recherches, nous avons été forcés de reconnaître des êtres qui ressemblent à la matiére en quelques choses, & qui n'ont pas cependant les autres attributs dont la matiére est douée.

Le feu élémentaire par exemple, agit sur nos sens comme les autres corps, mais il ne tend point à un centre comme eux, il s'échappe, au contraire, du centre en lignes droites de tous côtés. Il ne semble pas obéïr aux lois de l'attraction, de la gravitation, comme les autres corps. Il y a enfin des mystères d'optique dont on ne pourrait guéres rendre raison, qu'en osant supposer que les traits de lumiére se pénétrent les uns les autres. Car que cinq cens mille hommes d'un côté et autant de l'autre, regardent un petit objet peint de plusieurs couleurs qui sera au haut d'une tour, il faut qu'autant de rayons, et mille millions de fois davantage partent de ces petits points colorés ; il faut qu'ils se croisent tous avant de parvenir aux yeux : or comment arriveront-ils chacun avec sa couleur en se croisant en chemin? on est donc forcé de soupçonner qu'ils peuvent se pénétrer; mais s'ils se pénétrent, ils sont trés-différens de la matiére connue. Il semble que la lumiére soit un être mitoyen entre les corps & d'autres espéces d'êtres que nous ignorons. Il est très-vraisemblable que ces autres espéces sont elles-mêmes un milieu qui conduit à d'autres créatures, & qu'il y a ainsi une chaîne de substances qui s'élévent à l'infini.

*Usque adeo quod tangit idem est, tamen ultima distant.*

Cette idée nous paraît digne de la grandeur de Dieu, si quelque chose en est digne. Parmi ces substances, il a pu sans doute en choisir une qu'il a logée dans nos corps, & qu'on appelle ame humaine; cette substance immatérielle, est immortelle. Nous sommes bien loin d'avoir sur cela la moindre incertitude, mais nous n'osons affirmer que ce maître absolu de tous les êtres ne puisse donner aussi des sentimens & des perceptions à l'être qu'on appelle matiére. Vous êtes bien sûr que l'essence de votre ame est de penser & nous n'en sommes pas si sûrs, car lorsque nous examinons un fœtus, nous avons de la peine à croire que son ame ait eu beaucoup d'idées dans sa coeffe; & nous doutons fort que dans un sommeil plein & profond, dans une Létargie complette, on ait jamais fait des méditations. Ainsi il nous paraît que la pensée pourrait bien être, non pas l'essence de l'être pensant, mais un présent que le Créateur a fait à ces êtres, que nous nommons pensans, & tout cela nous a fait naître le soupçon, que s'il le vouloit, il pourrait faire ce présent là à un atôme, & conserver à jamais cet atôme & son présent, ou le détruire à son gré. La difficulté consiste moins à deviner comment la matière pourrait penser, qu'à deviner comment une substance quelconque pense. Vous n'avez des idées que parce que Dieu a bien voulu vous en donner : pourquoi voulez-vous l'empêcher d'en donner à d'autres espéces? Seriez-vous bien assez intrépides pour oser croire que votre ame est précisément de la même matiére que les substances qui approchent le plus près de la divinité? Il y a grande apparence qu'ils sont d'un ordre bien supérieur, & qu'en conséquence Dieu leur a daigné donner une façon de penser infiniment plus belle; de même qu'il a accordé une mesure d'idées très médiocre aux animaux qui sont d'un ordre inférieur à vous. Y a-t-il rien dans tout cela dont on puisse inférer que vos ames sont mortelles? Encore une fois, nous pensons comme vous sur l'immortalité de vos ames; mais nous croyons que nous sommes trop ignorans pour affirmer que Dieu n'ait pas le pouvoir d'accorder la pensée à tel être qu'il voudra. Vous bornez la puissance du Créateur qui est sans bornes, & nous l'étendons aussi loin que s'étend son existence. Pardonnez-nous de le croire tout-puissant, comme nous vous pardonnons de restraindre son pouvoir. Vous savez sans doute tout ce qu'il peut faire, & nous n'en savons rien. Vivons en frères, adorons en paix notre Père commun; vous avec vos ames savantes & hardies; nous avec nos ames ignorantes & timides. Nous avons un jour à vivre sur la terre, passons-le doucement sans nous quereller pour des difficultés qui seront éclaircies dans la vie immortelle, qui commencera demain. »

[II]

Le brutal n'ayant rien de bon à répliquer, parla beaucoup, & se fâcha longtems. Nos pauvres Philosophes se mirent pendant quelques semaines à lire l'histoire, & après avoir bien lû, voici ce qu'ils dirent à ce Barbare, qui étoit si indigne d'avoir une ame immortelle. « Mon ami, nous avons lû que dans toute l'antiquité les choses alloient aussi bien que dans notre tems; qu'il y avoit même de plus grandes vertus, et qu'on ne persécutoit point les Philosophes pour les opinions qu'ils avoient; pourquoi donc voudriez-vous nous faire du mal pour des opinions que nous n'avons pas? Nous lisons que toute l'antiquité croyoit la matiére éternelle. Ceux qui ont vû qu'elle étoit créée, ont laissé les autres en repos. Pithagore avoit été coq, ses parens cochons, personne n'y trouva à redire, & sa secte fut chérie & révérée de tout le monde, excepté des rôtisseurs & de ceux qui avoient des fêves à vendre. Les Stoïciens reconnoissoient un Dieu, à-peu-près tel que celui qui a été si témérairement admis depuis par les spinosistes; le

Stoïcisme cependant fut la Secte la plus féconde en vertus héroïques & la plus accréditée.

Les Épicuriens faisoient leurs dieux ressemblans à nos Chanoines, dont l'indolent embonpoint soutient la divinité, & qui prennent en paix leur nectar & leur ambroisie en ne se mêlant de rien. Ces Épicuriens enseignoient hardiment la matérialité & la mortalité de l'ame. Ils n'en furent pas moins considérés. On les admettoit dans tous les emplois, & leurs atômes crochus ne firent jamais aucun mal au monde.

Les Platoniciens, à l'exemple des Gimnosophistes, ne nous faisoient pas l'honneur de penser que Dieu eût daigné nous former lui-même. Il avoit, selon eux, laissé ce soin à ses Officiers, à des Génies, qui firent dans leur besogne beaucoup de balourdises. Le Dieu des Platoniciens étoit un Ouvrier excellent, qui employa ici-bas des éléves assez médiocres. Les hommes n'en révèrent pas moins l'école de Platon.

En un mot, chez les Grecs & chez les Romains, autant de Sectes, autant de maniéres de penser sur Dieu, sur l'ame, sur le passé, et sur l'avenir : aucune de ces Sectes ne fut persécutante. Toutes se trompoient, & nous en sommes bien fâchés; mais toutes étoient paisibles, & c'est ce qui nous confond; c'est ce qui nous condamne; c'est ce qui nous fait voir que la plûpart des raisonneurs d'aujourd'hui sont des monstres, & que ceux de l'antiquité étoient des hommes.

On chantoit publiquement sur le théâtre de Rome, *Post mortem nihil est; ipsaque mors nihil* « Rien n'est après la mort; la mort même n'est que rien ». Ces sentimens ne rendoient les hommes ni meilleurs ni pires; tout se gouvernoit, tout alloit à l'ordinaire; & les Titus, les Trajans, les Marc-Aureles gouvernérent la terre en Dieux bienfaisans.

Si nous passons des Grecs & des Romains aux nations Barbares, arrêtons-nous seulement aux Juifs. Tout superstitieux, tout cruel & tout ignorant qu'étoit ce misérable peuple, il honoroit cependant les Pharisiens qui admettoient la fatalité de la destinée & la métempsicose; il portoit aussi respect aux Saducéens, qui nioient absolument l'immortalité de l'ame & l'existence des Esprits, & qui se fondoient sur la loi de Moïse, laquelle n'avoit jamais parlé de peine ni de récompense après la mort. Les Esséniens, qui croyoient aussi la fatalité, & qui ne sacrifioient jamais de victimes dans le Temple, étoient encore plus révérés que les Pharisiens & les Saducéens. Aucune de leurs opinions ne troubla jamais le gouvernement. Il y avoit pourtant là de quoi s'égorger, se brûler, s'exterminer réciproquement, si on l'avait voulu. Ô misérables hommes, profitez de ces exemples! Pensez & laissez penser. C'est la consolation de nos faibles esprits dans cette courte vie. Quoi! vous recevez avec politesse un Turc qui croit que Mahomet a voyagé dans la lune; vous vous garderez bien de déplaire au Bacha Bonneval, & vous voudrez mettre en quartiers votre frere, parce qu'il croit que Dieu pourrait donner l'intelligence à toute créature? » C'est ainsi que parla un des Philosophes; un autre ajouta : « Croyez-moi, [il ne faut...*i.e. here follow the last three paragraphs of* Letter XIII] »

(d) cet J — (e) et] en J — (f) Shafterbury J —

*The following text has been shown by G. Lanson and Ascoli to be a first draft of Letter XIII. It was first published by Voltaire in a recueil of 1738 under the title* XXVI<sup>e</sup> *Lettre sur* l'âme, *and one of a number of manuscript copies of this is preserved in the Bibliothèque de l'Arsenal* (Ms. no. 2557, pièce 4) *with the title* Lettre sur Mr Locke. *Since the edition of Kehl it appears as Section VIII of the article* Ame *in the* Dictionnaire philosophique. *It is here reproduced from Lanson's edition* (I, 191-203).

### Lettre sur Mr. Locke.

Il faut que je l'avoue, lorsque j'ai lu l'infaillible Aristote, le divin Platon, le Docteur subtil, le Docteur angélique, j'ai pris tous ces épitetes pour des sobriquets. Je n'ai rien vu dans les philosophes qui ont parlé de l'ame humaine, que des aveugles pleins de témérité(s) et de babil, qui s'efforcent de persuader qu'ils ont une vue d'aigle, à d'autres aveugles curieux et sots qui les croient sur leur parole, et qui s'imaginent bientôt eux-mêmes voir aussi quelque chose.

Je ne feindrai point de mettre au rang de ces maîtres d'erreurs, Descartes et Malbranche. Le premier nous assure que l'ame de l'homme est une substance dont l'essence est de penser, qui pense toujours, et qui s'occupe dans le ventre de la mere de belles idées métaphisiques ou de beaux axiomes généraux qu'elle oublie ensuite.

Pour le Pere Malbranche, il est bien persuadé que nous voyons tout en Dieu; il a trouvé des partisans, parce que les fables les plus hardies sont celles qui sont les mieux reçues de la foible imagination des hommes. Plusieurs philosophes ont donc fait le roman de l'ame; enfin il est venu un sage qui en a écrit modestement l'histoire. Je vais vous faire l'abrégé de cette histoire, selon que je l'ai conçu. Je sai fort bien que tout le monde ne conviendra pas des idées de Mr. Locke : il se pourroit bien faire que Mr. Locke eût raison contre Descartes et Malbranche et eût tort contre la Sorbonne; je ne réponds de rien; je parle selon les lumieres de la Philosophie, et non selon les révélations de la foi. Il ne m'appartient que de penser humainement; les Théologiens décident divinement, c'est tout autre chose. La raison et la foi sont de nature contraire. En un mot, voici un petit précis de Mr. Locke que je censurerois si j'étois Théologien, et que j'adopte pour un moment comme pure hypothese, comme conjecture de simple philosophie.

Humainement parlant, il s'agit de savoir ce que c'est que l'ame.

1° Le mot d'*ame* est un de ces mots que chacun prononce sans l'entendre; nous n'entendons que les choses dont nous avons une idée : nous n'avons point d'idée d'ame, d'esprit; donc nous ne l'entendons pas.

2° Il nous a donc plu d'appeler ame cette faculté de penser et de sentir, comme nous appelons *vue* la faculté de voir, *volonté* [la] faculté de vouloir, etc.

Des raisonneurs sont venus ensuite, qui ont dit :

« L'homme est composé de matiere et d'esprit : la matiere est étendue et divisible, l'esprit n'est ni étendu ni divisible; donc il est, disent-ils, d'une autre nature; donc c'est un assemblage d'Etres qui ne sont point faits l'un pour l'autre, et que Dieu unit malgré leur nature. Nous voyons peu le corps, nous ne voyons point l'ame; elle n'a point de parties. Donc elle est éternelle; elle a des idées pures et spirituelles; donc elle ne les reçoit point de la matiere : elle ne les reçoit point non plus d'elle-même; donc Dieu [les] lui donne; donc elle apporte en naissant les idées de Dieu, de l'infini, et (de) toutes les idées générales. »

Toujours humainement parlant, je réponds à ces Mrs qu'ils sont bien sçavans. Ils supposent d'abord qu'il y a une ame, et puis ils nous disent ce que ce doit être; ils prononcent le nom de matiere, et décident ensuite nettement ce qu'elle est. Et moi je leur dis : Vous ne connoissez ni l'esprit ni la matiere; par l'esprit, vous ne pouvez vous imaginer que la faculté de penser; *par la* matiere, vous ne pouvez entendre qu'un certain assemblage de qualités, de couleurs, d'étendue, de solidité; et il vous a plu d'appeler cela matiere, et vous avez assigné les limites de la matiere et de l'ame avant d'être sûr[s] seulement de l'existence de l'une et de l'autre. Quand à la matiere vous enseignez gravement qu'il n'y a en elle que de l'étendue et de la solidité, et moi je vous dirai modestement qu'elle est capable de mille propriétés que vous ni moi ne connoissons pas. Vous dites que l'ame est indivisible, éternelle, et vous supposez ce qui est en question.

Vous êtes à peu près comme un Régent de college, qui, n'ayant vu d'horloge de sa vie, auroit tout d'un coup entre ses mains une montre d'Angleterre à répétition. Cet homme, bon péripatéticien, est frappé de la justesse avec laquelle les éguilles divisent et marquent le tems, et encore plus étonné de voir qu'un bouton pressé par le doigt, sonne précisément l'heure que l'éguille montre. Mon philosophe ne manque pas de trouver qu'il y a dans cette machine une ame qui la gouverne et qui en meut les ressors, il démontre sçavamment son opinion par la comparaison des anges qui font aller les Sphères célestes, et il fait soutenir dans sa classe de belles théses sur l'ame des montres. Un de ses écoliers ouvre la montre : on n'y voit que des ressors, et cependant on soutient toujours le sistème de l'ame, qui passe pour démontré. Je suis cet écolier : ouvrons la montre qu'on appelle homme, et au lieu de définir hardiment ce que nous ne connoissons pas, tâchons d'examiner par degrés ce que nous voulons connoître.

Prenons un Enfant à l'instant de sa naissance, et suivons pas à pas le progrès de son entendement. Vous me faites l'honneur de m'apprendre que Dieu a pris la peine de créer une ame pour aller loger dans ce corps.

Lorsqu'il y a environ six semaines, cette ame est arrivée, la voilà pourvue d'idées métaphisiques, connoissant Dieu, l'esprit, les idées abstraites, l'infini fort clairement, étant en un mot une très-sçavante personne. Mais malheureusement elle sort de l'utérus avec une ignorance crasse; elle passe 18 mois à ne connoître que le teton de sa nourrice, et lorsqu'à l'âge de 20 ans on veut faire ressouvenir cette ame de toutes les idées scientifiques, qu'elle avoit quand elle fut unie à son corps, elle est souvent si bouchée qu'elle n'en peut recevoir aucune. Il y a des peuples entiers qui n'ont jamais eu une seule de ces idées : en vérité à quoi pensoit l'ame de

Descartes et celle de Malbranche, quand elles imaginoient de pareilles rêveries?

Suivons donc l'histoire du petit enfant, sans nous arrêter aux imaginations des philosophes. Le jour que sa mere est acouchée de lui et de son ame, il est né aussi un chien dans la maison, un chat et un serin. Au bout de trois mois j'aprens un menuet au serin, au bout d'un an et demi je fais du chien un excellent chasseur, le chat au bout de six semaines fait déjà tous ses tours, et l'enfant au bout de quatre ans ne fait rien du tout. Moi, homme grossier, témoin de cette prodigieuse différence, et qui n'ai jamais vu d'enfant, je crois d'abord que le chien, le chat et le serin sont des créatures très intelligentes, et que le petit enfant est un automate; cependant, petit à petit je m'aperçois que cet enfant a aussi des idées, de la mémoire, qu'il a les mêmes passions que ces animaux, et alors j'avoue qu'il est aussi, comme eux, une créature raisonnable. Il me communique différentes idées par quelques paroles qu'il a aprises, de même que mon chien par des cris diversifiés me fait exactement connoître ses divers besoins. J'aperçois qu'à l'âge de 6 ou 7 ans l'enfant combine dans son petit cerveau presqu'autant d'idées que mon chien de chasse dans le sien. Enfin il atteint avec l'âge un nombre infini de connoissances. Alors que dois-je penser de lui? irai-je le croire d'une nature absolument différente? non, sans doute; car vous qui voiez d'un côté un imbécile, de l'autre Mr. Newton, vous prétendez qu'ils sont pourtant de même nature; je dois prétendre à plus forte raison que mon chien et mon enfant sont au fond de même espèce, et qu'il n'y a de la différence que du plus ou du moins. Pour mieux m'assurer de la vrai-semblance de mon opinion probable, j'examine mon enfant et mon chien pendant leur veille et pendant leur sommeil. Je les fais seigner l'un et l'autre outre mesure, alors leurs idées semblent s'écouler avec leur sang. Dans cet état je les appelle, ils ne me répondent plus, et si je leur tire encore quelques paletes, mes deux machines qui avoient une heure auparavant des idées en très grand nombre et des passions de toute espece, n'auront plus aucun sentiment.

J'examine aussi mes deux animaux pendant qu'ils dorment; je m'aperçois que le chien, après avoir trop mangé, a des rêves; il chasse, il crie après sa proie. Mon jeune homme *étant* dans le même cas, parle à sa maîtresse, et fait l'amour en songe. Si l'un et l'autre ont mangé modérément, ni l'un ni l'autre ne rêve : enfin, je vois que leur faculté de sentir, d'apercevoir, d'exprimer leurs idées s'est développée en eux petit à petit et s'affoiblit aussi par degrés. J'aperçois en eux plus de raport cent fois que je n'en trouve entre tel homme d'esprit et tel autre homme absolument imbécile.

Quelle est donc l'opinion que j'aurai de leur nature? Celle que tous les peuples ont eu d'abord avant que la politique égiptienne imagina[t] la spiritualité et l'immortalité de l'ame. Je soupçonnerai, mais avec bien de l'apparence, qu'Archimède et une Taupe sont de la même espece, quoique d'un genre différent; de même qu'un chêne et un grain de moutarde sont formés par les mêmes principes, quoique l'un soit un grand arbre et l'autre une petite plante.

Je penserai que Dieu a donné des portions d'intelligence [à] des portions de matière organisées pour penser : je croirai que la matière a pensé à proportion de la finesse de ses sens, que ce sont eux qui sont les portes et la mesure de nos idées; je croirai que l'huître à l'écaille a moins d'esprit que moi, par ce qu'elle a moins de sensations que moi, et je croirai qu'elle a moins de sensations et de sens parce qu'ayant l'ame attachée à son écaille, 5 sens lui seroient inutiles. Il y a beaucoup d'animaux qui n'ont que 2 sens; nous en avons 5, ce qui est bien peu de chose, il est à croire qu'il est dans d'autres mondes d'autres animaux qui jouissent de 20 ou 30 sens, et que d'autres especes, encore plus parfaites, ont des sens à l'infini.

Il me paroît que voilà la manière la plus naturelle d'exposer des raisons, c'est-à-dire de deviner et de soupçonner. Certainement, il s'est passé bien du tems avant que les hommes aient été assez ingénieux pour imaginer un Etre inconnu qui est en nous, qui fait tout en nous, qui n'est pas tout à fait nous, et qui vit après nous. Aussi n'est-on venu que par degrés à concevoir une idée si hardie. D'abord le mot d'*ame* a signifié la vie, et a été commun pour nous et pour les autres animaux, ensuite notre orgueil nous a fait une ame à part et nous a fait imaginer une force substancielle pour les autres créatures.

Cet orgueil humain me demandera ce que c'est donc que ce pouvoir d'appercevoir et de sentir, qu'il appelle [une] *ame* dans l'homme, et un *instinct* dans la brute. Je satisferai à cette question quand les universités m'auront appris ce que c'est que le *mouvement*, le *son*, la *lumiere*, l'*espace*, le *corps*, le *tems*. Je dirai, dans l'esprit du sage Mr. Locke : « La Philosophie consiste à s'arrêter quand le flambeau de la phisique nous manque. » J'observe les effets de la nature, mais je vous avoue que je n'en conçois pas plus que vous les premiers principes. Tout ce que je sai, c'est que je ne dois pas attribuer à plusieurs causes, surtout à des causes inconnues, ce que je puis attribuer à une cause connue : or, je puis attribuer à mon corps la faculté de penser et de sentir; donc, je ne dois pas chercher cette faculté dans un autre Etre appelé *ame*, ou *esprit*, dont je ne puis avoir la moindre idée. Vous vous récrirez à cette proposition, vous trouverez à cette idée à oser dire que le corps peut penser. Mais que direz-vous, vous répondroit Mr. Locke, si c'est vous-même qui êtes ici coupables d'irréligion, vous qui osez borner la puissance de Dieu? Et quel est l'homme sur la terre qui peut assurer sans une impiété absurde qu'il est impossible à Dieu de donner à la matiere le sentiment et la pensée? Foible et hardy que vous êtes, vous avancez que la matiere ne pense point, parce que vous ne concevez pas qu'une substance étendue puisse penser, et concevez-vous mieux comme une substance, telle qu'elle soit, pense?

Grands Philosophes qui décidez du pouvoir de Dieu et qui dites que Dieu peut d'une pierre faire un ange, ne voyez-vous pas que, selon vous-mêmes, Dieu ne feroit en ce cas que donner à une pierre la puissance de penser? car, si la matiere de la pierre ne restoit pas, ce ne seroit plus une pierre changée en ange, ce serait une pierre anéantie et un ange créé. De quelque côté que vous vous tourniez, vous êtes forcé[s] d'avouer deux choses : votre ignorance et la puissance immense du Créateur : votre ignorance qui se révolte contre la matiere pensante, et la puissance du Créateur à qui certes cela n'est pas impossible.

Vous qui savez que la matiere ne périt pas, vous contesterez à Dieu le pouvoir de conserver, dans cette matiere, la plus belle qualité dont il l'avait ornée! L'étendue subsiste bien sans corps par lui, puisqu'il y a des philosophes qui croient le vuide; les accidens subsistent bien sans substance parmi les chrétiens qui croient la transsubstantiation. Dieu, dites-vous, ne peut pas faire ce qui implique contradiction. Cela est vrai, mais pour savoir si la matiere pensante est une chose contradictoire, il faudroit en savoir plus que vous n'en savez, vous aurez beau faire, vous ne saurez jamais autre chose, sinon que vous êtes corps, et que vous pensez.

Bien des gens qui ont apris dans l'Ecole à ne douter de rien, qui prennent leurs silogismes pour des oracles et leur superstition pour de la religion, regardent Mr. Locke comme un impie dangereux. Les superstitieux sont dans la société des hommes ce que les poltrons sont dans une armée, ils ont et donnent des terreurs paniques.

Il faut avoir la pitié de dissiper les craintes, il faut qu'ils sachent que ce ne sont pas les sentimens des philosophes qui feront jamais tort à la Religion.

Il est assuré que la lumiere vient du soleil, et que les planettes tournent autour de cet astre : on ne lit pas avec moins d'édification dans la Bible, que la lumiere a été faite avant le soleil, et que le soleil s'est arrêté sur le village de Gabaon.

Il est démontré que l'arc-en-ciel est formé nécessairement par la pluie, on n'en respecte pas moins le texte sacré qui dit que Dieu posa son arc dans les nues, après le déluge, en signe qu'il n'y auroit plus d'inondation.

Le mistere de la Trinité et celui de l'Eucharistie ont beau être contraires aux démonstrations connues, ils n'en sont pas moins révérés chez les philosophes catholiques, qui savent que les objets de la raison et de la foi sont de différente nature.

La notion des antipodes a été condamnée comme hérétique par les papes et les conciles : malgré cette décision ceux qui reconnoissent les conciles et les papes ont découvert les antipodes et y ont porté cette même religion chrétienne dont on croyait la destruction sure, en cas qu'on pût trouver un homme qui (comme on parloit alors) eût la tête en bas et les pieds en haut par raport à nous, et qui, comme dit le très-peu philosophe S. Augustin, seroit tombé dans le Ciel.

Jamais les philosophes ne feront tort à la religion dominante d'un pays. Pourquoi? C'est qu'ils sont sans enthousiasme, et qu'ils n'écrivent point pour le peuple.

Divisez le genre humain en 20 parties; il y en aura 19 composées de ceux qui travaillent de leurs mains et qui ne sauront jamais s'il y a eu un Mr. Locke au monde; dans la 20ieme partie qui reste, combien trouve-t-on peu d'hommes qui lisent? Et parmi ceux qui lisent, il y en a 20 qui lisent des Romans, contre un qui étudiera en philosophie : le nombre de ceux qui pensent est excessivement petit, et ceux-là ne s'avisent pas de troubler le monde.

Ce n'est ni Montagne ni Locke ni Baile ni Spinosa, ni Hobbes, ni Shastbury, ni M<sup>r</sup>. Colins, ni Toland, etc., qui ont porté le flambeau

L.P.—7*

de la discorde dedans leur patrie. Ce sont pour la pluspart des théologiens qui ayant eu d'abord l'ambition d'être chefs de secte, ont eu bientôt celle d'être chefs de parti. Que dis-je? Tous les livres des philosophes modernes mis ensemble ne feront jamais dans le monde autant de bruit seulement qu'en fit autrefois la dispute des Cordeliers sur la forme de leur manche et de leur capuchon.

Au reste, Mr, je vous repete encore qu'en vous écrivant avec liberté, je ne me rends garend d'aucune opinion; je ne suis responsable de rien. Il y a peut-être parmi les songes des raisonnemens quelques rêveries auxquelles je donnerois la préférence : mais il n'y en a aucune que je ne sacrifiasse tout-d'un-coup à la Religion et à la Patrie.

DE VOLTAIRE.

XIV:     (a) nous] vous *all editions except* J — (b) éclaircir J — (c) de Hollande *not in* J —

XV:     (a) *The first 14 lines are replaced in* 39$^4$ *and subsequent editions by a much expanded version* (*printed by Lanson, II, pp.* 15–16) *recounting the contributions of Copernicus, Kepler, Galileo to the theory of attraction or gravitation and a criticism of Descartes' neglect of it.* — (b) aphélies] périhélies J; périhélies) apheliés J — (c) 1666 à cause de la peste à la T-52 — (d) mille J — (e) proportionnel J — (f) *The correct form* Whiston *appears in* T-52 — (g) la] le J, *Voltaire having probably failed to make this correction after substituting* (*in the Jore proofs*) l'Attraction *for* ce nom (*reading of* T-52) — (h) Que ne nous J —

XVI:     (a) ces] ses J — (b) qu'ils sont refractés T-48 — (c) 42$^a$ *has a completely divergent version* (*Lanson II, p.* 47 *note*) *of the end of the Letter from this point.* — (d) nature] matiere J —

XVII:     In 39$^4$-51 *the Letter is divided into two parts, the first* (*lines* 1–62) *being completely rewritten and amplified* (*reprinted in Lanson II*, 67–71). *This first part is omitted in* 52-K — (a) peu *not in* J — (b) Leewenkok J — (c) 39$^4$-52 *add a final paragraph* (*Lanson II*, 61). —
In 56–75 *Letters XV and XVI and the beginning of XVII are replaced by a passage of* 102 *lines* (*printed by Lanson II, pp.* 73–77).

XVIII:     (a) Shakespear que les Anglais prennent pour un Sophocle 56-K — (b) ces] ses J — (c) de 150 ans *editions other than* J — (d) *Passage, with further pieces translated from Dryden, intercalated here by* 42$^a$ (*Lanson II, p.* 83 *note*). — (e) *Passage* (*with translation from Dryden*) *intercalated here by* 56-K, *ending thus* : Ce discours est un peu Anglais; la pièce d'ailleurs est boufonne. Comment concilier, disent nos critiques, tant de ridicule & de raison, tant de bassesse & de sublime? Rien n'est plus aisé à concevoir; il faut songer que ce sont des hommes qui ont écrit. La scène Espagnole a tous les défauts de l'Anglaise, & n'en a peut-être pas les beautés. Et de bonne foi qu'étaient donc les Grecs? qu'était donc Euripide, qui dans la même pièce, fait un tableau si touchant, si noble, d'Alceste s'immolant à son époux, & met dans la bouche d'Admète & de son père des puérilités si grossiéres que les Commentateurs mêmes en sont embarassés? Ne faut-il pas être bien intrépide pour ne pas trouver le sommeil d'Homère quelquefois un peu long, & les rêves de ce sommeil assez insipides? Il faut bien des siècles pour que le bon goût s'épure. Virgile, chez les Romains, Racine, chez les Français, furent les premiers dont le goût fut toujours pur dans les grands ouvrages. — (*f*) *This paragraph is replaced by a longer paragraph with a translated quotation from Addison's* Cato *in* 48 (*in ms.*) *and* 51-K (*Lanson II, p.* 85 *note*). — (*g*) *The end* (*last* 36 *lines*) *is replaced in* 42ᵃ *by the following* : Autrefois on ne connaissoit l'amour sur aucun Theâtre tragique de l'Europe. Malheureusement pour les Critiques qui condamnent l'amour, il n'etoit banni de la Scène que dans les tems de barbarie. La coutume de l'introduire à tort et à travers dans les Poëmes [Dramatiques passa de Paris à Londres vers l'an 1660 avec nos rubans et nos perruques.] Le sage Addisson a rendu depuis par son Caton ce Theâtre plus régulier; mais un amour languissant dépare sa Pièce sublime. Les Anglais sont froids depuis qu'ils observent les règles. Leur génie poétique a ressemblé jusqu'à présent à un arbre touffu planté par la nature, jettant au hazard mille rameaux, croissant avec inégalité, mais avec force : il meurt si vous voulez le tailler en arbre des jardins de Marly.

XIX: (*a*) *The beginning down to this point is replaced by a much longer passage in* 48(*corr.*) *and* 51-K (*Lanson II, p.* 103 *note*). — (*b*) à fin] afin *J* — (*c*) et not in *J* — (*d*) *The other editions read* : écrivoit avec autant de delicatesse et d'élegance qu'il batissoit grossierement. -- (*e*) moindre not in *J* — (*f*) Wicharley *J* — (*g*) 52-K *add two short paragraphs* (*Lanson II, p.* 110 *note*). —

XX: (*a*) qu'en France] qu'ici *all editions except J* — (*b*) *This note is only in J and counterfeit copies of J.* — (*c*) *The Letter ends here in* T-48. *For the last paragraph,* 48(*corr.*) *and* 51 *substitute a quite different paragraph* (*Lanson II, p.* 121 *note*), *and* 42ᵃ *yet another version* (*ibid.*). —

XXII: *This Letter is divided into two parts by* 56-K, *entitled* De Prior, du poeme singulier d'Hudibras, et du Doyen Swift (*lines* 1–49) *and* De Pope (50–*end*) *respectively.* — (*a*) *This sentence is replaced by a long passage devoted to Prior in* 56-K (*Lanson II,* 133 *note*) — (*b*) *This paragraph is replaced by a long and much expanded passage on* Hudibras *and a long translated quotation in* 56-K (*Lanson II, pp.* 147–152). — (*c*) lui; mais Rabelais n'était pas au-dessus de son siècle, & Swift est fort au dessus de Rabelais. Notre Curé de Meudon, dans 56-K — (*d*) 56-K *add three paragraphs* (*Lanson II, p.* 136 *note*) — (*e*) *The end of the letter from* Si vous lisiez ce *is replaced in* 56-K *by the following passage :*

L'*Essai sur l'Homme* de Pope me paraît le plus beau Poëme didactique, le plus utile, le plus sublime qu'on ait jamais fait dans aucune langue. Il est vrai que le fonds s'en trouve tout entier dans les *Caractéristiques* du Lord Shaftersbury : et je ne sais pourquoi Mʳ Pope en fait uniquement honneur à Monsieur de Bollingbrooke, sans dire un mot du célèbre Shaftersbury, élève de Locke.

Comme tout ce qui tient à la Métaphysique a été pensé de tous les tems et chez tous les Peuples qui cultivent leur esprit, ce système tient beaucoup de celui de Leibnitz, qui prétend que de tous les Mondes possibles Dieu a dû choisir le meilleur, & que, dans ce meilleur, il fallait bien que les irrégularités de notre globe et les sottises de ses habitans tinssent leur place. Il ressemble encor à cette idée de Platon, que dans la chaîne infinie des êtres, notre

·terre, notre corps, notre ame, sont au nombre des chaînons nécessaires. Mais ni Leibnitz ni Pope n'admettent les changements que Platon imagine être arrivés à ces chaînons, à nos ames, & à nos corps; Platon parlait en Poëte dans sa prose peu intelligible; & Pope parle en Philosophe dans ses admirables vers. Il dit que tout a été dès le commencement comme il a dû être, & comme il est.

J'ai été flatté, je l'avoue, de voir qu'il s'est rencontré avec moi dans une chose que j'avais dite il y a plusieurs années. « Vous vous étonnez que Dieu ait fait l'homme si borné, si ignorant, si peu heureux. Que ne vous étonnez-vous qu'il ne l'ait pas fait plus borné, plus ignorant, & plus malheureux? » Quand un Français & un Anglais pensent de même, il faut bien qu'ils ayent raison.

Le fils du célèbre Racine a fait imprimer une lettre de Pope, à lui adressée, dans laquelle Pope se rétracte. Cette lettre est écrite dans le goût & dans le stile de M. de Fénélon; elle lui fut remise, dit-il, par Ramzai l'éditeur du *Télémaque*; Ramzai, l'imitateur du *Télémaque*, comme Boyer l'était de Corneille, Ramzai, l'Écossais, qui voulait être de l'Académie française, Ramzai qui regrettait de n'être pas docteur de Sorbonne. Ce que je sais, ainsi que tous les gens de lettres d'Angleterre, c'est que Pope, avec qui j'ai beaucoup vécu, pouvait à peine lire le Français, qu'il ne parlait pas un mot de notre langue, qu'il n'a jamais écrit une lettre en Français, qu'il en était incapable, & que, s'il a écrit cette lettre au fils de notre Racine il faut que Dieu sur la fin de sa vie lui ait donné subitement le don des langues pour le récompenser d'avoir fait un aussi admirable ouvrage que son *Essai sur l'homme*.

XXIII: *This Letter is not in* 39⁴-75.

(*a*) ou bien on l'auroit mis à la Bastille *T*-39 — (*b*) au *not in J* — (*c*) ces] ses *J* — (*d*) un manteau court au lieu d'une soutane *J* — (*e*) revues] reçues *T*-39

XXIV: (*a*) et *not in J* — (*b*) Celles *J* — (*c*) *The first four paragraphs are replaced by a different version (in two paragraphs) in* 48-K (*Lanson II, p.* 170 *note).* 39⁴(*corr.*) *replaces the last sentence* (Il...lui) *of J by a more extended version, and* 42ᵃ *the whole of the last paragraph by a different version* (*Lanson II, p.* 172 *note).* — (*d*) faire pendre] perdre *T*-39 — (*e*) que] que le *J* — (*f*) nos *T-K* — (*g*) notre *T-K* — (*h*) se] ce *J* — (*i*) ne] ne nous *T-K* — (*j*) 52-K *add a long paragraph* (*Lanson II, p.* 177 *note*) —

XXV: *The* Remarques *are not in T and* 35.

(*a*) *For this last clause* (C'est...raison) 39⁴-K *read* : Au reste, on ne peut trop répéter ici combien il seroit absurde et cruel de faire une affaire de parti de cette critique des *Pensées de Pascal* : je n'ai de parti que la vérité. Je pense qu'il est très-vrai que ce n'est pas à la Métaphysique de prouver la Religion Chrétienne, & que la Raison est autant au-dessous de la Foi, que le fini est au-dessous de l'infini. *To which* 39⁴-46 *add* : Je suis métaphysicien avec Locke, mais Chrétien avec Saint Paul, *replaced in* 48-K *by* : Il ne s'agit ici que de raison, c'est si peu de chose chez les hommes que cela ne vaut pas la peine de se fâcher.

1. (*a*) *This final paragraph is replaced in* 39⁴-K *by* : Il est necessaire pour qu'une Religion soit vraye, qu'elle soit révélée, & point du

tout qu'elle rende raison de ces (70–75 ses) contrariétés prétendües; elle n'est pas plus faite pour vous enseigner la Métaphysique que l'Astronomie.

II. (*a*) 56-*K add* : Il n'est pas (*K* pas bien) vrai que les Philosophes nous ayent proposé pour tout bien, un bien qui est en nous. Lisez Platon, Marc-Aurèle, Epictète; ils veulent qu'on aspire à mériter d'être rejoint à la Divinité dont nous sommes émanés.

III. (*a*) *This first paragraph is replaced in* 42ᵃ *by* : Une chose que je ne connois pas ne servira pas certainement à m'en faire connaître une autre. Si dans l'obscurité je me mets un bandeau sur les yeux, pourrai-je mieux voir? Le péché originel est un Mystère; donc la raison ne peut le prouver. *and in* 48-*K by* : Quelle étrange explication! *L'homme est inconcevable sans un mistere inconcevable.* C'est bien assez de ne rien entendre à notre origine, sans l'expliquer par une chose, qu'on n'entend pas. Nous ignorons, comment l'homme nait, comment il croist, comment il digere, comment il pense, comment ses membres obéissent à sa volonté : Serai-je bien reçu à expliquer ces obscuritez par un Systeme inintelligible? Ne vaut-il pas mieux dire : *Je ne scai rien?* Un mystère ne fut jamais une explication, c'est une chose divine et inexplicable. — (*b*) 39ᵇ-*K add* : Voilà ce que la Raison peut dire; ce n'est donc point la Raison qui apprend aux hommes la chûte de Nature humaine; c'est la Foi seule à laquelle il faut avoir recours.

IV. (*a*) 48-*K begin thus* : Cette pensée est prise entierement de Montagne ainsi que beaucoup d'autres; elle se trouve au chapitre *De l'inconstance de nos actions.* Mais le sage Montagne s'explique en homme qui doute.

VI. (*a*) 39ᵇ-*K substitute for this sentence* : Quel est l'homme sage qui sera plein de désespoir, parce qu'il ne sait pas la nature de sa pensée, parce qu'il ne connoît que quelques attributs de la Matiére, parce que Dieu ne lui a pas révélé ses secrets?

X. (*a*) 39ᵇ-*K read* : faire des raisonneurs inhumains; & cela est si vrai, que Pascal abusant de ce principe traitoit sa sœur avec dureté & rebutoit ses services, de peur de paroître aimer une créature; c'est ce qui est écrit dans sa Vie. S'il falloit en user ainsi, quelle seroit la Société humaine?

XII. (*a*) 39ᵇ-*K omit* Pascal né...fois.

XIII. (*a*) *This last paragraph* (Ne...Providence) *is replaced in* 39ᵇ-*K* (*with slight omissions in some editions*) *by* : « Cette génération ne passera pas que ces choses ne soyent accomplies. »

Cependant, la génération passa, & ces choses ne s'accomplirent point à la lettre. En quelque temps que St Luc ait écrit, il est certain que Titus prit Jérusalem & qu'on ne vit ni de Signes dans les Etoiles, ni le *Fils de l'Homme* dans les nues. Mais enfin si ce second avénement n'est point encore arrivé, si cette prédiction ne s'est point accomplie dans le tems qui paroît marqué, c'est à nous de nous taire, de ne point interroger la Providence & de croire tout ce que l'Église enseigne.

XV. (*a*) provée *J* — *The last two sentences are replaced in* 39ᵇ-*K by* : Qu'une Prophétie soit accomplie à la lettre, oserez-vous soutenir que cette Prophétie est fausse, parce qu'elle ne sera vraye qu'à la lettre, parce qu'elle ne répondra pas à un sens mystique, qu'on lui donnera? Non sans doute, cela seroit absurde. Comment donc une Prophétie qui n'aura pas été réellement accomplie, deviendra-t-elle vraye dans un sens mystique? Quoi! de vraye, vous ne pouvez pas la rendre fausse; & de fausse, vous pourriez la rendre vraye? Voilà une étrange difficulté. Il faut s'en tenir à la Foi seule dans ces matiéres; c'est le seul moyen de finir toute dispute.

XVII. (a) 48(corr.), 52-K add : Que diroit-on à deux témoins qui se contrediroient? On leur diroit : « Vous n'êtes pas d'accord, mais certainement l'un de vous deux se trompe. »

XXII. (a) 36ᵗ-K read : Il est faux que nous ne pensions point au présent, nous y pensons en étudiant la Nature, & en faisant toutes les fonctions de la vie nous pensons aussi beaucoup au futur. Remercions l'Auteur — (b) 39ᵗ-K add : Il n'y a que les enfans & les imbéciles qui ne pensent qu'au présent; faudra-t-il leur ressembler?

XXIII. (a) que] que cet homme J, cet homme que 56-K —

XXVIII. (a) 39ᵗ-K here intercalate the following two Remarques :
*Car enfin, si l'homme n'avoit pas été corrompu, il jouiroit de la vérité & de la félicité avec assurance, &c. : tant il est manifeste que nous avons été dans un degré de perfection dont nous sommes tombés.*

Il est sûr par la Foi & par notre Révélation si au-dessus des lumiéres des hommes, que nous sommes tombés; mais rien n'est moins manifeste par la Raison. Car je voudrois bien savoir si Dieu ne pouvoit pas sans déroger à sa Justice créer l'Homme tel qu'il est aujourd'hui; & ne l'a-t-il pas même créé pour devenir ce qu'il est? L'état présent de l'Homme n'est-il pas un bienfait du Créateur? Qui vous a dit que Dieu vous en devoit davantage? Qui vous a dit que votre être exigeoit plus de connoissances & plus de bonheur? Qui vous a dit qu'il en comporte davantage? Vous vous étonnez que Dieu ait fait l'Homme si borné, si ignorant, si peu heureux; que ne vous étonnez-vous qu'il ne l'ait pas fait plus borné, plus ignorant, plus malheureux? Vous vous plaignez d'une vie si courte & si infortunée; remerciez Dieu de ce qu'elle n'est pas plus courte & plus malheureuse. Quoi donc! selon vous, pour raisonner conséquemment, il faudroit que tous les hommes accusassent la Providence hors les Métaphysiciens qui raisonnent sur le Péché originel!

*Le Péché originel est une folie devant les hommes ; mais on le donne pour tel.*

Par quelle contradiction trop palpable dites-vous donc que ce Péché originel est manifeste? Pourquoi dites-vous que tout nous en avertit? Comment peut-il en même tems être une (51-K omit une) folie, & être démontré par la raison?

XXX. *This* Remarque *disappears in* 39ᵗ *ff.*

XXXI. (a) 39ᵗ-K add : Voyez, je vous prie, quelle conséquence on tireroit du sentiment de Pascal. Si les auteurs de la Bible ont parlé du grand nombre des Etoiles en connoissance de cause, ils étaient donc inspirés sur la Physique. Et comment de si grands Physiciens ont-ils pu dire que la Lune s'est arrêtée à midi sur Aïalon, & le Soleil sur Gabaon dans la Palestine, qu'il faut que le Bled pourisse pour germer & produire, & cent autres choses semblables?

Concluons donc que ce n'est pas la Physique, mais la Morale

qu'il faut chercher dans la Bible; qu'elle doit faire des Chrétiens, &
non des Philosophes.

XXXV. (a) 48-K *begin thus :* C'est comme si on disait : « C'est n'être
pas malheureux que de pouvoir être accablé de douleur, car elle
vient d'ailleurs. » Celui-là —

XXXVI. (a) 39⁴-K *add :* On ne fait cette remarque & quelques autres
dans ce goût que pour donner des idées prècises. C'est plutôt pour
éclaircir que pour contredire.

XL. (a) *The last sentence* (Et...Montagne) *is replaced in* 48-K *by :* Si
Nicolle et Mallebranche avaient toujours parlé d'eux-mêmes, ils
n'auroient pas réussi. Mais un gentilhomme campagnard du temps
de Henri trois, qui est savant dans un Siécle d'ignorance, philosophe parmi des fanatiques, & qui peint sous son nom nos faiblesses
& nos folies, est un homme qui sera toujours aimé.

XLI. (a) 52-K *begin thus :* La solution de ce problème est bien aisée.
On vit des effets physiques extraordinaires, des fripons les firent
passer pour des miracles. On vit des maladies augmenter dans la
pleine lune, & des sots crurent que la fièvre était plus forte, parce
que la lune était pleine. Un malade qui devait guérir se trouva
mieux le lendemain qu'il eut mangé des écrevisses, & on conclut
que les écrevisses purifiaient le sang parce qu'elles sont rouges étant
cuites.

XLV. *This* Remarque *is not in* 51, 56-K.

XLVII. *This* Remarque *disappears in* 39⁴ *ff.*

LIII. (a) 56-K *add :* Mr. Pascal a très-grande raison de dire que ce
qui distingue l'homme des animaux, c'est qu'il recherche l'aproba-
tion de ses semblables : & c'est cette passion qui est la mére des
talents et des vertus.

LIV. (a) oculo *not in* J, 34ᵃ–39 —

LVIII–LXV, *and the additional* Remarques *I–VIII (which were composed
between* 1735 *and* 1738; *see Lanson II, p.* 243, *note* 9) *were first
intercalated in* 42ₐ *and continue to appear in subsequent editions.*

[LXIV.] (a) si *not in* 52-K —

[Ce 10 Mai 1738.] (a) a *not in* 42ᵃ–52 — (b) ce *not in* 42ᵃ; me *not in*
46–56 —

[VIII.] (a) *This sentence* (C'est...vulgaire) *is replaced in* 48(corr.),
52-K *by :* On a voulu donner pour des loix, des pensées que Pascal
avait probablement jettées sur le papier comme des doutes. Il ne
falloit pas regarder comme des demonstrations ce qu'il auroit
réfuté lui même.

# NOTES

## LETTER I

[1] This was Andrew Pitt, a Quaker linen-draper who, after thirty years in business, retired to a modest house in Hampstead where he died in 1736. According to Churton Collins, Pitt twice entertained Voltaire to dinner, took him once to a Quaker meeting-house and gave him information on Quaker beliefs. In 1732 he sent Voltaire a copy of Bishop Berkeley's *Alciphron*, which Voltaire criticized as 'a party book rather than a religious book,' in which 'the Doctor endeavours to draw his readers to himself rather than to religion.'

[2] 1 Cor. i, 17.

[3] Voltaire allows the Quaker to score a debating point here against Christian practice, which appears to follow Jewish custom. The whole argument is meant to demonstrate the simplicity and austerity of Quaker doctrine and its nearer conformity to the teaching of Christ.

[4] It is true that Communion is not a Quaker practice, but it is difficult to understand why this particular sacrament is claimed to be 'd'invention humaine.'

[5] Barclay was born at Gordonstown, Morayshire, Scotland, in 1648, of a family which claimed descent from Walter de Berkeley. He received his main education at the Scotch College in Paris, of which his uncle was Rector. There he was taught, *inter alia*, to speak and write fluently in Latin. Although of Calvinist extraction, he had followed the Roman Catholic religion in France without formally joining that Church, but on his return to Scotland in 1664, he ceased his connection with the Roman Catholic faith and in 1667 he joined the Society of Friends. He has given his reasons for this in his *Treatise on Universal Love*, where he explains his ideal of a religion of love and charity, such ideal not being found, according to his belief, among the Calvinists or the Roman Catholics, in whom the practice of persecution abounded. He wrote numerous books, but by far the most important appeared in 1675, in Latin and English: *Theologiae vere Christianae Apologia*, or in its English title: *An Apology for the True Christian Divinity, as the same is held forth and Preached by the People called in scorn Quakers*. It discusses the fifteen main propositions of Quaker belief. In 1686 appeared his last work, which was a defence of the doctrine of 'immediate revelation,' and he died in 1690.

[6] These are the titles given to Bishops, Archbishops, Cardinals and Popes. Voltaire enjoys contrasting the Quakers' austerity with this profusion of grandiloquent titles among the Catholic hierarchy.

[7] In 1695 an Act of William and Mary permitted Quakers to testify without swearing the usual solemn oaths on the Scriptures. In the reign of Anne, during the Tory ascendancy, this toleration was in danger, but at the accession of George I the Act of 1695 was made perpetual.

[8] From the first the Quakers refused to take part in war, and all their literature denounces war. One of the most eloquent of these protests is Robert Barclay's *Treatise on Universal Love*, which the author addressed to the Ambassadors of the different powers which met to make the Treaty of Nimeguen (see note 5 above).

## LETTER II

**1** This was the column, 100 feet high, erected by Charles II to commemorate the Great Fire of London. On the monument it was recorded that 'the burning of this Protestant city was begun and carried on by the treachery and malice of the Popish faction… in order to the carrying on their horrid plot for extirpating the Protestant religion and old English liberty and introducing Popery and slavery'. No evidence for such a statement existed and it was erased in the reign of James II, restored under William and Mary, and not finally removed till 1831. Pope, himself a Catholic, has immortalized the Monument in his epigram:

> Where London's column, pointing to the skies
> Like a tall bully, lifts its head, and lies.

**2** What follows is cleverly chosen anti-clerical propaganda of Voltaire, the declared enemy of all established priesthoods: 'bonzes,' 'mages,' 'prêtres,' all are idle, superstitious, ignorant, fanatical, sanguinary, self-interested, enemies of true progress everywhere. Cf. the chapter in *Candide* on 'El Dorado,' which was happy because it had no priests: « Quoi! vous n'avez pas de moines, qui enseignent, qui disputent, qui gouvernent, qui cabalent et qui font brûler les gens qui ne sont pas de leur avis! »

**3** See Letter I, note 5.

**4** Nicolas Malebranche (1638–1715), a distinguished follower of Descartes, was born and died in Paris. His best known work is *De la Recherche de la Vérité* (1674) in which he expounds a mystical idealism. One of his chief theories is that we see all things in God. He called this theory of knowledge « la vision en Dieu » : man cannot perform the slightest act of his own volition ; all his actions are caused by God acting through him.

**5** *première*, i.e. the first following.

## LETTER III

**1** This was a commonplace of Quaker thought. The earlier, if not the later members of the sect constantly had in mind the ideals of poverty and simplicity practised by Christ and the Apostles.

**2** This strictly should be 1649, Fox having been born in 1624 and having begun his preaching at the age of 25.

**3** This is over-simplification of the issues. While the first armed clash between Charles and his subjects occurred in Scotland in 1639 over the abolition by the Assembly of Glasgow of episcopacy in Scotland, and in England widespread apprehension existed at the presence and influence of Charles's Catholic Queen, and Laud's attempts to impose uniformity of practice in the Church of England (a policy which drove even moderate Protestants into the Puritan ranks), the Civil War also arose from a long series of arbitrary acts on the part of the King, such as the successive dissolutions of Parliament, levy of ship-money, the recognition of the Star Chamber, etc., all acts which challenged Parliamentary government.

**4** Give a dog a bad name and hang him. The story would be approximately true if 'geôlier' were substituted for 'curé anglican'. According to Lanson (*Lettres Philosophiques*, Vol. I, p. 40), the cruel gaoler at Launceston, where Fox was imprisoned in 1656, was deprived of his post and cast into his own prison in 1657.

⁵ Sixte-Quint, Pope from 1585 to 1590.

⁶ Literally : 'where there was no sexual intercourse.' The word sect is misleading in this connection. See Fleury, *Histoire Ecclésiastique*, Tome XXXVI, p. 137 (Paris, 1738) : « Une Septième [Bulle], qui est la cinquante-neuvième de ce pape... condamne les mariages contractés par les eunuques et les défend pour l'avenir ; elle est adressée 'à l'évêque de Novarre, Nonce de sa Sainteté en Espagne' ».

⁷ The priestess or Pythia, who delivered the Oracle of Apollo at Delphi, first inhaled some intoxicating vapour, and if not inspired to compose the oracle in hexameters, it was given over to a poet who then reduced the message to the 'rules of duty.' The whole of this passage is intended to show how easily the public is gulled by religious eccentricity.

⁸ It was Justice Bennet who first used the term 'Quakers' at Derby, in 1650.

⁹ See Letter I, note 5.

## LETTER IV

¹ Penn was matriculated at Christ Church, Oxford, in October, 1660, and was expelled in 1661, some say for tearing the surplices off the backs of undergraduates after his conversion to Quakerism. According to the D.N.B. he was 'sent down for nonconformity.'

² Was the granddaughter of James I, and daughter of Frederick V, Prince Palatine of the Rhine.

³ After reading and enthusiastically accepting Locke's *Essay on the Human Understanding*, Voltaire professed great contempt for Descartes' philosophy.

⁴ This should be Hewerden (Lanson I, p. 53).

⁵ Maryland, founded in 1632 by Lord Baltimore, lies to the south and not to the north of Pennsylvania.

⁶ The constitution of Pennsylvania tolerated simple deism, a fact which would naturally predispose Voltaire in its favour.

⁷ In 1687 James II issued a Declaration of Indulgence superseding all laws against Catholics and Dissenters alike. Although some Dissenters welcomed the change, the majority were too much afraid of Catholicism, and the proposal fell flat. In 1688 a second Declaration of Indulgence was issued and ordered to be read in all churches. Out of this sprang the trial of the Seven Bishops.

⁸ Voltaire is right in saying that hatred of Catholicism among even oppressed Dissenters was greater than their indignation over their own disabilities.

⁹ Penn published his defence in a work called *Fiction Found Out*.

¹⁰ On the contrary, the reasons are clear. After the fiasco of the trial of the Seven Bishops and the birth of a son to James, public opinion was determined not to await his death, but to forestall a Catholic dynasty. Whigs and Tories combined in a deputation to William of Orange inviting him to land in England to defend English liberties. Once William had landed, James, deserted by many of his officers, including Churchill, and his own daughter Anne, was unable to offer effective resistance and with William's connivance left England for France. On January 22, 1689, a Convention Parliament of Commons and Lords declared the throne vacant and both Houses agreed to offer the throne to William and Mary as joint sovereigns.

¹¹ The Act of Toleration of 1689 granted freedom of worship to Nonconformists, but not to Roman Catholics and those denying the doctrine of the

Trinity. Thus the disabilities which Nonconformists suffered from the provisions of the Corporation Act of 1661 and the Test Act of 1673 remained.

¹² For the decline of Quakerism, see Abbey and Overton I, 557.

## LETTER V

¹ By the Corporation Act of 1661 'no one in future was to hold municipal office who had not received the sacrament according to the rites of the Church of England.' This Act did more than exclude from corporations those who objected to submit to its injunctions. In many towns the corporations elected the members of the House of Commons and hence, by excluding Nonconformists from corporations in towns, Parliament indirectly excluded them from representation in the House of Commons. The Test Act of 1673, aimed mainly against Roman Catholics, enjoined on all holders of Government office a declaration of disbelief in Transubstantiation, and made the taking of the Sacrament according to the Anglican rite obligatory within three months after entering upon office. Under George I this time was extended to six months. But in and after 1727, almost yearly until 1828 (when the Test Act was abolished), indemnity acts were passed in favour of those who had accepted office but who had not taken the Sacrament according to the Anglican rite within the required time. The result of all this legislation in favour of the Established Church left its clergy 'les maîtres' as Voltaire claims, but his statement that « ils fomentent autant qu'ils peuvent... un saint zèle contre les non-conformistes » was not universally true. Under Walpole, 'appeasement,' *quieta non movere*, was the rule.

² The usual instance of clerical 'greed' cited by Voltaire.

³ Under Anne, the High Church party, largely Jacobite in sympathies, was active and zealous and was animated generally with hostility to dissent and to the liberalizing policy of the Act of Toleration. The case of the Rev. Dr. Sacheverell, condemned by the Lords in 1710 for his violent outbursts against the Revolution settlement and the Toleration Act, showed clerical prejudice and mob-violence at their worst. His condemnation even led to the overthrow of the powerful Godolphin Coalition Ministry and brought the Tories under Harley and Bolingbroke into power.

⁴ The two great parties whose quarrels fill the history of Italy and Germany from the eleventh till the fourteenth century. Although there was much confusion and changing of sides during the long centuries of dispute, the Guelphs on the whole supported the Papacy, and the Ghibellines the cause of the Imperial power and Holy Roman Emperors.

⁵ This is not true of the Whigs as a whole, but only of the large nonconformist element in the Whig party. As this element was not strong enough to get the provisions of the Corporation and Test Acts affecting it abolished, it could not hope to abolish Episcopacy.

⁶ This is not quite true either. Bishops created under Walpole were of the latitudinarian or Low Church school. Perhaps Voltaire is here referring to the virtual suppression of Convocation after the Bangorian Controversy of 1717.

⁷ Harley (1661–1724), First Earl of Oxford, Chancellor of the Exchequer and Lord High Treasurer (1712–1714). He was intrigued out of this office by his fellow Tory, Lord Bolingbroke (1678–1751), a brilliant but erratic statesman and great orator; but Bolingbroke's premiership was cut short by Anne's death and the accession of George I, following which he fled to France. In

his enforced leisure he wrote much on political and religious matters, the former from a High Tory, and the latter from a deistic, anti-Christian stand-point. In the latter he was at one with Voltaire.

⁸ The comparison is not quite exact. The Bishops were summoned as of right to every session of the House of Lords, but 'les Ducs et Pairs,' while possessing the right from ancient times to sit in the Parlement de Paris, hardly ever did so, the main work of that almost exclusively judicial body being performed by a body of professional magistrates.

⁹ Does he mean archdeacon?

¹⁰ Le Père Courayer (1681–1776), canon and librarian of Sainte-Geneviève of Paris, who had correspondence with Archbishop Wake and was led into a study of the Anglican orders, which he declared valid in a work published at Brussels in 1723: *Dissertation sur la validité des ordinations des Anglais et sur la succession des évêques de l'Église Anglicane.* This work was condemned by the Archbishop of Paris, and Courayer was expelled from his order by the Abbot of Sainte-Geneviève. He thereupon came to London and spent the remainder of his life in England. He declared in his will, made two years before his death, that he was still a Roman Catholic. The University of Oxford con-ferred on him the honorary degree of D.D.

¹¹ Archbishop Parker (1504–1575). A malicious story was started many years after his death that he had been consecrated at the Nag's Head Inn in Cheapside—this in order to discredit Anglican ordinations; but he was formally and legally consecrated with the traditional laying-on-of-hands in Lambeth Palace Chapel on December 17, 1559, by Barlow, former Bishop of Bath and Wells, Scory, former Bishop of Chichester, Coverdale, former Bishop of Exeter, and Hodgkins, suffragan Bishop of Bedford.

¹² For this question, see Abbey and Overton II, 1. They agree largely with Voltaire in contrasting the morality and sobriety of the average English parish-priest with conditions prevailing in France. But they also point out many cases of ignorance, slackness, poverty, non-residence (especially among the higher clergy), pluralities, etc. Thus at the death of George I, Dr. Brad-shaw was Dean of Christ Church, Oxford, and Bishop of Bristol, while Dr. Clavering was Bishop of Llandaff, Dean of Hereford, and Regius Professor of Hebrew in Oxford.

¹³ Rabelais III, c. 22.

## LETTER VI

¹ Diogenes (412 B.C.–323 B.C.), called the Cynic, was a philosopher renowned in Greece for the austerity of his life and teaching.

² Diogenes had asked Alexander to get out of the sun. Presbyterian treat-ment of Charles II refers to the year 1650, when Charles landed in Scotland, and after promising to adopt Presbyterianism, was crowned King of Scot-land. His easy-going temperament was not suited to the austere Presbyterian regime, and after being defeated by Cromwell, first at Dunbar, then at Worcester in 1651, he found himself without an army, and with great difficulty escaped back to France.

³ This 'English sabbath' was a survival of Puritan times, and the Puritans were as like the Presbyterians as two peas in their Sabbath observance.

⁴ This antagonism between the priesthoods of different sects and religions arising out of theological disputes is a commonplace of Voltairian belief, and in his ideal state priests would be banned as disturbers of the peace. The

succeeding statement about the peace and friendliness prevailing in the business world was widely held as a faith by the *philosophes*.

⁵ There is no irony intended by Voltaire. To offset the predominance of a favoured, established church, safety for dissidents no doubt lies in numbers, and to a certain extent happiness lies there too. Like so many of the statements in this book, this remark is not so much absolutely as comparatively true. Compared with the position of Huguenots in France, who were not tolerated after 1685, English nonconformists had a certain charter of freedom. And although they paid dearly in education and choice of profession for the right to worship as they wished, their consciences were not dragooned, and they could live openly, without fear, in full self-respect, worshipping God in their own way. All this does not mean that there was full liberty to challenge the theology of the Church of England. When Thomas Woolston, a Church of England clergyman, published his *Discourses on the Miracles of Christ*, in the years of Voltaire's own visit to England, he was fined £150, sentenced to a year's imprisonment, and ordered to be released only on producing sureties of another £2,000. Unable to find the money, he died in prison in 1731. Nor would the case of the English Roman Catholics fall within Voltaire's generalization. Excluded, with anti-Trinitarians, from the Toleration Act of 1689, subject to the rigour of the Test Act, paying a double property-tax, their Church organization destroyed and their hierarchy dispersed, still exposed to the menace of unrepealed legislation of Elizabeth's reign, how could they be happy? None the less, Voltaire here recognizes a great idea of toleration and statesmanship, viz. that varieties of religious belief, far from creating within the State doubtful and divided loyalties, are the best guarantees of happiness and thereby a means of promoting enlightened patriotism.

## Letter VII

¹ Socinians are followers of the two Sozzini (in the Latinized form, *Socini*), uncle and nephew, Laelius and Faustus, born at Siena in Tuscany in 1525 and 1539 respectively, and typical products of the Renaissance in Italy. The term Socinian is not used today, but the Unitarian Church which denies the divinity of Christ, but worships him as the highest form of man, is the heir of the Socinian belief. For Unitarians, Christ is not 'consubstantial, coeternal.' He had no pre-existence before He was born of Mary.

Arius, the founder of the Arian heresy, was born in Libya, somewhere after the middle of the third century A.D. His very dogmatic views about the doctrine of the Trinity, a subject which had provided a real bone of contention since the death of the Apostles, threatened to divide the Church in the East, and ultimately the Emperor Constantine summoned the celebrated Council of Nicaea in A.D. 325 to debate the matter, and to effect, as he thought, a final doctrinal settlement. Athanasius, destined to become Primate of Egypt, prevailed with the Council and induced it to accept almost unanimously the doctrine of the Trinity now known as the Athanasian Creed. The works of Arius were burnt, but his followers, especially those in Alexandria, remained in revolt. But whether from a real change of heart or because persuaded by Bishop Eusebius, Arius in A.D. 330 made a recantation to Constantine. Upon this Constantine instructed Athanasius, by then Patriarch of Alexandria, to restore Arius to communion, but on Athanasius refusing, he was ultimately deposed by the Synod of Tyre in A.D. 335. It looked at one time as if the Arian viewpoint would ultimately predominate, or at least that the two contending parties would arrive at a compromise. At the Council of Rimini (A.D. 360), the Arians confessed that 'the word' (Logos, the second person of the Trinity) was God, begotten of God before all time, and 'not a creature *as other creatures are*.' Thereupon the other side agreed to withdraw the term 'consubstantial' (*homoousios*).

But the Concordat, if Concordat it was, was not real, because the Arians boasted that the expression 'not a creature as other creatures are' was an acknowledgment that the 'word' *was* a creature, though much more excellent than other creatures. The upshot of it all is that the Catholic Church has never adopted an Arian formula, and the Athanasian formula gradually established itself, for after Arianism was banned by Theodosius in the East, Clovis in Gaul and Justinian in Africa and Italy, disputes on the doctrine of the Trinity ended, and there was peace in the Church, as far as that particular controversy was concerned, for over ten centuries. Then cases of 'heresy' cropped up again after the Reformation. Not that Luther and especially Calvin were Arian. On the contrary, Calvin had Servetus burned in Geneva for unorthodox Trinitarian views; two cases of burning for the same reason occurred in England in 1551 and 1555. Although in Eastern Europe Faustus Socinus had numerous adherents, in England there was little stirring on the subject till the end of the seventeenth century, as is proved by the fact that Bull's *Defensio Fidei Nicaenae* of 1685 made no mention of Englishmen. This may have been due to the determination both of Church and sovereigns to maintain the doctrine of the Trinity intact, and in 1689 anti-Trinitarians were debarred from the provisions of the Act of Toleration. Notwithstanding, the question was kept open, as it still is, because views about such a mystery differ according to varying degrees of faith. The most sceptical were Socinians (present-day Unitarians), who thought of Christ as the most perfect man.

The celebrated Dr. Samuel Clarke (1675–1729), revived the whole position of Arianism with his publication in 1712 of *The Scripture Doctrine of the Trinity*. The author had collected together all the texts in the New Testament, some 1,250, and expounded their significance in chapters such as 'Of God the Father'; 'Of the Son of God'; 'Of the Holy Spirit of God'. Critics were not slow to draw the inferences from the substitution of 'Son of God' for 'God the Son,' and of 'The Holy Spirit of God' for 'God the Holy Ghost'. The change was not without its significance. The *Scripture Doctrine* leads substantially to a very similar conclusion to that at which Whiston arrived. The Father alone is the one supreme God; the Son is a divine being as far as divinity is communicable by this supreme God; the Holy Ghost is inferior both to the Father and the Son, not in order only, but in dominion and authority' (Abbey and Overton, I, 8).

As was to be expected, such views from so eminent a philosopher and theologian as Dr. Clarke caused commotion in the Church. Numerous refutations were attempted and criticisms made. Dr. Clarke's influence remained, and the arguments for and against went on through the century. During the process a number of bishops became suspect of unsound views, and even an Archbishop of York did not escape.

It will be seen from the above that Arians and Socinians, whom Voltaire lumps together, were historically and doctrinally distinct.

[2] For the evidence on Newton's unorthodoxy see *Isaac Newton*, by Louis Trenchard More, New York (Scribner's), 1934. Mr. More, who has had

access to the *Portsmouth Collection* of Newtoniana, affirms (p. 642) that Newton employed a number of arguments to show that the Son is neither coeternal with, nor equal to the Father. Here are some: (*a*) because the Son is called the Word (John i, 1); (*b*) because God begot the Son at some time, the Son had not existence from eternity (Prov. viii, 23, 25); (*c*) because the Father is greater than the Son (John xiv, 28); (*d*) because the Son did not know his last hour (Mark xiii, 32; Matt. xxiv, 36; Rev. i, 1 and v, 3).

In another paper Newton gives seven reasons against the Catholic doctrine of the Trinity. Only one need be quoted: 'Homoousion is unintelligible. 'Twas not understood in the Council of Nice... nor ever since. What cannot be understood is no object of belief.' These and similar documents illustrating Newton's theological views have not been printed; but that Newton was not quite orthodox seems to have been an open secret, which Voltaire with his keen enquiring spirit was aware of.

³ *A Discourse concerning the Being and Attributes of God* (1705–6).

⁴ *The Verity and Certitude of Natural and Revealed Religion* (1705).

⁵ Thought to be Voltaire himself (see Varr.).

⁶ *The Scripture Doctrine of the Trinity* (1712).

⁷ There is no printed evidence for this statement, but it must be remembered that the *Scripture Doctrine* appeared in 1712, while Anne (and the High Church party) were still alive. So the book may well have made further promotion difficult. In any case it was against custom to make a parish priest Archbishop of Canterbury without first being a bishop, Tillotson notwithstanding (see Varr.).

⁸ It would be more exact to say 'luttes'. Arianism never triumphed for long, certainly not for three hundred years; but it is true to say that debates and quarrels on the doctrine of the Trinity fill the first three centuries.

⁹ The Arian controversy in the eighteenth century resulted in many converts to Unitarianism, as Abbey and Overton show.

¹⁰ Ulrich Zwingli (1484–1531). The leader of the Reform party in Zürich.

¹¹ Calvin's *Traité des Reliques* surely has qualities of mordant irony which Voltaire should have appreciated.

¹² Locke wrote, in 1695, *The Reasonableness of Christianity.*

¹³ Leclerc was, for a time, a Unitarian minister in Amsterdam, where he died in 1736. A great admirer of Locke's philosophy, he was one of the principal agents of the diffusion of English ideas in the eighteenth century.

¹⁴ The ambitious and unscrupulous Cardinal who first took the side of the Parlement de Paris against the extortions of Mazarin in the Fronde of 1648–1652, but later was reconciled to Mazarin. Voltaire has on numerous occasions written of La Fronde, and principally in his *Siècle de Louis XIV*, and always refers to it as a ridiculous struggle, entered into lightly and accomplishing nothing. If this is a true estimate, his penultimate paragraph is a tribute to the France of his time, which must have developed greater political wisdom. The last paragraph, on the other hand, is not a compliment to England, if he means to infer that abuses as great as existed in the time of Charles I would not have summoned up a similar spirit of resistance in 1734. The internal peace and tranquillity of Walpole's administration until that year was possible because now a constitutional and elected king was on the throne.

## LETTER VIII

¹ William Shippen (1673–1743) was an uncompromising Tory of Jacobite sympathies who was sent to the Tower in 1718 for a speech reflecting on

George I. 'Honest Shippen' was a highly respected member of the House of Commons.

² It is admitted by everyone that Walpole's administration was corrupt (see Lecky, *England in the Eighteenth Century*, ch. III). Voltaire could have been much more outspoken here had he wished. He has touched lightly and gently on a real scandal of the times. Yet in fairness to Walpole it should be stated that political bribery neither began nor ended with him.

³ Voltaire has often expressed this opinion. One of his staple grievances, *inter multa alia*, against the Christian religion was its 'intolerance of un-orthodox opinion and resort to force to crush it—a thing unknown to the religions which existed prior to Christianity.'

⁴ *Flamen*, a priest of one of the Roman divinities. His functions were sacrificial. There were sixteen flamens in all. The three senior (Dialis, Mar-tialis, Quirinalis) were patricians.

⁵ All this argument is a little misleading. The Civil Wars in England in the seventeenth century were waged for political as well as religious reasons. It was certainly true that in the reigns of the first two Georges, when Wal-pole's influence was paramount, a general religious lethargy prevailed, composed of tolerance at best, and at worst indifference. The contrast between the excitement produced by Sacheverell's condemnation in 1712, as a result of which 'the popular feeling in favour of Sacheverell throughout England had risen almost to the point of revolution' (Lecky), and the deprivation and banishment, in 1722, of Bishop Atterbury, 'the most brilliant and popular bishop in the English church' (Lecky), for plotting in the Jacobite cause, is an example of the great change which had come over public opinion.

⁶ Voltaire is right: the English were the first to win political rights in Europe by their resistance to the divine right of kings.

⁷ This theory is a little optimistic, but it is a cardinal principle of the English constitution that the king can do no wrong: he acts upon the advice always of his constitutional advisers and has no personal policy. Had Voltaire lived in England under George III, he might have seen a well-meaning king with hands free enough to do wrong things.

⁸ Voltaire's experience of the English aristocracy seems to have been uniformly happy. He cannot forget the Chevalier de Rohan who had him beaten in Paris.

⁹ The share of 'the people', i.e. the mass of the nation, was trifling in Voltaire's day, thanks to rotten boroughs, family influence, the restriction of the franchise, etc. At the time Voltaire wrote this, England was really ruled by an oligarchy composed of the great Whig families.

¹⁰ This is a happy phrase which puts in a nutshell the position of a consti-tutional king in relation to Parliament.

¹¹ Voltaire has certainly imbibed current English political notions here. Did the retention of Gibraltar square with Voltaire's opinion? The whole reason of England's resistance to Louis XIV was, in the last analysis, pre-cisely the opposite of what Voltaire says, i.e. one of enlightened self-interest, dictated by the policy of the balance of power. If Louis XIV had been allowed to win, the balance of power would have been destroyed, the thrones of Spain and France, despite solemn promises, might have been united, and the Netherlands have come under his control or into his posses-sion, thereby endangering England's position in the North Sea. But as the maintenance of the balance of power protects many of the smaller powers

from more powerful neighbours, it can be argued also that England's attitude looked beyond her own interests to the general interest of European freedom.

[12] This refers to Charles I, and Voltaire is right in thinking that the majority of the nation was opposed to him, however little it may have approved of his execution.

[13] The wars of religion in the sixteenth century in France were fought by the Huguenots to win religious freedom.

[14] Second son of Catherine de Medecis and Henri II. Reigned 1560–1574. His reign was disfigured by the massacre of St. Bartholomew in 1572.

[15] Succeeded his brother Charles IX and reigned till 1589. He had been one year also King of Poland. Artistic, like all the Valois, he was indolent and effeminate, and caused great scandal by his attachment to his favourites or 'mignons', as they were called. After having had his rival the Duke of Guise assassinated in Blois, he was himself assassinated the following year by a Dominican friar called Clément. He had no children and with him the Valois line died. On his death-bed he recognized the Huguenot, Henry King of Navarre, as his successor.

[16] This powerful family really belonged to the house of Lorraine, which produced a line of soldiers and prelates and was the real animating force of the Catholic League against the Huguenots. So powerful did they become and so idolized by the people, particularly the people of Paris, that Henry III took fright, and had, first, the third duke murdered at Blois, in 1588, and his brother, the Cardinal de Lorraine, the next day. In all there were seven Dukes of Guise, the last dying in 1675. Their great period of influence was the sixteenth century.

[17] Le Cardinal de Retz (1614–1679) was made coadjutor of the Archbishop of Paris by Anne of Austria in 1643, and being unfriendly to Mazarin, was one of the chief instigators of the Fronde. When that burlesque war collapsed, Retz (who, just before, had been made a cardinal 'by accident') was much discredited. But in 1662 he won back Louis XIV's favour and was employed on different missions to Rome. Voltaire's estimate of his policy, or lack of policy, echoes a judgment on him by La Rochefoucauld: « Il a suscité les plus grands désordres dans l'état sans avoir un dessein ferme de s'en prévaloir. »

[18] Giulio Mazarini was born in Italy in 1602 and died in France in 1661. Naturalized French in 1634, he succeeded Richelieu and was practically the ruler of France during the minority of Louis XIV. Apart from the period of the Fronde, during which he twice retired from France, his administration was uniformly successful and his influence, especially over the Queen-Mother, all prevailing. Some say he was secretly married to her.

[19] Under Charles VI, who reigned 1380–1422, a great number of disorders occurred—revolts of the Maillotins (Parisian insurgents), of the Cabochiens, and the struggles of the Burgundians and Armagnacs. The Burgundians were allied to the English, who in 1415 inflicted on Charles VI the crushing defeat of Agincourt. The internal disorders and the madness of the King justify Voltaire in calling the civil wars of Charles VI 'cruelles'.

[20] The Emperor Henry VII died in 1313, under strong presumption of having been poisoned by one Montepulciano, who had administered the communion to him.

[21] See note 16 above.

[22] King of France (1589–1610), assassinated in 1610 by Ravaillac.

²³ The reader is asked to compare the indiscriminate assassination of kings in France and elsewhere with the condemnation and execution in the name of the law of Charles I of England (see Varr.).

LETTER IX

¹ Parliaments or their equivalents go far back in English history, most authorities tracing them back to the Saxon *Witena-gemote*, which were grand councils of the nation composed of 'wise' men.

² Under the Norman kings, the council of the sovereign consisted of the tenants-in-chief of the Crown, lay and ecclesiastical, who held their lands *per baroniam*. This baronial tenure made a man a baron or lord of Parliament. Originally, therefore, all who held lands *per baroniam* were members of Parliament. It was only later, perhaps during the thirteenth century, that the principle of representation was established, when smaller barons and municipalities were allowed to appear through delegates. The precise date of the separation into two houses is not known, but the term 'Commons' doubtless refers to the delegates or representatives of lesser barons and municipalities.

³ The Germanic tribes had their *mallum*, and the Saxons their *gemot*, gatherings at which the warriors voted laws, decided upon alliances, peace, war, the administration of criminal justice, etc. (Voltaire, *Lettres Philosophiques*, edn. Labroue, p. 107).

⁴ Before the obligations of feudal dependents to the Crown had been regulated by William the Conqueror, the control by the King of the barons, or rather of the soldiers to whom grants of land had been made, was very loose, and these warrior-chiefs were often tyrants, as Voltaire rightly says.

⁵ A King of Wessex in the eighth century. The story goes that after winning a battle which Inas considered due to St. Peter's help, he began to pay a tribute of 'Peter's Pence' to the Pope.

⁶ Heptarchy, the name given to the seven kingdoms established by the Saxons in England. These were: Kent, Sussex, Wessex, Essex, Northumbria, East Anglia, Mercia.

⁷ King John 'Lackland,' youngest of the five sons of Henry II, succeeded his brother Richard I in 1199. Having quarrelled with Innocent III, he was excommunicated in 1209, and deposed in 1213. Abandoned by his barons, John had to submit to the Pope and receive back his kingdom as a papal fief. The barons then rose and forced the King to grant Magna Carta in 1215. When the King revoked the Charter, war broke out again, and Louis, the French dauphin, was invited to succeed to John's throne. Louis landed in England, defeated John in battle, and John lost all his treasure crossing the Wash, dying at Newark shortly after (1216). As for King Louis, his reign was brief. John's eldest son, Henry III, rallied the barons and defeated Louis at Lincoln in 1217, whereupon Louis returned to France.

⁸ Here is a confession of political principle by Voltaire. A convinced pacifist, he looks on war, by whomsoever waged, Kings, Emperors, Popes, as a crime against the long-suffering people, whose champion he now becomes. This doctrine of popular rights, it should be noted, precedes that of Rousseau, is not precisely defined or formulated, and is merely an expression of humanitarian principle, but shows clearly enough where Voltaire's true sympathies lie.

⁹ Originally a free-born peasant, one of an inferior class of landholders. By the thirteenth century the term had come to mean serfs, 'adscript to the soil.' Voltaire's indignation at this enslavement of the many to the few is

obvious and sincere. In 1777, one year before his death, he petitioned Louis XVI on behalf of the serfs of Saint-Claude. Although serfdom had almost disappeared in France, it persisted on certain Church property till the Revolution.

[10] In the heyday of feudalism the great barons in France were often as powerful as their overlord. That the authority of « ces petits brigands » was not completely 'éteinte' in Voltaire's time is well shown in Tocqueville's *L'Ancien Régime et la Révolution*.

[11] It was the barons who, by extorting Magna Carta from King John in 1215, really laid the foundation-stone of English liberties, and another baron, the French-born Simon de Montfort, Earl of Leicester, who, by fighting the 'Barons' War' against Henry III's refusal to respect the Charter, contributed most powerfully to popular liberties because he convened a Parliament in 1265 to which two knights from each county and two citizens or burgesses from every city and borough were summoned. It would appear, therefore, that in England the nobility did, at least upon occasion, work for the people against the King, whereas in France the nobility awoke too late to its duty in this respect.

[12] See preceding note.

[13] In 1485 Henry Tudor, Earl of Richmond, landed from France in England and defeated and slew Richard III at Bosworth, after which he ascended the throne as Henry VII, by virtue of his descent through his mother from John of Gaunt, head of the house of Lancaster. (Not a very respectable title.) But as Richard III, whom he fought, was not the legitimate king either, since he had murdered the rightful heirs to the throne, his brother's sons, the usurpation need not be stressed too much. By nature cunning and miserly, Henry VII practically kept England out of war in Europe, and married his eldest daughter Margaret to James IV of Scotland, hoping that such a union would one day unite the two crowns—a prudent, laudable policy.

[14] The Wars of the Roses in thirty years resulted in the death of numerous princes of the blood and the majority of the noble families. Those left were much impoverished. Before Henry's time, feudal lands were inalienable; by permitting their sale the King certainly relieved the debts of the surviving nobles, but diminished their prestige. He nominated a number of new peers; but these did not enjoy the reputation of their predecessors, and the House of Lords thereby was weakened, giving, in consequence, more influence to the King and the Commons.

[15] *Basse justice* was the simplest form of civil and criminal jurisdiction, what Gasquet in his *Institutions Politiques et Sociales de l'Ancienne France* calls « la police correctionnelle ». *Moyenne justice* was criminal jurisdiction with penalties not exceeding sixty sols, and civil jurisdiction in all disputes concerning feudal obligations. *Haute justice* involved appeals from the two former and criminal jurisdiction (except in cases specially reserved for the Royal courts) with power to order flogging, imprisonment, banishment and even death, the latter needing the King's consent. The noble dispenser of 'haute justice' was entitled to erect a gallows in front of his castle (see A. Rambaud, *Histoire de la Civilisation française*, 2nd edn., vol. II, pp. 132–3). By Voltaire's time, the French nobles had almost entirely ceased to exercise any of these feudal powers of justice, but although the King's courts had taken over the work, the feudal rights and formulæ of justice had not been abolished. Yet when Dr. Burney, father of the celebrated Fanny Burney, visited Voltaire at Ferney, in 1770, he saw that Voltaire had erected on the

Geneva side (of Ferney) a quadrangular *justice* or gallows to show that he was the Seigneur (A. Ballantyne, *Voltaire's Visit to England*, p. 303).

[16] This oldest direct tax, dating from the time of Charles VII, fell on the non-noble and lower classes, nobility and clergy being exempt. It was a source of great misery and bitterness among the people.

[17] This tax was established by Louis XIV in 1695 to furnish more money for his wars and was intended to be levied for three years only, but it lasted till the Revolution. It was originally binding upon all, including nobility and clergy, but this principle broke down. The clergy bought off total exemption with six years' contributions, and the nobility were able to make advantageous terms with the *intendants*. Consequently the old vicious principle of privilege was maintained and contributed powerfully to the social unrest which led to the Revolution.

[18] Ernle's *English Farming Past and Present* says that 1700–1760 was the peasant's golden age.

### Letter X

This letter is intended to show English freedom from the snobbish convention prevailing then in France as to the demeaning effect of trade. The French nobility were either courtiers, soldiers, prelates or ambassadors, but did not stoop to trade. Voltaire shows the spirit of commercial enterprise in England going hand in hand with naval power, through which « les Anglais sont les maîtres des mers ».

[1] This is an error for 1726. The Baltic fleet was sent to deter Catherine I from attacking Schleswig, the Mediterranean fleet to protect Gibraltar, and the third to the West Indies to prevent treasure leaving those parts.

[2] Captured from the Spaniards in 1704 during the War of the Spanish Succession, and held ever since, despite Spanish indignation and at least one determined attempt in 1727 to recapture it.

[3] Prince Eugène (1663–1736). Born in Paris, son of the Count of Soissons and Olympia Mancini, niece of Cardinal Mazarin. It is said that Eugène took umbrage against France when his mother was banished to the Low Countries by Louis XIV, and placed himself at the disposal of the Emperor for service against the Turks. Thereby France lost a very distinguished soldier whose services in the War of the Spanish Succession to the cause of the Allies were very great. He shared the honours with Marlborough at Blenheim, Oudenarde and Malplaquet; in 1706 he saved Turin and expelled the French from Italy.

[4] The Jore edition is at fault. The sum lent by the Mercers' Company of London was £250,000, or 6,250,000 francs. In ch. XX of his *Siècle de Louis XIV*, Voltaire gives the figure as « environ six millions de nos livres ».

[5] Viscount Townsend (1676–1734) was George I's first Prime Minister, with Walpole as Chancellor of the Exchequer.

[6] Robert Harley, first Earl of Oxford (1661–1724), a Whig who turned Tory, became Lord High Treasurer in 1712 and as such negotiated the Peace of Utrecht. His brother Nathaniel is the merchant referred to by Voltaire.

[7] The whole of this paragraph seems to betray a certain bitterness, a resentment due to a bad conscience and possibly an inferiority complex against the French nobility for their pride. Although Voltaire had usurped the 'particule' for himself, his enemies never let him forget his middle-class origin, and the real nobility never counted him as one of themselves. The tone of the passage, none the less, agrees with Voltaire's general impression

of England as a land of enterprise, where old prejudices were powerless to prevent progress, whereas France still thought in terms of the past; its nobility were still ambitious to cut a figure—an effeminately ornamental figure—at court, and looked on trade as derogatory to people of quality. The comparison is all in favour of England, and Voltaire does not sneer at the 'nation of shopkeepers', whose real fighting strength went hand in hand with their trading enterprise.

## LETTER XI

[1] A daughter was born to the Ambassadress while she and her husband were in Turkey, and not a son.

[2] This was Caroline of Anspach, wife of George II, a lady whose grace and artistic interests did much to reconcile the nation to the new dynasty. Voltaire dedicated his *Henriade* to her in 1727.

[3] This was Mrs. Clarke, who died in 1728, and who received from Caroline the year before a present of fifty guineas.

[4] See Letter V, note 10.

[5] See Letter VII, note 1.

[6] The dispute arose as to the nature of space and time (*Lettres Philosophiques*, edn. Labroue, p. 129).

[7] The truth is that the practice of inoculation, despite the courageous example of Lady Mary Wortley-Montagu and the illustrious encouragement of Caroline, met with much opposition from the pulpit and even in the Faculty. In 1722 a certain Rev. Massey called it an infernal practice and maintained that the Devil had inoculated Job. The first small-pox hospital was opened in 1746; the practice of inoculation was generally accepted by the Faculty in 1754. The public was not enthusiastic in any way. (See *English Men and Manners in the Eighteenth Century*, by A. S. Turberville, Oxford, 1926.)

[8] Louis-François Jules de Rohan. He and his wife both died of small-pox in 1724.

[9] The Dauphin, only son of Louis XIV and Marie-Thérèse, died of small-pox in 1711. Louis XV died of it in 1774.

[10] In his enthusiasm Voltaire makes the total deaths in Paris for 1723 all victims of small-pox. But the mortality was grave enough. Voltaire had had a mild attack himself, and in 1723 had lost his great friend Génonville, in whose memory he wrote the touching *Épître aux Mânes de M. de Génonville*.

[11] The French clergy regarded inoculation as an attempt to interfere with the will of God. « L'Abbé Molinier écrivait en 1735: 'Le naturel des Français se révolte au système de l'insertion; nous nous soumettons aux décrets de la Providence' » (*Lettres Philosophiques*, edn. Lanson I, p. 149).

[12] French doctors also appeared to be hostile. Lanson (*op. cit.* I, pp. 136–8) gives the name of two medical men, Dr. Hecquet and the surgeon V. Dubois, who decried the practice.

## LETTER XII

[1] Tamerlane (1336–1405), the greatest of Mongol warriors, who carried his armies in a series of successful campaigns from Turkestan to Afghanistan, Persia, Arabia, Russia and India, never knowing defeat. He died when about to invade China.

[2] This sentence may be considered Voltaire's profession of faith.

[3] His proper title was Baron Verulam.

⁴ It was not only at the court that he had enemies. Many humbler men despised him for his ingratitude to Essex, who had befriended him and given him a rich property after Bacon's uncle, Lord Burleigh, had refused to advance him.

⁵ A cavalry captain in the guard of Louis XIII. He came to London in 1624 to negotiate the marriage of Henriette, daughter of Henri IV, with the Prince of Wales, later Charles I.

⁶ He was now Viscount St. Albans, a title conferred on him by James I in 1625, one year after he became Lord Chancellor. In this office he found many opportunities for corrupt practice, partly because he wished to stand well with Buckingham, and partly because his extravagant mode of life made money, from whatever source, necessary to him. Such was the scandal of his administration that in 1621 he was impeached, fined £40,000 (not 400,000 francs as Voltaire says), banished for life from court, declared unfit for office and ordered to be confined in the Tower. The King absolved him from the worst of these penalties, i.e. imprisonment and the fine, but did not readmit him to his office.

⁷ Written in Latin, this, his most important work, appeared in 1620. Its importance lay in its attempt to substitute for the old learning—the Aristotelian *organon*—a new organon, that of science, involving direct observation of nature and inductive reasoning.

⁸ These are terms from the Scholastic philosophy, which Voltaire cites in scorn of the phraseology of the metaphysics of the Schoolmen. *Quiddité*, Low Latin *quidditas*, formed from *quid*, means 'whatness', essential quality. The old saying 'Nature abhors a vacuum' was employed to account for the rise of water in pumps. It was Torricelli who found that 'Nature's horror of a vacuum' varied for different fluids, and was due to air-pressure. By *forme substantielle* understand 'the essence, true substance of things.'

⁹ Aristotle attempted to classify, for purposes of logical demonstration or refutation, all that exists, or rather the general properties or attributes that most extensively pervade all existing things. There were ten categories in all: substance, quantity, quality, relation, action, passivity, position in space, position in time, situation, possession.

¹⁰ The *Lexicon Scholasticorum verborum* in the Turin (1937) edition of St. Thomas Aquinas' *Summa Theologica* has the following: 'UNIVERSALE est id quod unum cum sit extenditur ad multa... *Universale*... in *essendo* et *praedicando*, quod est unum, et est aptum esse in multis et praedicari de multis, ut natura humana prout expressa per conceptum indefinitum: *homo;* sic enim expressa est quid unum, et aptum esse in omnibus individuis speciei humanae ac de iis affirmari. Universale nonnulli volebant revera esse aliquid existens in rerum natura independenter ab intellectu, et hoc est celebre *universale a parte rei.* Alii, imo fere omnes, hoc unice admittunt tanquam opus mentis nostrae abstrahentis et praescindentis, et nihil revera volunt reale quod sit unum et multiplex.' Dr. Leonard Hodgson, Regius Professor of Divinity at Oxford, kindly supplied the above quotation together with the following 'paraphrase rather than a translation': 'A universal is that which, although it is one, has extension to many things. A universal in being and predication is a universal which while being one, is capable of existing in and being predicated of many things, e.g. human nature as expressed by the indefinite concept, *man*. For this word *man* expresses something that is one and yet is capable of existing in and being predicated of every individual instance of the human species. Some [philosophers] used to maintain that

universals are objective realities existing independently of the intellect. That is the meaning of the famous phrase *"universalia a parte rei"*. But others, indeed nearly all, only allow universals to exist as the product of the mind in its work of abstraction, denying that anything which is both one and many exists objectively as an independent reality.'

[11] The logic chopping of these scholastic disputations was always Voltaire's bugbear. He constantly affirms that disputants of the Schools use unintelligible terms to define unintelligible things. In Micromégas he laughs at the disciple of Aristotle who calls the soul an *entelecheia*, as if one could describe a mysterious thing by giving it what to him was an incomprehensible name. His objection to scholasticism is against *a priori* reasoning altogether. That is why he ridiculed Pangloss; that is why cultivating a garden is good, and speculating in the void is bad and a waste of time. Bacon turned away from that to the *experimental* method—the only one which Voltaire's positive, sceptical mind approves.

[12] Empedocles of Agrigentum in Sicily held this view.

[13] Anaxagoras held this. He also held that the sun was a burning mass of stone larger than the Peloponnesus (cf. Lettre XIII, note 1).

[14] Fowler's edition of Bacon, vol. II, pp. 39–40 and 468, discusses this passage (see Lanson, *Lettres Philosophiques* I, p. 164).

[15] De Thou (1583–1617) was a French magistrate who wrote, in Latin, a history of his own times in 138 books.

[16] Perkin Warbeck was born in London, his father, according to some, being a Tournai Jew. He was a celebrated adventurer who claimed to be the second son of Edward IV, i.e. Richard of York, supposed to have been murdered in the Tower with his brother by Richard III's orders. Had his story been true, he would have been the rightful heir to the throne, Henry VII's title being only an indifferent one. Consequently, when he received the support of the Dowager Duchess of Burgundy (Edward IV's sister) and James IV of Scotland, his claim became serious. In 1498 he took part in an insurrection in Cornwall and assumed the title of Richard IV. Captured by Henry, he was pardoned, but later beheaded in 1499.

### LETTER XIII

[1] Born 500 B.C., the teacher of famous men like Pericles, Socrates and Euripides. Only fragments of his work remain. What Voltaire says about him is simply lifted from the article in Bayle's *Dictionnaire*.

[2] Diogenes (of Apollonia), who lived in the fifth century B.C.

[3] Epicurus (341–270 B.C.) taught that the soul is a bodily substance, disseminated through the whole frame. The dissolution of the body involves that of the soul.

[4] « *Éternelle* représente assez grossièrement la théorie de la transmigration des âmes » (Lanson I, p. 179).

[5] The 'demon of Socrates' was a voice which Socrates considered divine, which he heard all his life, and which advised him of what not to do, e.g. this voice warned him not to prepare his defence at his trial.

[6] Such of the Fathers as Tertullian, Augustine, Athanasius.

[7] St. Bernard (1091–1153), first Abbot of Clairvaux, known as 'the mellifluous doctor', preached for the disastrous second crusade led by Louis VII of France and Conrad III, Emperor of Germany. His numerous writings, termed 'a river of paradise', were published by Mabillon (1632–1707) of the Benedictine order.

⁸ These schoolmen were the mediæval Christian philosophers who considered philosophy as the handmaid of theology. Their flourishing period was the twelfth-fourteenth centuries, when the great names of Albertus Magnus, Thomas Aquinas and Duns Scotus were held in reverence. The chief concern of these men was not experimentation, but systematic exposition of the Faith in terms of Aristotelian logic, as, for example, in the greatest of their works, St. Thomas Aquinas' *Summa Theologica*. The different works, and they were many, produced by these schoolmen were all marked by the same virtues and vices—implicit faith in the Christian revelation, combined with ingenuity, subtlety, not to mention hair-splitting and logic-chopping. The renaissance and Reformation destroyed their influence largely, and the rise of men who distrusted revelation and replaced it by *observation* (such as Bacon, Descartes, etc.) further weakened their waning influence. Voltaire, who had not studied them except superficially, treats them with scorn and makes great play with the titles which enthusiastic devotees gave them: the *irrefragable doctor* was Alexander Hales; the *subtle* or rather *most subtle* doctor was Duns Scotus (born in the last half of the thirteenth century), who was educated at Oxford and later went to Paris, where he engaged in numerous disputes, notably one against St. Thomas who denied, while Duns Scotus affirmed, the Immaculate Conception of the Virgin. Disputation was, in fact, the breath of life to these doctors. St. Thomas Aquinas (1224–1274), is regarded as the most illustrious of the great doctors of the Church. His philosophy, or rather theology, called Thomism, is a masterly application of Aristotelian logic to the systematizing of dogma. He is referred to commonly as the 'universal' or the 'angelic' doctor. The 'seraphic' doctor, the Franciscan St. Thomas Buonaventura (1221–1274), was, like Aquinas, born in Italy and became a celebrated teacher in Paris. It was the religious fervour of his writings, which are very mystical (unlike those of St. Thomas) and obscure, that procured him his title of seraphic. He is present among the saints in Dante's *Paradiso*, and was ranked by Sixtus V as the sixth of the great doctors of the Church. As for the 'cherubic' doctor, this is either a contemptuous invention of Voltaire, or possibly a reminiscence of Rabelais, *Pantagruel*, ch. 7, where there is mention of a marmorean, as well as a cherubic doctor.

⁹ Descartes' *Méthode* may be said to infer that the whole scholastic theory of knowledge was false. The errors he added of his own are matters of opinion, but it is now generally admitted that his explanation of the motions of heavenly bodies as due to vortices was an error which Newton's theory of gravitation has completely superseded. And 'many of his explanations of physical phenomena are purely a priori and certainly sufficiently absurd' (Chambers).

¹⁰ Locke defines soul as 'an immaterial spirit, of a substance that thinks, and [which] has a power of exciting motion in body by willing or thought' (*Essay concerning Human Understanding* II, 23).

According to Descartes, there is a fundamental difference between spirit and matter—the thinking and the extended substances—and one can exert no influence upon the other. The Cartesian theory of innate ideas is that certain ideas, such, for example, as the existence of God, or the notion of space, infinity, right and wrong, etc., are inherent in the mind and part of the original structure of our understanding ; they are the very laws of understanding and exist prior to all experience. Voltaire, following Locke, has always decried this theory of innate ideas, his chief objection being that they become less clear, or are even forgotten, with age. Descartes has met this objection as follows : « Il n'est pas étonnant que nous oubliions les pensées que nous avons eues dans le sein de nos mères ou pendant les léthargies, puisque nous ne nous souvenons pas d'un grand nombre de pensées de la veille et de l'âge mûr » (Quoted by Lanson, I, p. 181).

[11] See Lettre II, note 4.

[12] Voltaire's contention is that all the theories hitherto advanced about the nature of the soul bore the same relation to fact as fiction does to real life. Locke's attitude, on the contrary, is that of the scientist (Voltaire says anatomist, by which he means the same thing); his approach is by observation of phenomena which can be tested by all; the light by which he moves will be the light of all, by which he means the knowledge of nature. In all of which Voltaire is his enthusiastic disciple. « La philosophie consiste à s'arrêter quand le flambeau de la physique nous manque... » (*Dictionnaire Philosophique :* ÂME).

[13] See Locke, *Essay*, II, 1.

[14] This is far from a universally accepted verdict. Even in the eighteenth century, when Locke's influence was greatest, philosophers such as Leibnitz defended innate ideas. According to Descartes there are three sources of ideas: « Entre ces idées les unes semblent être nées avec moi ; les autres être étrangères et venir de dehors, et les autres être faites et inventées par moi-même » (*Méditations*, III, 7). But even the « idées nées avec moi » of Descartes were not regarded by him as in consciousness until experience had evoked them from latency—a position which Locke's argument always fails to reach (See Locke's *Essay*, ed. by Fraser, I, p. 37). Fraser condemns Locke for assailing the doctrine of innate ideas 'in its crudest form, in which it is countenanced by no eminent advocate'.

[15] See Locke, *Essay*, II, 1.

[16] The argument is developed in the first eleven chapters of Locke's *Essay*, Bk. II.

[17] These are combinations of ideas, or complex or abstract ideas arrived at by reflection upon sense-data (See Locke, *Essay*, II, 1 and 12).

[18] 'We have the ideas of *matter* and thinking, but possibly shall never be able to know whether any mere material being (in the first edition, "matter") thinks or no; it being impossible for us, by the contemplation of our own ideas, without revelation, to discover whether omnipotency has not given to some systems of matter, fitly disposed, a power to perceive and think, or else joined and fixed to matter, so disposed, a thinking immaterial substance; it being, in respect of our notions, not much more remote from our comprehension to conceive that God can, if he pleases, superadd to matter *a faculty of thinking*; since we know not wherein thinking consists, nor to what sort of substances the Almighty has been pleased to give that power, which cannot be in any created being, but merely by the good pleasure and bounty of the Creator' (*Essay*, Bk. IV, 3).

[19] This attempt to distinguish the *nature* of the soul (which, Voltaire claims, is the province of philosophy or science) from the *fate* of the soul (which is the province of revelation) is disingenuous. If thought is superadded, in Locke's words, to matter, and matter, as is widely believed, perishes at death, belief in the immortality of the soul becomes, to say the least, difficult. For, to many, immateriality is a necessary condition of immortality. Yet Locke says (*Essay*, IV, 3) : 'All the great ends of morality and religion are well enough secured, without the philosophical proofs of the

soul's immateriality ; since it is evident that he who made us at the beginning to subsist here, sensible, intelligent beings, and for several years continued us in such a state, can and will restore us to the like state of sensibility in another world, and make us capable there to receive the retribution he has designed to men, according to their doings in this life.' All this boils down to saying that, according to Locke, neither the immateriality nor the immortality of the soul can be *demonstrated*, yet immateriality or materiality of the soul need not affect our belief in its immortality, because to make immortality dependent upon immateriality would be to limit the power of God. And as the nature of the soul 'seems to me to be put out of the reach of our knowledge' (*Essay*, IV, 3), the Christian *revelation* of its immortality is worthy of belief. On the same subject, Collins, one of the Deists, had said: 'I doubt as a philosopher, and I believe as a Christian.'

[20] Here Voltaire follows in Locke's footsteps, but without Locke's acceptance of 'the reasonableness of Christianity'. It is practically certain that Voltaire, the Epicurean sceptic, did not believe in the soul's immortality. He said in his *Traité de Métaphysique* of 1734, written for Mme du Châtelet, and kept by her from publication : « Je n'assure point que j'aie des démonstrations contre la spiritualité et l'immortalité de l'âme, mais toutes les vraisemblances sont contre elles ».

[21] The social thinker in Voltaire (as opposed to the *philosophe*) admits the utility of the doctrine of immortality as a deterrent to evil-doers.

[22] Voltaire's objection here is to dogmatic, *ex-cathedra* definitions, arrived at *a priori*, not by experiment: e.g. the properties of matter are extension and solidity. As the power of thought was not conceded by the Schoolmen to matter, Locke's doctrine, to those who think like the Schoolmen, is heretical, because it makes him a *materialist*, as Voltaire himself most probably was.

[23] Voltaire is keeping very close to Locke (*Essay*, IV, 3) in all this.

[24] This goes beyond what Locke says about animals in Bk. II, Ch. XI, of his *Essay*: 'This, I think, I may be positive in—that the power of abstracting is not at all in them; and that the having of general ideas is that which puts a perfect distinction between man and brutes, and is an excellency which the faculties of brutes by no means attain to.' 'Nor can it be imputed to their want of fit organs to frame articulate sounds, that they have no use or knowledge of general words; since many of them, we find, can fashion such sounds, and pronounce words distinctly enough, but never with any such application. And, on the other side, men, who, through some defect in the organs, want words, yet fail not to express their universal ideas by signs, which serve them instead of general words, a faculty which we see beasts come short in. And therefore, I think, we may suppose, that it is in this that the species of brutes are discriminated from man: and it is that proper difference wherein they are wholly separated, and which at last widens to so vast a distance. For if they have any ideas at all, and are not bare machines (as some would have them), we cannot deny them to have some reason. It seems evident to me, that they do (some of them in certain instances) reason, as that they have sense; but it is only in particular ideas, just as they received them from their senses. They are the best of them tied up within those narrow bounds and have not (as I think) the faculty to enlarge them by any kind of abstraction.'

[25] Voltaire's argument, if I understand it, is as follows: Animals think and feel. If God cannot animate matter, they are pure automata, or have

spiritual souls. They are not pure automata, because God, who does nothing in vain, has given them the same organs of feeling as human beings have. And as the Christian religion denies that they have spiritual souls, we are reduced to admitting that God has given to their organs, which are matter, the faculty of feeling and perception. Cannot God have done the same for human beings? Whether he has done so or not, the fact remains that, humanly speaking, we are ignorant. This ignorance Locke admits, but in so doing he is not irreligious, because he believes in God's omnipotence.

[26] This is a palpably absurd statement. Rightly or wrongly, the philosophic appeal to reason is a challenge to the Christian religion.

[27] This is Locke's belief. In the *Essay*, Bk. IV, Ch. XVII, Locke says: 'Whatever God hath revealed is certainly true; no doubt can be made of it. This is the proper object of faith; but whether it be a divine revelation or no, reason must judge; which can never permit the mind to reject a greater evidence to embrace what is less evident, nor allow it to entertain probability in opposition to knowledge and certainty... Nothing that is contrary to, and inconsistent with, the clear and self-evident dictates of reason, has a right to be urged or assented to as a matter of faith, wherein reason hath nothing to do... *Credo, quia impossibile est*, I believe, because it is impossible, might, in a good man, pass for a sally of zeal; but would prove a very ill rule for men to choose their opinions or religion by.'

[28] This is again special pleading, as if doctrines addressed originally to an élite of thinkers remained forever outside the cognizance of the people.

[29] Used in Locke's sense, which was pejorative (*Essay*, IV, xiv): 'This I take to be properly enthusiasm, which, though founded neither on reason nor divine revelation, but rising from the conceits of a warmed and over-weening brain, works yet, where it once gets footing, more powerfully on the persuasions and actions of men than either of those two, or both together.'

[30] Pierre Bayle (1647–1706), one of the most important sceptics of the seventeenth century, whose chief work, his *Dictionnaire Historique et Critique*, which first appeared at Rotterdam, where he lived, in 1696, is full of prolix erudition. He was one of the apostles of tolerance against religious dogmatism and tyranny. Voltaire was much influenced by his *Dictionnaire*, and took his own idea of a *dictionnaire philosophique* from him.

[31] Baruch (or Benedict) Spinosa (1632–1677). His chief work is his *Tractatus Theologico-politicus*, 1670. An atheist or pantheist, according to the different interpretations of his thought, he believed in only one substance or existence, which is God. Will and liberty belong only to God. Man therefore has no free-will.

[32] Thomas Hobbes (1588–1679) spent long years as a tutor in the family of the Earl of Devonshire, and in 1647 became tutor in mathematics to the Prince of Wales, later Charles II. He is chiefly known for his *Leviathan* (1651), a treatise in favour of absolute monarchy, *inter alia*.

[33] Shaftesbury (1671–1713), the third earl, who succeeded to the title in 1699. He was brought up under the influence of Locke, was the friend of Pope, and others of the Augustan age. A much-travelled man, knowing Italy and Holland well, and the leading thinkers abroad—men like Bayle and Leclerc—he aspired to be a philosopher and arbiter of taste. In religion he stood for a vague, philanthropic deism, believed (with Pope) that harmony was the keynote of the universe, and with Pope again and Leibnitz he was a

thorough-going optimist. His chief work was the *Characteristics*, which appeared in 1711. Mandeville's *Fable of the Bees* (1714) lays a very rough, not to say vulgar hand, on the elegant fabric of Shaftesbury's thoughts.

[34] Anthony Collins (1676-1729), a country gentleman, and product of Eton and King's, was an active contributor to the theological disputes of his time. His most notable work, published in 1712 or 1713, was his *Discourse on Free-Thinking*, a book which has 'a character of shuffling and subterfuge' (Leslie Stephen) and in which he argued that all sound belief must be based on free enquiry. This work called down on the author's head two devastating attacks: one from Phileleutherus Lipsiensis, otherwise the great scholar Bentley; another from Swift (whom Collins, in jest, had wished to draft abroad into the mission field, together with Atterbury), entitled *Mr. Collins' Discourse of Freethinking, put into plain English, by way of abstract, for the use of the Poor.* This latter work, according to Leslie Stephen, endowed Collins' excellent arguments with 'cap and bells', and crushed by the combined attack of two such eminent writers, 'poor Collins' retired for a season to recuperate in Holland.

[35] John Toland (1670-1722), born a Catholic, became an Anglican at 16, and wrote his famous *Christianity not Mysterious* in 1696, as a result of which he had to flee from his native Ireland and flit backwards and forwards between England and the Continent in the next twenty-five years, living precariously on his wits. Unlike Locke, he will not admit mysteries which lie beyond the compass of reason and he believes that 'the original simplicity of the Gospel had been transformed under pagan influences into a system of "mysteries"' (Creed and Boys Smith, *Religious Thought in the Eighteenth Century*).

[36] This is a frequent assertion of Voltaire, and in the majority of the cases mentioned, particularly those of Bayle and Spinosa, there is ample justification for his view that all these free-thinking unorthodox *philosophes* are lambs compared with the 'ravenous clerical wolves' who wish to dominate the secular as well as the religious domain. Voltaire feels deeply the cause of the unjustly persecuted *philosophe*. See his article LETTRES in his *Dictionnaire Philosophique*, with its bitter ending: « Éclairez les hommes, vous serez écrasé ».

[37] These were Franciscan friars who wore a rope-belt. The dispute in question took place in 1581 over a projected change of habit. Voltaire's authority for this dispute, according to Lanson, may be Fleury, *Histoire Ecclésiastique*, livre 93. Voltaire makes a longer reference to the dispute in his *Dictionnaire Philosophique*, article SOTTISE DES DEUX PARTS.

## LETTER XIV

[1] The old idea from Aristotle to Descartes was that the universe was a *plenum* and that Nature abhorred a *vacuum*. Modern physics regards this old idea as absurd.

[2] According to Descartes the universe was filled with vortices of æther.

[3] This is developed, though not very clearly, in his *Principes de la Philosophie*, section 8 (ed. Charpentier, Hachette, Paris). See also A. Boyce Gibson, *The Philosophy of Descartes*, Ch. 7.

[4] Locke speaks of the soul (*Essay*, II, 23) as 'an immaterial spirit... of a substance that thinks'. But he denies that the soul is always thinking.

[5] Virgil, *Eclogue* III.

[6] There is much in Cartesian doctrine which survived Newton, and still

survives. It was only Descartes' theories of the physical world which Newton destroyed. As L. T. More, one of the latest and most thorough of Newton's biographers, says: 'It is usually stated that Copernicus, Kepler, Galileo and Descartes were the inaugurators of modern science. That is true in part, but the older methods still clung to them. While they attacked the dogmatic and Aristotelian metaphysics, they often drew their own deductions from an *a priori* and inward sentiment of knowledge' (*Isaac Newton*, p. 79). Newton's attitude, on the contrary, was to deny that we have any *a priori* knowledge of the constitution of nature. 'Hypotheses non fingo,' he says, so he advances no theory which is not supported by experimental evidence.

[7] He was buried in Westminster Abbey, 'the pall being supported by the Lord High Chancellor, the Dukes of Montrose and Roxburgh, and the Earls of Pembroke, Sussex and Macclesfield' (More, *op. cit.*, p. 665).

[8] Fontenelle (1657–1757), Secretary of the French Académie des Sciences, a position which gave him opportunity to pronounce *éloges* on distinguished men of science. He was also a distinguished and prolific author of madrigals, dramas, epigrams, letters, etc. He is still remembered for his *Entretiens sur la Pluralité des Mondes*. It was more as a transmitter or vulgariser of scientific ideas than as a scientist that he was famous.

[9] He spent two years, 1617–1619, in the peace-time service of the army of the Protestant Maurice of Nassau. In 1619–1620 he took part in the Thirty Years War on the Catholic side under the Duke of Bavaria and Count Boucquoi. In 1628 he was under Richelieu at the siege of La Rochelle.

[10] He went to live in Holland in 1629, and stayed there, except for scattered visits to France, till 1649, when he accepted an invitation to the court of Queen Christina of Sweden, where he died the following year.

[11] 'Aristotle is as strongly entrenched in Holland as in France, and the Calvinist scholastic Voetius, "the world's most downright pedant," opens a campaign against him' (Boyce Gibson, *Descartes*, p. 69).

[12] Descartes' works were put on the Index in 1663, thirteen years after his death, and it was only after that that it became a crime to teach the Cartesian philosophy.

[13] 'The proofs [of Descartes] are three in number. The first starts from the idea of God in the mind and argues that it could only have been put there by a God who has real existence; the second starts from the real existence of the thinking self, and proceeds to its necessary dependence on a supreme real author...; the third, the famous ontological proof, advances immediately from the essence of God to his existence, thus admitting unconditionally in the case of God what in any other case is conditional on God' (Boyce Gibson, *op. cit.*, p. 105. See also Descartes, Méditations III and V, and his answers to objections on the same). Does this mean that Descartes is in error (p. 49), or merely that he differs from Voltaire's two proofs, which are: 1. The argument from design. « Tout ouvrage qui nous montre des moyens et une fin annonce un ouvrier ; donc cet univers, composé de ressorts, de moyens dont chacun a sa fin, découvre un ouvrier très puissant, très intelligent » (Article *Dieu, Dieux, Dictionnaire Philosophique*). 2. « J'existe, donc quelque chose existe de toute éternité. Si rien n'existait de toute éternité, tout serait produit par le néant, notre existence n'aurait nulle cause, ce qui est une contradiction absurde » ? (*Homélie sur l'Athéisme*, Moland edition, Mélanges V).

[14] Galileo died, aged 78, in 1642, not in the prison of the Inquisition, to

which he was sentenced for maintaining the Copernican theory of the earth's movement round the sun, but at Arcetri.

[15] The Queen's doctor was a Dutchman called Weulles.

[16] He died on March 20, 1727, being thus in his eighty-fifth year.

[17] This is much too sweeping—all because, or principally on account of the theory of innate ideas, a theory which Voltaire, but not all competent philosophers, believes that Locke destroyed.

[18] 'Quum enim omnis ratio veri et boni ab ejus omnipotentia dependeat, nequidem dicere ausim deum facere non posse ut mons sit sine valle, vel ut unum et duo non sint tria' (Letter from Descartes to Arnauld, of June 29, 1648, quoted by Lanson, II, p. 14).

[19] Rohault (1620–1672), a French physicist who wrote, in 1671, a *Traité de Physique*, which remained a standard work for many years.

## LETTER XV

[1] The sources for this letter are the text of Newton's *Principia; A View of ,Sir Isaac Newton's Philosophy*, London, 1728, by Henry Pemberton; *l'Éloge de Newton*, by Fontenelle; and the *Discours sur les différentes figures des Astres*, by Maupertuis. The correspondence of Maupertuis and Voltaire, most of which is lost, would have furnished additional information.

[2] Kepler (1571–1630), one of the great predecessors of Newton as astronomer and physicist. He first went to Prague to aid the astronomer Tycho Brahe, thence to Lenz, and finally to Rostock. The 'règles' or 'laws' of Kepler, which he discovered, were three: 1. The planets move in ellipses with the sun in one of the foci. 2. The radius-vector (a straight line drawn from the centre of force to the position of a body which describes its orbit round that centre) sweeps over equal areas in equal times. 3. He harmonized the period and mean distance of the planets by discovering that the square of the periodic time is proportional to the cube of the mean distance. He also discovered that light diminishes in proportion to the inverse square of the distance.

[3] This is described in Pemberton, *op. cit.*, II, 1.

[4] The aphelion is the farthest point which a planet reaches from the sun in rotating in its orb, and the perihelion the nearest point. Pemberton (p. 168) says: 'The distance between the orbit of Mars and Venus is near half as great again in one part of their orbits as in the opposite place. Now here the fluid, in which the earth should swim (according to the Cartesian theory) must move with a less rapid motion where there is this greater interval between the contiguous orbits; but on the contrary, where the space is straitest the earth moves more slowly than where it is widest.'

[5] Pemberton in his Introduction mentions that Newton left Cambridge in 1666, owing to the plague, but says nothing about the apple.

[6] 'As early as 1590, he had, by his spectacular experiment of dropping balls of different weights from the leaning tower of Pisa, proved that the force of gravitation was not proportional to the velocity of motion and had thus crushed by experimental demonstration one of the fundamental doctrines of Aristotle' (*Isaac Newton*, by L. T. More, p. 276). Apparently Aristotle had declared that a body six times as heavy as another must fall the same distance in one-sixth of the time.

[7] The substance of this is in Pemberton's Introduction.

[8] Pemberton in the preface says: 'And by comparing the periods of the several planets with their differences from the sun, he found that if any

power like gravity held them in their courses, its strength must decrease in the duplicate proportion of the increase of distance.' As Lanson (II, p. 33) says: « Voltaire suit toujours Pemberton, mais en renversant l'idée. Il regarde le corps attiré, et Newton le corps qui attire ».

⁹ Voltaire has taken all this from Pemberton's preface.

¹⁰ A famous French astronomer (1620–1682), who succeeded Gassendi in the Chair of Astronomy at the Collège de France and helped to found the Paris Observatoire. Among his many contributions to science one of the most useful was his accurate measurement of a degree of latitude.

¹¹ The calculation is explained by Pemberton (Bk. II, Ch. 3, 4). His figure of 58,050 feet and Voltaire's of 54,000 arise from the difference between English and French feet. The English foot is to the French as 15 : 16¼.

¹² Newton's third law of motion 'which makes action and reaction equal' (Pemberton II, 5, 10).

¹³ See Pemberton, Bk. II, Ch. 5, 9.

¹⁴ See Pemberton, Bk. II, Ch. 6.

¹⁵ See Pemberton, Bk. II, Ch. 4.

¹⁶ Cf. Bayle, Pensées sur la Comète (Œuvres diverses, III, 128).

¹⁷ Descartes removed them far beyond the sphere of Saturn (Pemberton, Bk. II, Ch. 4, 2).

¹⁸ See Pemberton, Bk. II, Ch. 4, 6.

¹⁹ This family produced no less than eight distinguished men. The one here in question was Jacques Bernoulli (1654–1705), who published, inter alia, an essay on comets, called Conamen Novi Systematis Cometarum. His brother Jean was the author of the famous Brachystochrone, in 1696, intended to demonstrate the superiority of Leibnitz's Calculus over Newton's fluxions. It was a challenge to the mathematicians of the world. Eighteen months in all were allowed the competitors. Newton received his challenge on January 29 and solved the problem by the following day. When the answer was published anonymously in the Transactions of the Royal Society, it is said that Bernoulli recognized the author from the sheer power of originality of the work, 'tanquam ex ungue leonem' (More, op. cit., p. 475).

²⁰ This was the time computed by Halley, after whom this comet was named.

²¹ This is William Whiston (1667–1752), a most eccentric man, something of a genius, who succeeded Newton in the Lucasian chair of mathematics in 1703. He did not profess long, being expelled from his Chair in 1710 for obstinately obtruding his Arianism upon the University. His scientific reputation was made by his Theory of the Earth (1696). To the second edition of 1714 was appended his The Cause of the Deluge Demonstrated, and his theory was that the Flood was caused by a comet passing 'before the Body of our Earth'. He repeated this in a third edition, which called down upon him the ridicule of Swift (Lanson, II, p. 38).

²² Pemberton, Bk. II, Ch. 5, 7.

²³ See Pemberton, Bk. II, Ch. 5, 14–15.

²⁴ Joseph Saurin (1655–1737), originally a Protestant, but converted to Catholicism by Bossuet in 1690, devoted himself to mathematics and science, and wrote many learned memoranda on the problem of curves to the Académie des Sciences of Paris. The work in question was Examen d'une difficulté considérable proposée par M. Huyghens contre le système Cartésien sur la cause de la pesanteur.

²⁵ The philosophy of Aristotle.

[26] See Pemberton, Bk. II, Ch. 1, 11–15.

[27] True to his principle 'Hypotheses non fingo', Newton confines himself strictly to facts ascertained by experiment and does not offer explanations beyond the domain of facts. Yet Pemberton in his conclusion says that Newton had reason to believe in 'a great elastic force diffused through the universe', which force explains the actions of light, 'and he thinks it not impossible that the power of gravity itself should be owing to it.'

[28] See Pemberton, Introduction, p. 17.

[29] See Pemberton, Introduction, p. 15.

[30] 'Sir Isaac Newton has found reason to conclude that gravity is a property universally belonging to all the perceptible bodies in the universe, and to every particle of matter, whereof they are composed' (Pemberton, Introduction, p. 18).

[31] Voltaire quotes wrongly from memory. The Vulgate says (Job XXVII, ii): 'usque huc venies et non procedes amplius'. When, some thirty years later, Voltaire again used the quotation 'Huc usque venies et non ibis amplius', he brought down on himself from the Abbé Guénée (*Lettres de quelques juifs*, 1776) a scholarly rebuke: « C'est le latin qu'on entend en prenant des chevaux aux postes de Pologne » (Quoted by Lanson, II, p. 41).

### LETTER XVI

[1] The principal source of this letter is Pemberton, *op. cit.*, Bk. III. It is particularly important for the understanding of this letter, as it prints diagrams illustrating Newton's various experiments on light.

[2] Pemberton (Introduction, p. 12): 'Dr. Harvey, by that one discovery of the circulation of the blood, has dissipated all the speculations and reasonings of many ages upon the animal œconomy.' William Harvey (1578–1657) studied medicine at Cambridge and Padua, became Physician to Charles I, and published his epoch-making *Exercitatio Anatomica de motu cordis et sanguinis* in 1628.

[3] Antonio de Dominis (1566–1624), born in Dalmatia, but educated in Italy, was a typical Renaissance product of scientist, mathematician and theologian. In 1611 he published in Venice his *De Radiis Visus et Lucis in Vitris Perspectivis et Iride Tractatus*, where it was shown that in the rainbow the light undergoes, in each raindrop, two refractions and an intermediate reflection.

[4] See Pemberton, fig. 121, p. 322.

[5] 'Couleur de feu' and 'citron' appear as 'red' and 'orange' in Pemberton, Bk. III, Ch. 1, 4.

[6] Pemberton, Bk. III, Ch. 2, 2: 'Whereas it had been the received opinion that light is reflected from bodies by its impinging against their solid parts, rebounding from them, as a tennis ball or other elastic substance would do, when struck against any hard and resisting surface.'

[7] 'For it is proved by our author that bodies are rendered transparent by the minuteness of their pores, and become opaque by having them large' (Pemberton, Bk. III, Ch. 2, 1).

[8] 'Which shows that this whole globe of earth, nay, all the known bodies in the universe together, as far as we know, may be compounded of no greater a portion of solid matter, than might be reduced into a globe of one inch only in diameter, or even less...Though what is the real structure of bodies we know not' (Pemberton, Bk. III, Ch. 2 end).

[9] See figs. 126–148 in Pemberton, Bk. III, Ch. 4.

¹⁰ See Pemberton, Bk. III, Ch. 3, 4.

¹¹ See his *Dioptrique: Discours* 9.

¹² Pemberton (Bk. III, Ch. 4 end) says: 'Accordingly, in the attempt, he succeeded so well that a short one, not much exceeding six inches in length, equalled an ordinary telescope whose length was four feet.' L. T. More's *Isaac Newton* (p. 68) prints Newton's letter describing this first telescope of Newton.

## LETTER XVII

¹ Pemberton makes no reference to Newton's work on the differential calculus or 'fluxions' as Newton called it, or to his work on chronology. A great deal of information on both themes is found in More's *Isaac Newton*, chiefly in Chapters 15 and 16.

² Rev. John Wallis (1616–1703), a Cambridge man who became Savilian Professor of Geometry at Oxford. The work by which he is best known is his *Arithmetica Infinitorum* (1655), treating of matters in which Newton will see further implications to embody in his *Fluxions*.

³ Viscount Brouncker, a mathematician and original member of the Royal Society.

⁴ A geometer whose real name was Kauffman. Not to be confused with Mercator the geographer. 'Lord Brouncker had arrived at a method of finding the area of an hyperbola in terms of an infinite series. With the help of this hint, and the use of Wallis's method of division by series, Mercator published in his *Logarithmotechnia*, in 1668, the actual solution of the problem' (More, *op. cit.*, p. 140). It was when Newton was told of Mercator's work that he unearthed a paper of his composed in 1665 and 1666, when he was out of Cambridge because of the plague, entitled—*De Analysi per Aequationes Numero Terminorum Infinitas*. 'In this, the area of the hyperbola had been computed to two and fifty figures by the same method.' Here was the genesis at least of the calculus method. It is obvious that Newton was first in the field, but a reluctance to publish his results, due to modesty, uncertainty, lack of ambition, unwillingness to be involved in controversy, suspicion, etc., enabled Leibnitz to complete his work on the differential calculus and have the knowledge of his discovery broadcast in Europe before Newton's work was known (See More, *op. cit.*, pp. 185–197, and Ch. 15).

⁵ See Letter XV, note 19.

⁶ Christian Huyghens (1629–1693), born at The Hague, was one of the most eminent scientists of the seventeenth century, with major discoveries to his credit in optics, astronomy, and the laws of motion. He lived in Paris, 1666–1681, and was a member of our Royal Society, together with Leibnitz and other distinguished foreigners, including later, Voltaire.

⁷ *The Chronology of the Antient Kingdoms Amended* (London, 1728). No one now takes this work seriously, because it never did nor ever could add to the author's reputation. Starting with an acceptance of the accuracy of the Book of Genesis, uncritically accepting the date of the Creation, after Bishop Usher, as 4004 B.C.; compelled, perforce, to fit the whole of human history into less than six thousand years—it is a tribute at once to the simple religious faith of Newton and the limitations of his critical power. 'So certain of his ground was he, that he closed his introduction with the *modest* statement, "I have drawn up the following chronological table, so as to make chronology suit with the course of nature, with astronomy, with

sacred history, with Herodotus the Father of History, and with itself; without the many repugnancies complained of by Plutarch. I do not pretend to be exact to a year; there may be errors of five or ten years, and sometimes twenty, and not much above". Alas! for the complacency of the human mind, his errors are more often to be measured 'in centuries or millennia' (More, *op. cit.*, p. 616). Voltaire, with his complete disbelief in the veracity of the Scriptures, must have been fully aware of the deficiencies of Newton's work, and his own conception of the remoteness of creation and the slow rise of human intelligence was nearer to modern thought. Yet he indicates his criticism very gently: « Les observations astronomiques semblent prêter encore un plus grand secours à notre Philosophe, il en paraît plus fort en combattant sur son terrain. »

[8] Founder of the first Egyptian dynasty. He built Memphis, and according to legend was eaten by a hippopotamus.

[9] Is this Sethos I of the nineteenth dynasty? According to some historians, he is to be identified with Sesostris, who is supposed to have conquered Asia and Ethiopia.

[10] Hipparchus, born, according to legend, at the beginning of the second century B.C., was the first systematic astronomer on record. According to Ptolemy, he discovered the 'precission of the equinoxes', determined the place of the equinox among the stars, invented the astrolabe and drew up a catalogue of upwards of one thousand stars, determining the longitude and latitude of each.

[11] Clement of Alexandria was born at Athens, but lived (end second and into the third century A.D.), mostly at Alexandria, where he was converted to Christianity. He was a prolific writer against heathen practices and is counted as one of the Fathers of the Church. Chiron, one of the Centaurs and tutor of Achilles.

[12] By the use of his tables, Newton calculated that the expedition of the Argonauts set out in 937 B.C. Modern scholars assign it to about 1260 B.C.

[13] The Peloponnesian War lasted from 431 to 404 B.C. Meton flourished in Athens as an astronomer in the fifth century B.C. He discovered or invented, in 432 B.C., the Metonic cycle, which is a cycle of nineteen years, 'at the end of which time the new moons fall on the same days of the year'.

[14] Both in France (by Freret and Souciet) and in England—notably by Whiston—Newton's system of Chronology was attacked.

## LETTER XVIII

[1] This is Voltaire's contemptuous reference to the French mediæval theatre, with which he was imperfectly acquainted and out of sympathy, like nearly all the writers of the seventeenth and eighteenth centuries.

[2] As Labroue, in his edition of the *Lettres Philosophiques*, points out, this is an anachronism, and in 1756 Voltaire altered it to read, « que les Anglais prennent pour un Sophocle ». But Voltaire may have got the phrase from Abbé Antonio Conti, author of *Il Cesare* (1726), who said, « Sasper (i.e. Shakespeare) è il Cornelio degli Inglesi »... And Voltaire, who liked repeating his own ideas, wrote to his friend Cideville in 1735: « Shakespeare, le Corneille de Londres, grand fou d'ailleurs et ressemblant plus souvent à Gilles qu'à Corneille; mais il a des morceaux admirables » (Lanson, II, p. 90).

[3] If Ben Jonson's reference to Shakespeare as having 'little Latin and less Greek' is true, Shakespeare was probably ignorant of Aristotle's *Poetics* and Horace's *Ars Poetica*, but the influence of French literature from the time of

the Restoration lasted well into the eighteenth century and brought with it respect for the famous 'règles', at least in tragedy, as Addison's *Cato* shows.

It is one of the commonplaces of literary criticism that Voltaire's attitude to Shakespeare progressively deteriorated, a view which arises from the fact that in the *Lettres Philosophiques*, Voltaire's criticism is brief and stated in general terms. In the course of the century, circumstances reopened the question, and brought Voltaire to specify reasons in fuller detail. Although many of his strictures are merely echoes of the opinions of prominent Englishmen like Pope, Addison and Bolingbroke, he was obviously much more than an echo; his criticism was personal and deeply felt, and his oft-stated views on this subject seem to me to have differed very little in principle. It must be conceded that while Voltaire remains constant in affirming Shakespeare's genius in isolated passages, his illustrations of Shakespeare's weaknesses grow in number, thus throwing the original impression out of balance and producing distortion and injustice. Voltaire evidently thought that Shakespeare's vices outweigh his virtues. And it is true that he gives very few examples of Shakespeare's virtues, but waxes eloquent, in later writings, on his defects. This attitude, as can easily be shown, is prejudiced, betokening either faulty knowledge, or imperfect understanding, or both.

Now, as regards his knowledge of Shakespeare's tragedies (the comedies are completely ignored), there is abundant evidence that he knew *Hamlet* and *Othello* very well indeed. Then, *Julius Cæsar* is in a special category, because he translated it and it inspired two of his own plays, *Brutus* and *La Mort de César*. And if knowledge of a play can be assumed on the ground of quotations, he also knew *Macbeth, Henry V, Romeo and Juliet, King Lear, Anthony and Cleopatra* and *Troilus and Cressida*. Obviously this leaves gaps, but there is sufficient to destroy any suggestion of ignorance and to justify Voltaire in feeling that his knowledge was representative if not comprehensive.

Voltaire's convictions in this matter are stated in scores of places: in his dramatic prefaces, and not least in his *Siècle de Louis Quatorze*, where he maintains that the age of Louis XIV, artistically, was not only one of the great ages of the world, but the greatest, superior even to the age of Pericles. Shakespeare was born in a barbarous age, and his faults are those of that age. « L'art était dans son enfance du temps d'Eschyle comme à Londres du temps de Shakespeare » (*Discours sur la Tragédie*, 1730, dedicated to Bolingbroke as a preface to *Brutus*); Shakespeare was at fault in bringing on to the stage « un chœur composé d'artisans et de plébéiens romains » and exposing the body of Cæsar to the public gaze; he consistently broke the rules of the Unities or just ignored them; he flouted good manners by the coarseness and indecency of his language. So far the criticism offered has been fair, if one-eyed. Nor could anyone object to Voltaire's last remark to Falkener at the end of the preface to *Zaïre*: « Vous devez vous soumettre aux règles de notre théâtre comme nous devons embrasser votre philosophie. Nous avons fait d'aussi bonnes expériences sur le cœur humain que vous sur la physique ».

For some time Voltaire was the only Frenchman of outstanding merit who could claim to know Shakespeare. By the middle of the century, if not before, this was no longer the case, and when translations of Shakespeare into French began, Voltaire's primacy was at an end, his tone changed and his references to Shakespeare became more personal and bitter. In 1745 La Place began translating and summarizing Shakespeare, and his general introduction contained 'very liberal views on the legitimacy of Shakespeare's art'. Voltaire's next pronouncement on Shakespeare occurs in his Introduction to *Sémiramis* (1749), where he decries *Hamlet*: 'One might suppose such a work to be the fruit of the imagination of a drunken savage' (*un sauvage ivre*). And as the interest in Shakespeare increased—largely, ironically enough, owing to Voltaire's impulse—Voltaire began to think that he had nourished a viper in his bosom. In 1760 an anonymous author published in the *Journal Encyclopédique*, his *Parallèle entre Shakespeare et Corneille*. Another article in the same journal considered Otway superior to Racine. These two articles, which the Abbé Prévost had translated from the English, apparently, touched Voltaire to the quick and called forth his celebrated *Appel à toutes les nations de l'Europe*, of 1761. In this, with fine scorn, he gives a detailed analysis of Shakespeare's *Hamlet* and *Othello* (especially *Othello*, I, i, which is full of crudities), and Otway's *Orphan* (in which a husband is supplanted on his wedding-night by his own brother). The purpose is plain: he wished to discredit Shakespeare for the crudity of his language and the unedifying nature of his themes, as well as La Place, whose translations, or adaptations, conveniently suppressed the crudity of the original English.

In 1764 appeared Voltaire's celebrated *Commentaire sur Corneille*. After the Commentary on *Cinna*, Voltaire thought it instructive to publish for purposes of comparison a full, literal translation of *Julius Cæsar*, with 'observations'. In these latter, together with the same meed of praise for the occasional « traits sublimes » and the « diamants répandus sur de la fange » of Shakespeare, he compares Shakespeare and Corneille: « Corneille... était inégal comme Shakespeare, et plein de génie comme lui; mais le génie de Corneille était à celui de Shakespeare ce qu'un seigneur est à l'égard d'un homme du peuple né avec le même esprit que lui ».

An exchange of letters with Horace Walpole in 1768 gave Voltaire another opportunity. This time he repeated that Shakespeare was the victim of his age; if only he had been born in the eighteenth century, « il aurait joint à son génie l'élégance et la pureté qui rendent Addison recommandable ». And each of his qualities has an opposite vice: « c'est une belle nature, mais bien sauvage; nulle régularité, nulle bienséance, nul art; de la bassesse avec de la grandeur, de la bouffonnerie avec du terrible; c'est le chaos de la tragédie, dans lequel il y a cent traits de lumière ». After referring again to Shakespeare's inveterate vice of mingling « Charles-Quint et don Japhet d'Arménie, Auguste et un matelot ivre, Marc Aurèle et un bouffon des rues», he criticizes once more Shakespeare's ignorance or violation of the Unities, and adds a new complaint. Shakespeare used blank verse (and sometimes even prose). Once Voltaire had asked Pope why Milton did not use rhyme and Pope answered, 'Because he could not'. So when Voltaire admits that the blank verse he used for translating the corresponding blank verse of *Julius Cæsar* came to him without effort, the inference is that in blank verse there is no merit, even positive demerit.

In 1769 Ducis began his long series of adaptations or mutilations of Shakespeare for the French stage. A more ambitious work was the prose translation, in 1776, of Le Tourneur, published by subscription with the names of Louis XVI and Marie-Antoinette. Le Tourneur's introduction 'expatiates in no measured terms on the greatness and universality of Shakespeare's genius, on his insight into the human heart and his marvellous powers of painting nature... Le Tourneur had not omitted to mention as Shakespeare's equals the French masters of the seventeenth century..., but not a word was said of the French theatre of the translator's own time.

Voltaire was not merely indignant at the disgrace to France implied in placing Shakespeare on this pinnacle; he was incensed that his own name should not have been mentioned on the French roll of dramatic fame' (*Camb. Hist. of Eng. Lit.*, Vol. V, p. 293). It seemed to him that the tide was running from him, especially as a friend like Diderot was already suspect of Shakespearian leanings, and Sébastien Mercier had in 1773 published a eulogy of Shakespeare in his treatise *Du Théâtre ou Nouvel Essai sur l'Art Dramatique*. The loud *Appel à toutes les Nations* having failed, it was necessary to prepare a last and supreme protest. Hence the celebrated *Lettre à l'Académie*, of 1776, which was read out by d'Alembert in a public meeting. In this the patriarch, it is true, has nothing new to say, but what he says is more concentrated, and his examples of Shakespeare's barbarity are culled from a wider field. This time he chooses new examples of indecency, as well as repeating the old ones, from *Henry V*, *Romeo and Juliet*, *King Lear*, *Anthony and Cleopatra*, and *Troilus and Cressida*. Naturally the French classical theatre is intended to come out of the contrast with flying colours. Despite his prejudices, he still wished to keep some balance of equity: « La vérité... m'ordonne de vous avouer que ce Shakespeare, si sauvage, si bas, si effréné, et si absurde, avait des étincelles de génie ». Amid all his confusion « il y a des traits naturels et frappants ». But, after quoting the dialogue of the bastards in *Troilus and Cressida*, he adds: « Figurez-vous, Messieurs, Louis XIV dans sa galerie de Versailles, entouré de sa cour brillante, un Gilles couvert de lambeaux perce la foule des héros, des grands hommes, et des beautés qui composent cette cour; il leur propose de quitter Corneille, Racine et Molière, pour un saltimbanque qui a des saillies heureuses, et qui fait des contorsions. Comment croyez-vous que cette offre serait reçue? »

This was hard hitting, but the patriarch, leaving nothing to chance, had one last word, perhaps in answer to the last of his opponents—Giuseppe Baretti, an Italian domiciled in England, who composed, in 1777, a *Discours sur Shakespeare et M. Voltaire*. Voltaire's last play, *Irène*, needed a Preface. This he furnished in 1778, just a few months before his death. Here we find once more the main arguments of the *Lettre à l'Académie*, set forth with vigour and the characteristic Voltairian irony.

It would be easy to proclaim to the world the insufficiency of Voltaire's criticism in this matter. All the same, it should not be forgotten that he constantly uses the word 'genius' whenever he mentions Shakespeare's name; he admits, too, that in isolated instances Shakespeare has written with great sublimity, penetration and force. Such an instance is the celebrated monologue of Hamlet, which is the one passage he singles out for unqualified praise; other passages he admires include the speeches of Brutus and Anthony after Cæsar's murder, but he thinks them spoiled by the crowd-scene. And it must be remembered that in art Voltaire is no easy-going democrat: he believes neither in the *mélange des genres* nor in the *mélange des classes*. Thirdly, he concedes that Shakespeare is virile and never 'languissant'. Fourthly, he admits that Shakespeare's plays have action. « Vos pièces les plus irrégulières », he says to Bolingbroke in the *Discours sur la Tragédie*, « ont un grand mérite, c'est celui de l'action ». And he has the secret of the perfect play: « J'ai toujours pensé qu'un heureux et adroit mélange de l'action qui règne sur le théâtre de Londres et de Madrid, avec la sagesse, l'élégance, la noblesse, la décence du nôtre, pourrait produire quelque chose de parfait, si pourtant il est possible de rien ajouter à des ouvrages tels qu' *Iphigénie* et *Athalie* » (*Observations sur Jules César*). From which it is easy to see who his models were: « Toutes les tragédies grecques me paraissent des ouvrages d'écoliers en comparaison des sublimes scènes de Corneille et des parfaites tragédies de Racine » (Letter to Horace Walpole, 1768).

Where other genres were concerned, Voltaire was no prudish Mrs. Grundy, as anyone who knows the body of his work could testify. Yet for the Muse of Tragedy, of tragedy as he conceived it, he came as near to feeling reverence as his essentially irreverent and impious nature would permit, and he always approached her purged of his baser thoughts. That is why his own tragedies, the product of his sublimated self, nearly always lack the qualities of flesh and blood; they tend to degenerate into rhapsodies on general themes rather than to study human emotions. Shakespeare held the mirror up to nature, high and low. Voltaire refused to stoop, even to conquer. As Voltaire rightly felt, they belonged to two different worlds of art. This did not deter him from directly imitating Shakespeare in certain plays, although with 'timidités d'amoureux' for the classical tradition. To mention only the most obvious cases, the direct influence of *Julius Cæsar* is visible in *Brutus* and *La Mort de César*; of *Hamlet* in *Eriphyle* and *Sémiramis*; of *Othello* in *Zaïre*. « Le monstre l'effraye et l'attire à la fois » (J. J. Jusserand, *Shakespeare en France sous l'Ancien Régime*, ch. iii, Paris, Colin, 1898).

⁴ A literal translation accompanies this same free translation in Voltaire's *Appel à toutes les Nations de l'Europe*.

⁵ Especially if the freedom thus given allows an author to ride his favourite hobby-horse of scepticism and anti-clericalism. Few would recognize 'the slings and arrows of outrageous fortune' in « Dieux cruels! s'il en est, etc., etc.» As for the hypocrisy of 'prêtres menteurs', this is an invention of Voltaire.

⁶ A more comprehensive judgment on this matter will be found in the *Cambridge History of English Literature*, Vol. VIII, Ch. I. Sir A. Ward, the author, does not seem to think that prolixity was one of his weaknesses.

⁷ From the heroic tragedy, *Aureng-Zebe*, or *The Great Mogul*, played in 1675.

⁸ This play seems dead enough now, not being in the repertory of any theatre and being read only for antiquarian interest. It won Voltaire's approval, although written in blank verse (except for the ends of acts) and having a murder on the stage (that of Sempronius by Juba). The plot deals with Cato's attitude to Cæsar after the battle of Thapsus. The virile theme of resistance to a military despot in the name of law and liberty might well be found topical, even interesting, to-day, were it not for an enervating double love interest. But the plot is 'regular', i.e. it observes the rules, the whole action taking place in a 'large hall in the Governor's palace of Utica'. It is this fact which commends the play so strongly to Voltaire's approval.

⁹ At the Restoration, court influence was all in favour of French taste. The influence of comedy was the greater (See *Camb. Hist. of Eng. Lit.*, Vol. VIII, 5).

## LETTER XIX

¹ Béat de Muralt was a Swiss protestant of Berne, who published, in 1725, *Lettres sur les Anglais et les Français*. The six letters on England and English life give a clear picture of certain English characteristics which are the opposite of the French 'volatility' and 'affectation'.

² This is Thomas Shadwell (*d.* 1692), a facile plagiarist of greater men. He takes from Molière *The Sullen Lovers* (*Les Fâcheux*), *Bury Fair* (*Les*

*Précieuses Ridicules*), *The Miser* (*L'Avare*). 'Tis not barrenness of wit or invention that makes me borrow from the French, but laziness,' he boasted. And he mangled Shakespeare's *Timon of Athens*, saying, 'I can truly claim that I have made it a play'.

³ William Wycherley (1640–1716), one of the best known of the Restoration dramatists. His chief plays were: *Love in a Wood* (1671), *The Gentleman Dancing Master* (1671), and the two imitated from Molière: *The Country Wife* (1673) and *The Plain Dealer* (1674).

⁴ The Duchess of Cleveland.

⁵ *The Plain Dealer*.

⁶ A female character of Racine's *Les Plaideurs*.

⁷ *The Country Wife* (1673), 'one of the coarsest plays in the English language'.

⁸ Mr. Horner.

⁹ Sir John Vanbrugh (1666–1726), a unique combination of architect and dramatist. In the former rôle he finished Greenwich Palace, built Castle Howard and designed Blenheim. In comedy, one of his successes was *The Provoked Wife* (1697), to which he designed a pendant called *The Provoked Husband*, which he left unfinished. His comedies have plenty of wit, but a certain licentious tone. Many, however, would differ from Voltaire's suggestion that as an architect he was 'grossier'.

¹⁰ Voltaire had visited the Dowager Duchess at Blenheim.

¹¹ This was in 1692, when he passed ten months in the Bastille under suspicion of being a spy.

¹² He died in 1729 at the age of 59. His masterpiece, *The Way of the World*, was written in 1700, after which he ceased to write for the stage and cultivated society as a 'man of quality' (See *Camb. Hist. Eng. Lit.*, VIII, p. 159).

¹³ Like Shadwell.

¹⁴ A famous French composer of the seventeenth century (1633–1687). Born in Florence, he became chief musician to Louis XIV and created the French opera.

¹⁵ He lived in London after 1720 and wrote operas, protected by the Duchess of Marlborough.

¹⁶ The physician of Newton and Queen Caroline.

¹⁷ A doctor and father of Helvetius the 'philosophe'.

¹⁸ A famous French doctor born in 1684.

¹⁹ Sir Richard Steele (1672–1729). His comedies, such as *The Funeral*, *The Tender Husband*, *The Conscious Lovers*, are now forgotten, but he lives in the articles he contributed, with Addison, to *The Tatler*, *The Spectator* and *The Guardian*.

²⁰ Colley Cibber (1671–1757), poet, playwright, actor-manager, and finally Poet Laureate. Of plays written by him, *She Would and She Would Not*, *Love's Last Shaft*, *Careless Husband* are the best known. He was a good journeyman playwright and nothing more. As an actor and producer, he made very free with the text of Shakespeare.

## LETTER XX

¹ According to Lanson (*op. cit.*, II, p. 123), this was the Lord Hervey, born in 1696, son of the first Earl of Bristol. He became Lord Privy Seal in 1740. As he returned from Italy in 1729, he was not 'fort jeune', but thirty-four years old at the time mentioned. Lanson suggests that as the poem

attributed to Hervey by Voltaire (the original of which is not extant: was it therefore written by Voltaire?) was critical of the Church in Rome, it would be expedient to pass it over as a youthful effusion.

² The Abbé de Chaulieu (1639-1720) was a friend of La Rochefoucauld and later of the Prieur de Vendôme and those 'libertins' who made up the 'Society of the Temple'. According to Morley (*Voltaire*, Ch. II) 'he was a versifier of sprightly fancy, grace and natural ease; was the dissolute Anacreon of the people of quality who during the best part of the reign of Lewis XIV had failed to sympathize with its nobility and stateliness, and during the worst part revolted against its gloom. Voltaire at twenty was his intimate and his professed disciple'.

³ Sarrasin (1605-1654), an occasional poet of light graceful verse in the manner of Voiture, and a friend of Mlle de Scudéri.

⁴ Chapelle (1626-1686), was a 'libertin' poet, facile and witty. A pupil of Gassendi, he was friendly with Molière and La Fontaine.

⁵ It is remarkable how skilfully Voltaire chooses or invents quotations by which he can denigrate the Church. As he had twisted the sense of Hamlet's monologue in an anti-clerical spirit, he may be doing the same here.

## Letter XXI

¹ John Wilmot, second Earl of Rochester (1648-1680), a libertine, a wit, a true Epicurean, and a great poet, who pretended to despise his own works. His masterpiece, *A Satire Against Mankind*, from which Voltaire here quotes, owes something to the satires of Boileau, but is full of vigorous verse and personal thought. Note again the coincidence that this fragment tilts against Voltaire's bugbears—priests and the scholastic philosophy. The original, given in the English translation of the *Lettres Philosophiques* (1733), is as follows:

> Hold, mighty man, I cry all this we know,
> And 'tis this very reason I despise
> This supernatural gift that makes a mite
> Think he's the Image of the Infinite ;
> Comparing this short Life, void of all Rest,
> To the eternal and the ever blest.
> This busy, puzzling stirrer up of Doubt,
> That frames deep mysteries, then finds 'em out ;
> Filling with frantic crowds of thinking Fools,
> Those reverend Bedlams, Colleges and Schools ;
> Borne on whose Wings each heavy sot can pierce
> The Limits of the boundless Universe.

² Charles de Marquetel de Saint-Denis de Saint-Evremond (1613-1703), began as a soldier, and won the friendship of Turenne and Condé; then, having made enemies by his caustic criticism of the Treaty of the Pyrenees, he took refuge in England in 1661 and remained there till his death—except for a brief interval of three years. Regarded as a literary oracle on both sides of the Channel, he was a man of real literary grace and discernment. He did not write much: a few comedies, one, a pleasing though not profound satire on the French Academy (*Comédie des Académistes*, 1643), and a volume of essays, including one on English comedy (1685), which was translated into English.

³ This is the seventh Satire of Boileau.

⁴ Edmund Waller (1606-1687), as a young member of Parliament was won over to the side of Charles I, but was banished and fled to Paris (where

Dryden and others had preceded him) when Charles' fortunes began to fail. At the Restoration he gained great favour as a poet. Though without great poetic talent or inspiration, he may be said to have prepared the way for Dryden and Pope.

⁵ Voiture (1594-1648), the favourite poet of the Hôtel de Rambouillet. He had a delicate fancy and a fastidious ear, and is perhaps best known for his sonnet to *Uranie*, written for the daughter of Mme de Rambouillet.

⁶ Segrais (1624-1701), another of the minor poets who belonged to the Hôtel de Rambouillet.

⁷ Quinault (1635-1688). He filled the gap in French tragedy between Corneille and Racine. His chief tragedies were *La Mort de Cyrus* (1656), *Astrate* (1664) (satirized by Boileau), which were precious and sentimental. He turned to opera later and had much success, thanks to Lulli's music.

⁸ The original, of which these verses are a translation, is given in the English translation of the *Lettres Philosophiques* (1733), from which it will be seen how free Voltaire's translation is:

> We must resign! Heaven his great Soul does claim
> In storms as loud as his immortal Fame.
> His dying Groans, his last Breath shakes our Isle,
> And Trees uncut fall for his fun'ral Pile.
> About his Palace their broad Roots are tost
> Into the Air; so Romulus was lost!
> New Rome in such a Tempest miss'd her King,
> And from obeying fell to worshipping:
> On OETA's Top thus Hercules lay dead,
> With ruined oaks and Pines about him spread.

⁹ This anecdote is not found in Bayle, but in the *Menagiana* (Lanson, *op. cit.*, II, p. 132).

¹⁰ He was a courtier, a court-poet, but not born at the Court.

¹¹ This was most probably Charles Sackville, sixth Earl of Dorset (1637-1706), a writer of graceful and witty verse and a generous patron of men of letters like Prior, Wycherley and Dryden. He is still remembered *inter alia* for the poem which, according to Prior, he wrote at sea during the Dutch War of 1665 before going into battle:

> To all you ladies now on land
> We men at sea indite:
> But first would have you understand
> How hard it is to write.

¹² Wentworth Dillon (1633-1684), fourth Earl of Roscommon, an Irishman, was one of Charles II's courtiers. He translated Horace's *Ars Poetica*.

¹³ George Villiers, second Duke of Buckingham (1627-1688), son of the favourite of James I and Charles I. He was imprisoned by Cromwell after marrying the daughter of General Fairfax, but under Charles II was Ambassador to France, and then with Arlington, a member of the famous Cabal Ministry. His best known work was *The Rehearsal* (1672), a brilliant attack on Dryden, written in collaboration with Samuel Butler and Martin Clifford. The other Duke of Buckingham or Buckinghamshire was John Sheffield, Earl of Mulgrave, Marquis of Normanby, and then Duke of Buckingham under Anne, in whose reign he was Lord Privy Seal and Lord President of the Council.

¹⁴ This is probably not Newton's Cambridge friend, whose influence obtained him the post of Controller of the Mint and who became Chancellor of the Exchequer and Earl of Halifax under William III; but Sir George

Savile, Marquis of Halifax (1633–1695), who played the part of a Moderate, or a Trimmer as it was called under Charles II, and whose long pamphlet, *The Character of a Trimmer*, written probably in 1685, largely influenced by Montaigne, was very important at the time. Another of his best works was *A Lady's Gift or Advice to a Daughter* (1688). He addressed this book to his own daughter (who became the mother of Lord Chesterfield), and it shows 'much knowledge of the human, especially of the feminine, heart'. He wrote many other things, including an admirable *Character of King Charles II.*

## LETTER XXII

[1] Matthew Prior (1664–1721), a graceful and witty poet, is now known chiefly for his satire on Dryden, *The City Mouse and Country Mouse*. He entered Parliament in 1701, first as a Whig, then deserted to the Tories. He was sent by the British Government to Paris in 1711, as a plenipotentiary to treat for peace with the French. After the collapse of the Tories on the death of Anne, he was impeached for treason, imprisoned for two years and then released.

[2] *Hudibras*, a mock heroic poem published in three parts, in 1663, 1664 and 1678, dealing with the hypocrisies and rivalries of the Nonconformist sects: the Presbyterians, Independents, Anabaptists, etc.

[3] So called from Menippus, the cynic. This was an amusing satire in prose and verse, mostly the former, written to decry the Catholic League in France in the sixteenth century. It was the work of various authors who belonged to the moderate party of the 'politiques' and hated the extreme Catholic faction.

[4] Voltaire doubtless has in mind such lines as the following, aimed at the Puritans:

> Compound for sins they are inclined to
> By damning those they have no mind to.

or,

> Still so perverse and opposite
> As if they worshipped God for spite.

[5] Jonathan Swift (1667–1745), born in Dublin and educated there at Trinity College, became Dean of St. Patrick's, Dublin, in 1713. It is not as a Churchman that he is remembered to-day, but as the greatest of English satirists. His *Tale of a Tub* is a satire on the Catholic Church as well as on Luther and Calvin. *Gulliver's Travels* (1726), his masterpiece, inspired Voltaire's *Micromégas*. The feeling that he was side-tracked in Ireland; uncertain health, with frequent and painful attacks of giddiness and deafness; the death in 1728 of Stella, and the increasing loneliness of his life induced a misanthropy which turned to insanity in his last years.

[6] The *Essay on Criticism* (1711).

[7] The Abbé du Resnel's translation appeared in 1730.

[8] *The Rape of the Lock* (1712–1714).

[9] A mock-heroic poem by Boileau.

[10] This was Rapin de Thoyras, whose *Histoire d'Angleterre* first appeared in 1724. After Thoyras' death, it was finished by Durand and finally published in 1735.

[11] Party feeling had run high since the Revolution and during the reign of Queen Anne, and had not subsided with the change of dynasty, despite, or because of, the virtual Whig monopoly of power, which put the whole Tory party permanently into the Opposition. Tories like Bolingbroke, whom

Voltaire knew intimately, were embittered by this state of things, and maintained ceaseless war, in pamphlets, periodicals, etc., against the Government. One such paper was Bolingbroke's and Pulteney's *Craftsman*, which did everything possible to discredit Walpole and the Whigs.

[12] This was idle gossip, dating back perhaps to Marlborough's desertion of James for William III. The usual charge against Marlborough was of avarice.

[13] Lanson (II, p. 145) quotes the *Daily Journal* of May 11 and April 23, 1728, where attacks were made on Pope.

[14] Of the Society of Jesus. One of the great orators of the French Church of the seventeenth century, second only to Bossuet.

[15] Clarendon's *History of the Rebellion*, which first appeared in 1702, was obviously unknown to Voltaire.

[16] Thomas Gordon (*ob.* 1750) published in 1728 a translation of Tacitus which remained a standard work throughout the eighteenth century, but this work would hardly warrant Voltaire's calling attention to Gordon's importance as a historian. Voltaire was more impressed by the *Independent Whig*, a collection of pamphlets assembled in a volume in 1721, in which Gordon advocated complete religious tolerance, the restoration of religion to its gospel simplicity, the subservience of Church to State and the utter rejection of priestly claims to privilege and domination. When Gordon says : 'Can you deny, gentlemen, that the more power the priest possesses, just so much the more men suffer in their souls and bodies ?' ; that Popish monks are 'gluttonous and cheating vermin' ; that 'the clergy have made such a terrible and inhuman use of power in all ages and countries ... that our Whig is for keeping their nails always par'd, and their wings clipped in this particular,' Voltaire must have recognized a kindred spirit. Walpole rewarded Gordon's services and made him first Commissioner of the Wine Licences.

LETTER XXIII

[1] Voltaire's *Siècle de Louis XIV* (chapters 29 and 31–34), gives details of the King's interest in these different 'academies': the Académie de Peinture et de Sculpture was founded in 1648, the Académie des Belles-Lettres in 1663, the Académie des Sciences in 1666, the Académie d'Architecture in 1671, the Observatoire in 1672.

[2] This was in 1714.

[3] Addison became Secretary of State in 1717, but resigned the following year. It was his poem on the Battle of Blenheim which attracted the notice of the Government; as a result, he became a Commissioner for Appeals, then in 1706 Under-Secretary of State, Secretary to the Lord-Lieutenant of Ireland in 1709, and Keeper of the Records.

[4] Congreve held various offices which were reputed to bring him in £1,200 a year. One was the position of Secretary for Jamaica. Another was 'a place in the Customs'.

[5] Does this mean the Primate of Ireland, or the Archbishop of Canterbury? At the death of Anne, Swift, who had identified himself too closely with the Tories to obtain further preferment from the Whigs, had perforce to remain content with being Dean of St. Patrick's, Dublin. It was when he realized that his future had to be in Ireland that he began to identify himself with Irish affairs. Thus, his *Drapier Letters* of 1724 caused great commotion in Ireland; two rewards of £300 each were offered for the delation of the

author, but the rewards were never paid—a proof that the Irish were not prepared to betray one who had shown himself a friend.

⁶ Pope was born a Catholic, and never abjured. Consequently, under the provisions of the Test Act of 1673 he could hold no office under the Government.

⁷ *Rhadamiste et Zénobie* (1711), the most famous tragedy of the elder Crébillon. It is true that Crébillon passed through difficult times, as authors of his talents often do, but he was elected to the Academy in 1731, and afterwards became Censor. Even later than the time Voltaire speaks of, we must not forget the long lean years in England of Samuel Johnson.

⁸ *Prêt de.* Modern usage requires *à*. Hatsfeld and Darmesteter's *Diction-naire Général de la Langue Française* quotes no examples of *prêt de* after the seventeenth century.

⁹ Fagon, Louis XIV's physician. He did some service in procuring for Louis Racine, the great Racine's son, a post as Inspector, then Director of Tax-farming.

¹⁰ The pall-bearers (see Letter XIV, note 7) were the Lord Chancellor, two Dukes and three Earls, who were all members of the Royal Society.

¹¹ Mrs. Oldfield (*d.* 1730), was the most celebrated actress of her day. Her natural son married Lady Mary Walpole, and this brought her connections in society. The honours paid to her are well contrasted by Voltaire with the fate of Adrienne Lecouvreur, a famous French actress, who also died in 1730. She, unlike Mrs. Oldfield, was refused Christian burial in Paris. Voltaire wrote an eloquent and moving poem on her death. One of Scribe's few good plays is his *Adrienne Lecouvreur.*

¹² Westminster Abbey. Up till the Revolution, the Abbey of St. Denis was the burial place of the French kings. After the Revolution, the Church of Ste.-Geneviève was laicized, called Le Panthéon, and became the burial place of illustrious Frenchmen. Voltaire's remains were transferred there, as well as Rousseau's, in 1791.

¹³ The Puritans considered the theatre immoral, irrespective of the nature of the plays performed.

¹⁴ Prynne (1600–1669) was not a doctor, but a M.A. of Oxford, and a champion of the Puritan party. The strict Puritans tolerated the Genevan gown, but any ecclesiastical dress like cassock and surplice, taken over by the Church of England from the Roman Catholics, was anathema to this strait-laced bigot. The 'fort mauvais livre' was the notorious *Histriomastix* or *Scourge for Stage-players* (1632). Some of the details given by Voltaire of the contents of this book are incorrect (e.g. his reference to Cæsar), so presumably he is quoting at second-hand (Lanson, II, p. 167).

¹⁵ An Italian opera-singer who sang in London, 1721–1726; he returned later and remained till 1733.

¹⁶ An Italian prima donna who sang in opera in London, 1726–1728, having been summoned from Italy by Handel.

¹⁷ Such works against the theatre were those of the Jansenist Nicole and the *dévot* Prince de Conti. The official attitude of the Catholic Church in the seventeenth century, and even down to the Revolution, was hostile to the stage.

¹⁸ The Jesuits allowed their pupils at colleges like Louis-le-Grand to perform certain carefully chosen plays, and Voltaire's *Mort de César* was performed in Beaune by the Pensionnaires de la Visitation in 1748 (Lanson, II, p. 168).

[19] Probably Marie Leczinska. In October 1732 a performance of Voltaire's *Zaïre* was given at Fontainebleau before the King and Queen.

[20] Le Père Le Brun wrote, in 1694, his *Discours sur la Comédie*, which were reprinted in 1731. In the English edition of 1733 Voltaire speaks of Prynne's 'wonderful Book, *from which Father Le Brun stole his*'. The statement, according to Lanson, is without justification in fact.

## LETTER XXIV

[1] The Royal Society was founded in 1660, i.e. not 'longtemps', but six years before the French Académie des Sciences.

[2] At one time Newton found himself in arrears with the fixed charges of the Royal Society and offered to resign (See More, *Isaac Newton*, pp. 154–5).

[3] Swift did in fact publish in London, in 1712, *A Proposal for correcting, improving, and ascertaining the English tongue, in a letter to the most honourable Robert Earl of Oxford and Mortimer*.

[4] The term is exaggerated (but see the Variants). Harley was imprisoned after Anne's death, in the Tower, but released after two years, the Commons having refused to take part in the proceedings. Bolingbroke escaped imprisonment by fleeing to France. There he acted for a brief time as Secretary of State to the Pretender. In 1723 he was pardoned and allowed to return to England, but never to sit again in the Lords or to hold office.

[5] Perrin was not in fact a member of the French Academy (Lanson, II, p. 179).

[6] The whole discussion may be read in the *Journal des Savants*, of 1695 (pp. 207, 219, 237). Renaud (1652–1719) was a sailor by profession.

[7] Jacques Cœur (1395–1456), was a money-lender merchant whose name became synonymous with fabulous wealth, as Villon uses it. He advanced loans to Charles VII to finance the Hundred Years War, but later was imprisoned and condemned to heavy fines.

[8] Sir Peter Delme, Lord Mayor of London in 1723, and a rich City merchant, died in 1728.

[9] Samuel Bernard (1651–1739), a Protestant financier, who embraced Catholicism, speculated successfully and left a fortune of thirty-three million francs.

[10] According to the English translation of the *Lettres* (1733), this was the Abbé de Rothelin of the French Academy. He was government Censor at the time of the publication of the *Lettres Philosophiques*.

## LETTER XXV

The following remarks are made as a brief examination, chiefly from one angle, of Voltaire's attack upon selected *pensées* of Pascal.

His comments are interesting, not only for the light which they throw on his own religious beliefs, but also on his persistent preoccupation with religious problems. In certain comments, he was just exercising his dialectic against Pascal. This was an innocent and even defensible amusement, because Pascal, despite his 'holiness', does not speak for the Church and can sometimes be attacked without impiety.

1. In V, he rightly contradicts Pascal's statement « ne point parier que Dieu est, c'est parier qu'il n'est pas »; in XXXIV, XXXVI and LVI he attacks Pascal's terminological inexactitudes.

2. In VIII and XIII, he catches Pascal out in ignorance of history and

Scripture respectively; in XVII, he criticizes him for arguing from the contradictions in the text of Scripture, in a way « capable de faire tort à la religion »; in V, for lowering the dignity of the subject, in the argument of the 'pari'; in X, for maintaining that love of God only and not love of humanity is the Christian's duty.

3. In at least three comments he misrepresents Pascal ; in V, where he implies that Pascal is a predestinationist. (There is no denying that in certain *pensées* Pascal goes very close to believing in predestination, as when he says, « On n'entend rien aux ouvrages de Dieu, si on ne prend pour principe qu'il a voulu aveugler les uns et éclairer les autres ». Such a statement is in line with St. Augustine, who taught that the number of the elect is so certain that no one can be added to it or taken from it. As against this, Pascal propounded three « moyens de croire », which emphasize man's participation in and contribution to the process of salvation. Consequently, if Pascal can be charged with ambiguity and inconsistency, Voltaire can be charged with fastening upon one pronouncement and ignoring the other, of taking the part for the whole.) ; in XXIII, where Pascal's criticism of man's restlessness is made a defence of 'paresse' ; and in LVII, where he wrongly claims that Pascal believes expressions like 'fatal laurier', 'bel astre' to be poetical.

4. He differs from Pascal, and not innocently either, in a number of points which are more strictly theological.

(a) Against Pascal's extreme pessimism, due to his rigid application to human conditions of the doctrine of the Fall, Voltaire argues with easy optimism, after the manner of the English deists, against « ce sublime misanthrope », showing that « le sort naturel d'un homme n'est ni d'être enchaîné ni d'être égorgé » (XXVIII). In taking this stand against Pascal, who exaggerates and over-dramatizes the misery and corruption of man, Voltaire undoubtedly speaks for a great number both in and outside the Church, who would fain accept the saner, easier, quieter, and friendlier relationship between God and man which his religion permits. And, as opposed to the triune God, his *one* God, conveniently remote, but tolerant and benevolent, as well as less complex and mysterious, compares favourably with the 'dieu irrité' conjured up by the tormented soul of Pascal. So in XXVIII and VI Pascal serves as a convenient chopping block upon which to destroy belief in the doctrine of original sin. This is a more serious matter than dialectical fencing. It constitutes an attack upon Christianity by suggesting a simpler and more pleasant alternative in Deism. Because, if « penser que la terre, les hommes et les animaux sont ce qu'ils doivent être dans l'ordre de la Providence est, je crois, d'un homme sage » (VI), there was no fall from grace and Christ's birth, his mission and his death become unmeaning and unnecessary. In addition, he denies in XII that the prophecies about Christ's coming were clear enough to prove to the Jews that Jesus was their long-awaited Messiah. « Pascal né parmi les juifs, s'y serait mépris comme eux. » Here again is an attack upon the doctrine of the Incarnation and denial of the divinity of Christ.

(b) In I he argues against metaphysical doctrines of Christianity, claiming that Christianity is a moral system only. If this be true, a great deal of Christian theology could and should be scrapped.

(c) In XXXI, he stresses the inadequacy of the Bible in questions of physics. If it is defective on one side, what guarantee is there of its infallibility on others ? Where Pascal in XVII finds added proofs of the truth of Christian revelation in the different genealogies given by St. Matthew and St. Luke,

Voltaire, despite professions of orthodoxy, finds added reasons for doubt. In his opinion, the Bible is no more sacred or inspired than any other book.

When Voltaire first conceived the idea of his 'petit anti-Pascal,' his expressed intention was « déchirer la peau de Pascal sans faire saigner le christianisme ». In the light of what has just been said, readers may ask themselves how closely precept and practice conform, and whether after all, he has not, quietly and determinedly, aimed a blow at the heart and fountain head of Christianity.

It is obvious that his opposition to Pascal was fundamental. A deist and a rationalist believing that God is revealed in nature could have little in common with a mystic rigorist who pushed to its furthest limits the doctrine of original sin and belief in a *deus absconditus*. Had Voltaire been content merely to debate with Pascal alone on matters of logic and psychology, he would, in all probability, have escaped censure, but when he enlarged the scope of his attack by tilting against the most fundamental dogmas of the Church, it was another matter : he was dragging his cloak in provocation... *et la foudre tomba.* Yet he was surprised and pained at the burning of the work, because he felt that he could have been far more drastic in his criticism. « Savez-vous bien que j'ai fait prodigieusement grâce à ce Pascal ?... Mais laissez-moi faire ; quand je serai une fois à Bâle, je ne serai pas si prudent ! » (Letter to Maupertuis, April 29, 1734).

The next month he was less defiant. « On dit qu'il faut que je me rétracte; très volontiers; je déclarerai que Pascal a toujours raison;... que si Saint Luc et Saint Marc se contredisent, c'est une preuve de la vérité de la religion à ceux qui savent bien prendre les choses; qu'une des belles preuves encore de la religion, c'est qu'elle est inintelligible. J'avouerai que tous les prêtres sont doux et désintéressés, que les moines ne sont ni orgueilleux ni intrigants, ni puants; que la Sainte Inquisition est le triomphe de l'humanité et de la tolérance; enfin je dirai tout ce qu'on voudra, pourvu qu'on me laisse en repos, et qu'on ne s'acharne point à persécuter un homme qui n'a jamais fait de mal à personne! » (Letter to the Duchesse d'Aiguillon, May 1734: No. 410 in Moland's edition).

In the following list of references the first figure (in Roman) refers to Voltaire's *Remarques* as numbered in the edition; the second indicates the number which the *Pensée* in question bears in L. Brunschvicg's edition of Pascal's *Pensées et Opuscules* (Paris, Hachette): I—430, II—430, III—434, IV—430 and 47, V—233, VI—646, VII—619, VIII—620, IX—631 and 630, X—479, XI—477, XII—571, XIII—757, XIV—607, XV—642, XVI—793, XVII—578, XVIII—565, XIX—585, XX—610, XXI—97, XXII—172, XXIII—139, XXIV—139, XXV—139, XXVI—139, XXVII —139, XXVIII—199, XXIX—556, XXX—63, XXXI—266, XXXII— 299, XXXIII—593, XXXIV—327, XXXV—170, XXXVI—378, XXXVII —165, XXXVIII—180, XXXIX—68, XL—62, XLI—817, XLII—383, XLIII—156, XLIV—7, XLV—2, XLVI—166, XLVII—392, XLVIII— 274, XLIX—5, L—132, LI—393, LII—358, LIII—401, LIV—72, LV—39, LVI—72, LVII—33, [LVIII—34, LIX—324, LX—347, LXI—139, LXII— 142, LXIII—487, LXIV—852, LXV—223, I—*De l'esprit géométrique*, II—134, III—82, IV—233, V—231, VI—628, VII—556, VIII—915].